# FEINSCHMECKER-MENÜS
# VON DER PAZIFIK-KÜSTE

# FEINSCHMECKER-MENÜS VON DER PAZIFIK-KÜSTE

## KOCHEN MIT OSTASIATISCHEM FLAIR

HUGH CARPENTER FOTOS VON TERI SANDISON

BECHTERMÜNZ VERLAG

Arrangement der Speisen: Jean E. Carey und Norman Stewart
Übersetzung aus dem Amerikanischen: Brunhild und Rolf Seeler
Titel der amerikanischen Originalausgabe:
PACIFIC FLAVOURS – Oriental Recipes for Contemporary Kitchen.

Genehmigte Lizenzausgabe für
Bechtermünz Verlag im
Weltbild Verlag GmbH, Augsburg 1997

Satz der deutschen Ausgabe: Fotosatz Froitzheim GmbH, Bonn
Gesamtherstellung: Artes Gráficas Toledo, S.A.
Printed in Spain ISBN 3-86047-298-4

Dieses Buch ist
Andrew Hammond Burnett
(1909–1987), dem
Wissenschaftler, Förderer
der Künste und Freund,
gewidmet.

## UNSER DANK

Nicht wenige Menschen haben, jeder auf seine Weise, zum Gelingen dieses Buches beigetragen, allen voran unsere beiden Tafel-Designer: Von Anbeginn hat unsere treue Freundin Jean E. Carey ihren Stil, ihre Kreativität und ihre Intelligenz in dieses Projekt eingebracht, und gerade im rechten Augenblick stieß dann Norman Stewart zu uns und steuerte seinen Anteil an kulinarischer Begeisterung für dieses Buch und seine schier unerschöpflichen Einfälle bei. Wir alle sind Andy Stewart zu tiefstem Dank verpflichtet, weil er uns Gelegenheit gab, einen so phantastischen Band zu veröffentlichen.

Viele Freunde standen bei der Drucklegung dieses Werkes Pate. Unsere Literatur-Agentin Helene Siegel war von unschätzbarem Wert. Leslie Stoker, Herausgeberin bei Stewart, Tabori & Chang, ließ die Arbeit an diesem Buch zu einem Vergnügen werden. Dank gebührt weiterhin der Restaurantkritikerin Elizabeth Brafford, die das Rohmanuskript sichtete, der Lektorin Carole Berglie, der Buch-Designerin Rita Marshall sowie Roy Finamore und Margaret Orto.

Viele Fotos in diesem Buch verdanken ihre Entstehung dem großzügigen Entgegenkommen Nancy Epsteins. Nancy erteilte uns die Erlaubnis zu Aufnahmen in ihrem wundervollen Haus, wo sich gepflegtes Essen, gute Freunde und Kunstobjekte zu lebendiger Harmonie vereinen. In der Nancy-Epstein-Gallery in Beverly Hills suchten ihre Partnerinnen, Jane Wyler und Carla Tulchin, unermüdlich die Werke der besten Keramik- und Glaskünstler als passendes Hintergrundmaterial für uns aus.

Carol Sauvion von der Freehand Gallery in Los Angeles, Bullock's Beverly Center, By Design, Country Floors und Lynne Deutch Ltd., alle in Beverly Hills, erwiesen sich als reichhaltiges Reservoir bei der Beschaffung von Requisiten und Accessoires für unsere Fotos. Von dem Illustrator Jefferson Stillwell, Los Angeles, stammen die originellen Gestaltungsideen für das Tafel-Design der Seiten 94/95, 139 und 179. Allen diesen Personen unseren herzlichen Dank.

Verpflichtet fühlen wir uns auch denjenigen Autoritäten und Fachleuten auf dem Gebiete der Gastronomie, deren Anregungen und Methoden in einige Rezepte eingegangen sind: Ken Hom, Anne Otterson, Jacques Pépin und sein Buch *La Méthode*, Grant und Sharon Showley, Osa Sommermeyer, Barbara Tropp und Diana und Paul Von Welanetz.

Ein großer Gewinn für dieses Buch waren ferner die aufschlußreichen Beobachtungen all derer, die beim Testen der Rezepte mitgewirkt haben.

Zum Schluß ein ganz besonderes Wort des Dankes unseren Eltern, Warwick und Peggy Carpenter, Robert und Barbara Sandison und unseren Taufpaten Andrew Burnett und Louise Squibb. Sie haben uns weit über den Rahmen dieses Buches hinaus ihren Beistand geleistet.

## VORWORT

Lassen Sie sich von diesem Buch in ein exotisches Kochabenteuer entführen! Der köstliche Duft gegrillten Rippenspeers, die zarte Konsistenz von Peking-Pfannkuchen mit Mu-Shu-Huhn oder das aufregende Aroma knuspriger Schoko-Mandel-Makronen sind nur einige der herrlichen Geschmackserlebnisse, die man sich zu Hause ohne weiteres selbst verschaffen kann. Alle hier aufgeführten Rezepte basieren auf einer einfachen Grundausstattung an Küchengerät, einer kleinen Auswahl wesentlicher Zutaten und durchweg unkomplizierten Verarbeitungsschritten. Kombiniert man überall leicht erhältliche Produkte wie Kalbfleisch, Lamm, Lachs oder Krabben mit orientalischen Würzstoffen, so lassen sich innovative Geschmacks- und Farbkompositionen erzielen. Typisch fernöstliche Aromen wie Kokosmilch, Minze, frischer Ingwer und Limonensaft werden Sie mit der exotischen Küche Ostasiens bekannt machen. Wir hoffen, daß diese Gerichte, mit Liebe und Enthusiasmus zubereitet, Ihnen und Ihren Gästen ebensoviel Genuß bereiten werden, wie es uns Freude machte, sie für unsere alten und neuen Freunde zu kreieren.

*Hugh Carpenter und Teri Sandison*
*Los Angeles 1988*

## EINFÜHRUNG

Bei einfachen Zubereitungstechniken und sinnvoller Menüplanung – so jedenfalls unsere Überzeugung – macht es einfach Spaß, Gäste zu bewirten. Wir selbst gönnen uns ausgesprochen häufig die in diesem Buch vorgestellten Gerichte, entweder als Teil eines romantischen Abendessens zu zweit oder, bei einer größeren Anzahl von Gästen, als *eine* fernöstliche Spezialität im Rahmen eines Menüs. Ein Salat aus geschnetzeltem Hühnerfleisch, begleitet nur von knusprigen Brotscheiben, einem trockenen Weißwein und gefolgt von einer Obsttorte, kann gut einen eleganten kleinen Sommerlunch abgeben. In der Pfanne gebratene Teighüllen »Santa Barbara« mit gedünsteten Buttererbsen, Salat »Jade« mit gegrillten Kalbskoteletts oder Lachsfilets an Spargel in Schwarzer-Bohnen-Sauce sind nur einige von vielen möglichen Zusammenstellungen.
Mitunter freilich überkommt uns die Versuchung, eine komplette fernöstliche Mahlzeit auf den Tisch zu zaubern. In solchen Fällen greifen meine Frau Teri und ich zu ein paar vereinfachenden Maßnahmen. Zunächst einmal limitieren wir die Zahl der Gäste auf maximal zehn eßkundige Freunde. Gelegentlich tragen diese übrigens mit einem chinesischen oder thailändischen Spezialgang zu dem Menü bei, oder sie helfen uns bei der Zubereitung. Die Speisenfolge umfaßt meist zwei appetitanregende Vorspeisen, einen orientalischen Salat, vielleicht eine in Peking-Pfannkuchen servierte gebratene Köstlichkeit und ein Dessert. So überlassen wir uns entspannt der exotischen Gangfolge, ein guter Wein wird entkorkt, die Tischgespräche kreisen um kulinarische Urlaubserlebnisse und die damit verbundenen Erinnerungen. Und oft wird auf diese Weise, beinahe wie von selbst, schon die nächste Dinnerrunde geplant!
Um Ihnen bei Ihrer eigenen Planung behilflich zu sein, enthalten die weitaus meisten Rezepte in diesem Buch auch gleich einen geeigneten Menüvorschlag. Wenn man auf Ideensuche für neue Menüs diesen Band durchblättert, wird man jedenfalls entdekken, zu wie vielen Gelegenheiten man pazifisch kochen kann.

### Was man zu einer ostasiatischen Mahlzeit trinkt

Wir selbst kredenzen zu unseren Orientspeisen immer Wein oder Bier; zu den Desserts halten wir Kaffee oder einen leichten chinesischen Tee bereit. Angesichts der oft wechselnden Geschmackseindrücke verlassen wir uns gerne auf bewährte Weißweinsorten wie Sauvignon Blanc, einen trockenen Gewürztraminer oder Riesling. Oft harmonieren auch Weine von der Art eines Pinot Noir oder eines Beaujolais gut mit exotischen Fleischspeisen. Bei festlichen Gelegenheiten paßt auch Champagner sehr gut zu fernöstlichen Aromen. Wem das ständige Aufbrühen, Servieren und Nachfüllen von heißem Tee zu aufwendig erscheint, der biete ungesüßten, geeisten Tee als alkoholfreie Alternative an. Warten Sie dann beim Nachtisch mit einem Kaffee oder schwarzen Tee auf.

### Zu den Rezepten

Lesen Sie, bevor Sie sich an die Zubereitung eines Gerichtes machen, die gesamte Rezeptanweisung samt Einleitung und Schlußbemerkungen durch. Sie mögen dabei gleich zu Beginn auf wichtige Hinweise oder unabdingbares technisches ›Know-how‹ zum Gelingen der Rezeptur stoßen.
Gehen Sie die Zutatenliste durch und prüfen Sie, ob für das entsprechende Gericht spezielle Substanzen erforderlich sind. Tatsächlich bedarf es nur weniger orientalischer Grundbestandteile, um den Rezeptanforderungen für dieses Buch zu genügen; die entsprechenden Ingredienzen sind im Anhang aufgeführt. Bei manchen Rezepten mag die Zutatenliste etwas lang erscheinen, doch handelt es sich oft auch um Gewürze oder marktgängige Waren, die schnell zusammengestellt sind.

Wenn in der Zubereitungsanweisung das Wort *feingewiegt* erscheint, sollten Sie das so wörtlich nehmen, daß jeweils eine nahezu püreeartige Masse entsteht. Erscheint Ihnen das Hacken oder Wiegen mit der Hand zu aufwendig, so benutzen Sie doch einen kleinen elektrischen Mixer oder einen Handhackapparat.
Schreibt die Rezeptur geriebene oder feingehackte Orangenschale vor, dann ist damit nur der farbige äußere Teil (ohne die weiße Unterschicht) gemeint. Hierfür gibt es in Spezialgeschäften und Warenhäusern erhältliche Julienne-Messer, mit denen sich das Abhobeln der Außenschale leicht bewerkstelligen läßt; das Feinhacken ist dann schnell geschehen.
Sofern nicht ausdrücklich anders vermerkt, bedeutet die Überschrift *Vorbereitung*, daß man alle Verarbeitungsstufen hierunter schon am Vormittag hinter sich bringen kann. Müssen die Vorbereitungen mehr als 6 Stunden vor der endgültigen Fertigstellung einsetzen, etwa wenn Fleisch 24 Stunden lang zu marinieren ist, dann wird gleich zu Beginn des Rezeptes die zusätzlich erforderliche Zeit genannt. In Fällen, bei denen sich die Zutaten lange im voraus herrichten lassen, also etwa einen vollen Tag, ist auch dies vermerkt. Verlangt ein Zubereitungsschritt hingegen eine Zusammenstellung erst unmittelbar vor dem Auftragen, dann erscheinen solche Rezepturanweisungen unter der Überschrift *Zubereitung*.
Einige Rezepte enthalten Saucen, die mit Stärkemehl und Wasser anzudicken sind. Sie sollten hiervon zunächst nur kleine Gaben hinzufügen, die Sauce bei leichter Hitze zum Kochen bringen und das Ergebnis begutachten. Sie werden kaum je die gesamte Stärkemehlflüssigkeit aufbrauchen, um der Sauce die gewünschte Konsistenz zu verleihen.
*Abschmecken* gegen Ende des Rezepts bedeutet, daß wir – und nicht erst unsere Gäste an der Tafel – die erforderlichen Geschmackskorrekturen vornehmen sollten.

Der Servierhinweis nennt jeweils die einer bestimmten Zubereitungsmenge angemessene Gästezahl. Für die in diesem Buch aufgeführten Hauptgerichte wird der Gastgeber wohl üblicherweise Reis oder Nudeln sowie einen Salat als Beilage wählen. Falls nicht anders angegeben, können die in den Rezepten genannten Mengen ohne weiteres verdoppelt oder verdreifacht werden. Das gilt allerdings nicht für unter Rühren gebratene Gerichte. Wenn Sie von solchen Speisen die zweifache Menge haben wollen, lassen Sie bitte die eine Hälfte von einem Freund oder ›Küchenhelfer‹ in einem zweiten Wok anbraten.

**Einfach und schnell zuzubereitende Gerichte**

Falls Sie noch nie orientalische Gerichte zubereitet haben oder auch nur auf der Suche nach einem schnellen Rezept für ein Spontanessen sind, so finden Sie am Anfang eines jeden Kapitels solche Impromptu-Rezepte aufgelistet.

■ KAPITEL I

Appetitanreger stimmen auf den bevorstehenden Abend ein, dämpfen die Wirkung bereits genommener Drinks, stimulieren den Gaumen und erregen die nötige Neugier im Hinblick auf die noch zu erwartenden Köstlichkeiten. Die Skala der Möglichkeiten reicht dabei von der einzelnen pikanten Vorspeise, der eine substantielle Mahlzeit folgt, bis zu einem ganzen Aufgebot von kleinen Gaumenfreuden, die einem häuslichen, nur aus Suppe, Salat und Dessert bestehenden Mahl vorauseilen. Überraschen Sie Ihre Gäste mit Varianten, die sich von dem üblichen Vorspeisenritual unterscheiden, also etwa einem orientalischen Salat, einer geeisten Suppe oder in Salatschüsselchen servierten kleingewürfelten Speisen, die unter ständigem Rühren im Wok gebraten wurden. Oder sparen Sie sich alle Essensvorbereitungen, indem Sie den bei sich zu Hause versammelten Freunden einfach ein paar Cocktailbissen anbieten,

Mit Garnelen gefüllte Pilze

um danach gemeinsam in ein Restaurant aufzubrechen.
Eine ganze Reihe von orientalischen Vorspeisen eignet sich hervorragend für ein Picknick. Dabei können Sie Ihre Vesper beispielsweise mit diesem kulinarischen Dreiklang einleiten: knuspriges Zwiebelbrot, mit etwas Knoblauch eingerieben, über Teeblättern geräucherte Täubchen, in dünne Scheiben geschnitten, und scharf eingelegte chinesische Gewürzgurken.
Als nächstes zaubern Sie folgendes aus dem Picknickkorb hervor: saftigen Rippenspeer mit Chinesischer Grill-Sauce, Garnelen »Neue Welle« und einen Nudelsalat mit Ingwer-Dressing. Begleiten Sie dieses kleine Festessen mit einem eisgekühlten Weißwein, und beschließen Sie es mit frischem Obst und knusprigen Ingwerplätzchen. Auf diese Art werden Sie einen genüßlichen Nachmittag verbringen!
Ein solches Picknick wird um so effektvoller sein, je mehr Wert Sie, besonders beim Servieren, auf die begleitenden Details legen. Ein ganzes Sortiment von chinesischen und aus anderen Ländern des Fernen Ostens stammenden Körbchen und Schachteln kommt Ihnen dabei als Dekoration zu Hilfe; solche oft aus Weiden oder Bambus geflochtenen Behältnisse mit den regionaltypischen Charakteristika der Ursprungsländer kann man auch hierzulande erwerben. Für das Teeservice insbesondere gibt es hübsche, mit Stoff gefütterte Tragetaschen aus Bambus, die man in China-Geschäften und orientalischen Souvenirläden findet. Weitere wirkungsvolle Accessoires sind Papier- oder Bambussonnenschirme oder jene übergroßen chinesischen Thermosflaschen, in denen man heiße oder kalte Getränke mit sich führt.

**Einfach und schnell zuzubereitende Rezepte in diesem Kapitel sind Rippenspeer mit Chinesischer Grill-Sauce, Gegrillte, mit Kantonesischer Gewürzmischung marinierte Wachteln, Hühnerflügel »Mahagoni«, Glasierte Hühnerlebern, Ingwer-Minzen-Ceviche, Garnelen »Neue Welle«, China-Sauce und Chinesische Gewürzgurken.**

**Orientalische Dips**
**Eine ganze Reihe von Appetitmachern und Picknickhappen, etwa fritierte Wan-tans, Frühlingsrollen, eisgekühlte Garnelen sowie auf dem Rost gebratene Fleischstreifen passen vorzüglich zu folgenden Dips: Satay-Sauce, Pflaumensaucen-Dip, Pikante Thai-Sauce, Süß-scharfe Aprikosensauce, China-Sauce, Orientalischer Gurken-Relish und Limonen-Dip.**

# MIT GARNELEN GEFÜLLTE PILZE

**24 kleine bis mittelgroße Champignons**
**250 g rohe Garnelen**
**4 Wasserkastanien, kleingehackt, vorzugsweise frisch**
**1 Frühlingszwiebel, feingewiegt**
**2 TL feingewiegter, frischer Ingwer**
**2 TL trockener Sherry**
**2 TL helle Sojasauce**
**¼ TL Salz**
**¼ TL gemahlener Pfeffer**
**120 ml Hühnerbrühe oder Wasser**
**2 EL Austernsauce**
**½ TL Zucker**
**1 EL Erdnußöl**

Die üppig mit Garnelen gefüllten, frischen Pilzhütchen saugen die aromatische Austernsaucenglasur vollständig auf; ein saftiger, herzhafter Appetitanreger!

## Vorbereitung

Die Stiele von den Pilzen abdrehen und wegwerfen. Die Pilzhütchen beiseitestellen.
Die Garnelen schälen, vom Darmstrang befreien und feinhacken. Garnelenstückchen, Wasserkastanien, Frühlingszwiebel, Ingwer, Sherry, Sojasauce, Salz und Pfeffer in eine Schüssel geben und kräftig durchmischen. Die Masse mittels einer tüllenlosen Spritztüte in die Pilzhütchen drücken; man kann auch einen Spatel oder einen kleinen Löffel nehmen. Die fertigen Pilze im Kühlschrank verwahren, bis sie gebraten werden sollen. Dies alles kann schon am Vormittag geschehen. Sollte das Pilzfleisch seine Eigenfarbe verlieren, so hat das nichts zu bedeuten; die natürliche Färbung wird beim Erhitzen zurückkehren.
Hühnerbrühe, Austernsauce und den Zucker in einer kleinen Schüssel zusammenrühren.

## Zubereitung

Die Pilzhütchen (mit der Füllung nach oben) in einer Pfanne von ca. 30 cm Durchmesser bei mittlerer Hitze in Öl braten, bis es brutzelt und die Pilzrücken zu bräunen beginnen, etwa 2 Minuten. Die angerührte Brühe dazugeben, Pfanne zudecken und etwa 2 weitere Minuten schmoren lassen, bis die Pilzfüllungen weiß werden. Dann den Deckel abheben und die Pilze bei starker Hitze weiterbraten, bis die ganze Sauce aufgesogen ist und die Pilze einen entsprechenden Überzug zu zeigen beginnen, wiederum ungefähr 2 Minuten. Während der letzten Bratminute die Pilze vorsichtig wenden, damit die Füllungen eine schöne Glasur erhalten. Aus der Pfanne heraus sofort auf vorgewärmten Tellern servieren.

**Für 4 bis 8 Personen als warmer Appetithappen.**

**Anmerkungen:**
**Die Hühnerbrühe läßt sich gut durch Wasser ersetzen, in dem schwarze chinesische Trockenpilze eingeweicht waren. Zu diesem Zweck legt man 4 Pilze 30 Minuten lang in eine Tasse mit sehr heißem Wasser. Anschließend gießt man das Wasser durch ein feinmaschiges Sieb oder durch Gaze, um eventuelle Rückstände zu entfernen. Verrühren Sie eine halbe Tasse Pilzwasser mit 2 Eßlöffeln Sojasauce. Die eingeweichten Pilze entstielen, die Hüte feinhacken und den Füllungen zugeben.**
**Bei würziger schmeckenden Pilzarten verwende man die für gefüllte Teighüllen »Santa Barbara« oder für Curryhuhn-Teigtaschen empfohlenen Saucen.**
**Die Hütchen solcher Pilze vor dem Füllen und Braten reichlich mit geschmolzener Butter einpinseln. Sodann die Oberflächen der Füllungen und die Seitenflächen der Hütchen vorsichtig mit einer Mischung aus 1 Eßlöffel Austernsauce, 3 Eßlöffeln Weißwein und ½ Teelöffel Zucker bestreichen. Die Pilze auf ein gefettetes Backblech setzen und rösten, bis die Garnelenfüllung nach etwa 4 Minuten gar ist. Sofort auftragen.**

# ÜBER TEEBLÄTTERN GERÄUCHERTE TÄUBCHEN

**2 Jungtauben (siehe Anmerkungen)**
**1 EL Szechuan-Pfefferkörner**
**1 EL schwarze Pfefferkörner**
**350 ml trockener Sherry**
**2 EL helle Sojasauce**
**1 EL Salz**
**2 Frühlingszwiebeln, feingewiegt**
**2 EL geriebene oder feingewiegte Mandarinen- oder Orangenschale**
**2 EL feingewiegter, frischer Ingwer**
**1 Tasse schwarze Teeblätter**
**½ Tasse ungekochter weißer Reis**
**¼ Tasse Holzspäne (Hickory, Walnußbaum, ersatzweise auch Buche)**
**¼ Tasse brauner Zucker**
**1 Mandarine, geschält und zerlegt; frische Korianderstengel (beides als Garnierung, falls gewünscht)**

Obwohl die für dieses Gericht erforderlichen Verarbeitungsschritte (Dämpfen, Räuchern, Rösten) einen ziemlichen Zeitaufwand bedeuten, wird man vom Geschmackserlebnis her reichlich belohnt.

## Vorbereitung (24 Stunden vor dem Servieren)

Aus Brust- und Bauchhöhle der Tauben die Fettpolster herauslösen. Die Tauben in einen 4-Liter-Plastikbeutel legen.

Die Pfefferkörner bei starker Hitze in einer trockenen Kasserolle sautieren, bis sie leicht zu rauchen beginnen, etwa 3 Minuten. Anschließend in einer Pfeffermühle grob mahlen oder im Mörser zerstampfen. Den zerstoßenen Pfeffer, Sherry, Sojasauce, Salz, Frühlingszwiebeln, Mandarinenschale und Ingwer gut miteinander vermischen und zu den Tauben in den Plastikbeutel geben.

Den Beutel fest verschließen, 24 Stunden lang im Kühlschrank aufbewahren und von Zeit zu Zeit wenden, um die Marinade gleichmäßig über die Tauben zu verteilen.

## Zubereitung

Die Tauben aus dem Beutel nehmen und abtropfen lassen. In einem chinesischen Dampftopf Wasser über großer Flamme aufkochen lassen und dann die Tauben in den darüberhängenden Korbeinsatz legen. Den Topf zudecken, 10 Minuten dämpfen. Die Tauben herausnehmen, die in ihren Hohlräumen angesammelte Flüssigkeit abgießen und Tauben auf Zimmertemperatur abkühlen lassen.

Den Boden eines Wok mit einer doppelten Lage strapazierfähiger Alufolie auslegen. Teeblätter, Reis, Holzspäne und braunen Zucker gleichmäßig über die Folie verteilen. Einen kleinen Drahtrost leicht einfetten und in den Wok einsetzen.

Den Wok bei mittlerer Hitze heiß werden lassen, bis die Aromamischung nach etwa 10 Minuten zu rauchen beginnt. Die Tauben auf den Rost legen und den Wok zudecken.

Einen zarten Rauchgeschmack erreicht das Fleisch nach etwa 10 Minuten; die Räucherzeit auf 15 Minuten ausdehnen, wenn ein mittelstarkes Aroma gewünscht wird. (Längeres Räuchern empfiehlt sich wegen des dann zu aufdringlichen Aromas nicht.)

Den Backofen auf 235° vorheizen. Sobald die Tauben fertig geräuchert sind, aus dem Wok nehmen, auf ein kleines, mit Folie bedecktes Backblech legen und im Ofen goldgelb bräunen, etwa 10 Minuten.

## Anrichten

Sind die Tauben als Vorspeise oder zum Picknick gedacht, das Fleisch, in mundgerechte Happen oder dünne Scheiben geschnitten, entweder heiß oder auf Zimmertemperatur abgekühlt auf einem ringsum mit frischen Korianderstengeln und Mandarinenstückchen verzierten Servierteller reichen.

Sollen die Tauben das Hauptgericht bilden, dann ganz oder halbiert auf den Tisch bringen.

**Für 6 bis 8 Personen als Vorspeise; für 2 Personen als Hauptgang.**

**Anmerkungen: Auch Enten oder Wildhühner lassen sich nach diesem Rezept mit ausgezeichneten Ergebnissen verarbeiten. Enten werden 45 Minuten gedämpft, 20 Minuten geräuchert und 10 Minuten geröstet. Wildhühner (jeweils 2 Stück) läßt man 15 Minuten im Dampf, 15 Minuten im Rauch und 10 Minuten im Backofen.**

# RIPPENSPEER MIT CHINESISCHER GRILL-SAUCE

**1½ kg Rippenspeer**

*Chinesische Grill-Sauce*

**5 EL Hoisin-Sauce**
**3 EL Pflaumensauce**
**2 EL Austernsauce**
**2 EL dunkle Sojasauce**
**2 EL Honig**
**1 EL trockener Sherry**
**1 EL Erdnußöl**
**1 TL chinesische Chilisauce (nach Wunsch)**
**½ TL Kantonesische Gewürzmischung**
**1 EL feingewiegter Knoblauch**
**1 EL feingewiegter, frischer Ingwer**

Sie können diese köstliche Grill-Sauce auf alle Sorten von Fleisch oder Meeresfrüchten streichen, die Sie zu grillen, zu rösten oder zu braten wünschen; Chinesische Grill-Sauce verleiht den Speisen ein einzigartiges Aroma.
Diese Sauce läßt sich in großen Mengen herstellen und ist im Kühlschrank nahezu unbegrenzt haltbar.

### Vorbereitung

Lassen Sie Knochen und Knorpel auf der Oberseite der Rippenspeerstücke gleich vom Metzger entfernen.
Schneiden Sie auch auf der Unterseite die Fleischlappen weg und trennen Sie die zähe weiße Haut ab. Am besten lösen Sie sie mit dem Fingernagel oder einer Messerspitze entlang dem Knochen auf einer der beiden Seiten, erfassen sie mit einem Stück Küchenpapier und ziehen Sie dann ab.
Die Zutaten gut miteinander vermischen; das ergibt ungefähr 300 ml köstliche Grill-Sauce.

### Braten

Den Backofen auf 180° vorheizen. Ein tiefes Backblech mit Alufolie auslegen, einen Backrost leicht einfetten und in das Backblech einsetzen.
Die Rippenspeerstücke auf beiden Seiten mit Grill-Sauce einreiben und mit der Fleischseite nach oben auf den Rost legen. Rösten Sie das Fleisch, bis es sich nach etwa 1 Stunde durch Schrumpfen von den Knochenenden zurückgezogen hat.
Rippenweise in Streifen schneiden und heiß oder auf Zimmertemperatur abgekühlt servieren.

**Für 6 bis 8 Personen als Appetit- oder Picknickhappen; für 2 Personen als von einem Salat begleiteter Hauptgang.**

**Anmerkungen: Auch Rippchen vom Lamm oder Jungschweinerücken schmecken auf diese Weise zubereitet ganz hervorragend.**

# RINDFLEISCH SATAY

**12 Bambusspieße (25 cm lang)**
**450 g Rinderfilet oder Lendensteak bester Qualität**
**¼ Tasse zerstoßene, geröstete und ungesalzene Erdnüsse**

*Satay-Sauce*
**2 EL zerstoßene, geröstete und ungesalzene Erdnüsse**
**2 TL Limonensaft**
**1 kleine Schalotte, gewiegt**
**1 Knoblauchzehe, gewiegt**
**6 EL ungesüßte Kokosmilch**
**1 TL Erdnußbutter**
**1 TL Zucker**
**½ TL dunkle Sojasauce**
**¼ TL gemahlener Kümmel**
**¼ TL gemahlener Koriander**
**¼ TL chinesische Chilisauce**
**⅛ TL Kurkuma**

*Marinade*
**60 ml Hoisin-Sauce**
**3 EL Pflaumensauce**
**2 EL heller Weinessig**
**1 EL Honig**
**1 EL trockener Sherry**
**½ TL chinesische Chilisauce (nach Wunsch)**
**1 Frühlingszwiebel, gewiegt**
**1 EL gewiegter, frischer Koriander**
**3 Knoblauchzehen, gewiegt**

Eine der angenehmsten Arten, einen Abend zu verbringen, besteht für mich darin, im berühmten Satay-Club von Singapur auf einem Hocker im Freien zu sitzen und Streifen zarten Rindfleisches zu verspeisen: der drükkende Tropenhimmel über mir, ringsumher die Rufe der Satay-Köche, im Hintergrund stimmen die Zikaden ihr nächtliches Konzert an. Die feurigen Erdnußsaucen tragen das ihre zu der Hitze bei, gegen die man mit Unmengen kalten Bieres ankämpft, während angeregte Gespräche über zukünftige Abenteuer sich bis tief in die Nacht hinziehen – so läßt es sich leben!

## Vorbereitungen (24 Stunden vor dem Servieren)

Die Bambusspieße 24 Stunden in Wasser legen, damit sie sich vollsaugen können und später beim Rösten oder Grillen nicht ansengen.

Für die Satay-Sauce zunächst die Erdnüsse im Mixer zerkleinern. Zusammen mit der Hälfte des Limonensaftes und den gesamten anderen Zutaten in einen Kochtopf geben. Bei schwacher Hitze zum Kochen bringen und unter Rühren eine Minute auf der Flamme lassen. Die Mischung in eine kleine Schüssel gießen und auf Zimmertemperatur abkühlen lassen, dann den restlichen Limonensaft unterrühren. Abschmecken, vor allem auf die Chilisauce, das Erdnußaroma und den Limonensaft achten. Die Sauce kann einen Tag im voraus zubereitet und im Kühlschrank aufbewahrt werden.

## Weitere Vorarbeiten

Das Fleisch von allem Fett befreien und quer zur Faser in 24 bandförmige, etwa 10 cm lange, gut 1 cm breite und knapp ½ cm dünne Streifen schneiden.

Die Zutaten für die Marinade miteinander vermischen und die Fleischstreifen darin wälzen. Jeweils 2 Fleischstreifen so auf einen Bambusstab spießen, daß an beiden Enden etwa 3 cm des Stabes freibleiben. Die restliche Marinade über das Fleisch gießen und im Kühlschrank mindestens 1 Stunde lang einziehen lassen, dabei die Spieße einmal wenden.

## Zubereitung

Soll das Fleisch im Ofen geröstet werden, muß das Grillgitter in der höchstmöglichen Position eingesetzt und der Ofen auf 290° vorgeheizt werden. Ist diese Temperatur erreicht, die Ofenschaltung auf Grill-Stellung bringen und das Fleisch 2 bis 4 Minuten gerade eben gargrillen. (Bei elektrischen Öfen die Tür während des Grillvorgangs einen Spalt offen lassen.)

Beim Grillen über Holzkohle diese etwa eine Stunde vorher anzünden und warten, bis sich ein weißer Aschenbelag auf der Glut gebildet hat. Die Bambusspieße in einer mittlerer Hitze entsprechenden Höhe über der Holzkohle anbringen und während der Grillzeit von etwa 3 Minuten mehrmals drehen.

Die kaltgestellte Sauce unterdessen auf Zimmertemperatur bringen. Sollte sie sich als zu dick erweisen, mit etwas Wasser oder Kokosmilch verdünnen. Das Fleisch heiß servieren und die Sauce dazu reichen.

**Für 6 bis 8 Personen als Appetizer; für 3 Personen als Entrée.**

**Anmerkungen: Statt des Rindfleisches lassen sich auch von Knochen und Haut befreite Hühnerbrust, Lammkeulenscheiben oder geschälte, ausgenommene und gespreizte Garnelen auf diese Weise zubereiten.**

Wan-tans mit Currylamm;
Kammuscheln »Volcano«; Scharfe Thai-Nudeln

## WAN-TANS MIT CURRYLAMM

**Stärkemehl zum Bestäuben**
**40 Wan-tan-Teighüllen**
**Erdnußöl zum Braten**

*Füllung*
**½ Zwiebel**
**2 Karotten**
**250 g Lamm-Hack**
**1 EL feingewiegter, frischer Ingwer**
**1 EL helle Sojasauce**
**1 EL Curry**
**1 TL Zucker**
**½ TL chinesische Chilisauce (nach Wunsch)**
**¼ TL Salz**
**1 Ei**

*Chinesische Pflaumensauce zum Dippen*
**120 ml Pflaumensauce**
**2 EL trockener Sherry**
**1 EL Zitronensaft**
**¼ bis ½ TL gemahlener Zimt**

Ich versehe meine Wan-tan-Teighüllen immer mit etwas ungewöhnlichen Füllungen wie kleingeschnittenem Schwertfischfleisch oder feingehackter Entenbrust.
Die hier beschriebenen Wan-tans mit Currylamm können Stunden im voraus geformt werden, so daß man sie erst kurz vor dem Servieren in der Pfanne zu fritieren braucht. (Sie lassen sich notfalls auch im Ofen bei 95° bis zu 30 Minuten warmhalten.)
Zur geschmacklichen Abwechslung kann auch eine der in Kapitel 7 beschriebenen Teigtaschenfüllungen versucht werden.

### Vorbereitung

Zunächst die Füllung: Die Zwiebelhälfte und – separat – die Karotten in einem mit Metallmesser ausgestatteten Mixer zerkleinern, in eine kleine Rührschüssel geben, Lamm-Hack, Ingwer, Sojasauce, Curry, Zucker, Chilisauce, Salz und das Ei hinzufügen und das Ganze gut miteinander vermischen.
Das Einschlagen der Teighüllen:
Ein Ofenblech mit Backpapier auslegen und dieses leicht mit Stärkemehl bestäuben.
Jeweils einen gehäuften Teelöffel Füllung in die Mitte der mit einer Ecke auf den Arbeitenden zeigenden Teighülle setzen. Die untere Ecke in Richtung nach oben über die Füllung klappen, so daß an der Auflagestelle ein Doppeldreieck zustandekommt, dessen Spitzen einen Fingerbreit nebeneinanderliegen. Den Wan-tan mit der Handfläche zusammenrollen, so daß ein an beiden Seiten offener Zylinder entsteht. Die seitlich abstehenden Ecken auf ihren Innenflächen mit Wasser befeuchten und fest zu einem ›Häubchen‹ zusammendrücken. Die fertigen Wan-tans auf das Backpapier setzen. (Sie können unbedeckt bis zu 6 Stunden lang im Kühlschrank aufbewahrt werden, bevor sie in die Pfanne kommen.)
Die Zutaten für den Dip miteinander vermischen und gut durchrühren.

### Zubereitung

Eine Stielpfanne von ca. 30 cm Durchmesser gut 1 cm hoch mit Öl füllen.
Das Öl auf 185° erhitzen. (Ist das Öl heiß genug, wird ein Wan-tan-Stückchen, das man zur Probe in die Pfanne wirft, über den Pfannenboden ›hüpfen‹.)
Jeweils etwa 10 Wan-tans in die Pfanne setzen und auf beiden Seiten goldbraun fritieren, insgesamt etwa 1½ Minuten.
Die Wan-tans aus der Pfanne nehmen und auf Küchenkrepp abtropfen lassen.
Zusammen mit der Chinesischen Pflaumensauce servieren.

**Für 6 bis 12 Personen als Appetizer.**

# GEFÜLLTE HÜHNERFLÜGEL

**16 Hühnerflügel mit den Spitzen**
**Chinesische Grill-Sauce (Seite 20)**

*Füllung*
**⅓ Tasse Pinienkerne**
**4 schwarze chinesische Trockenpilze**
**4 Wasserkastanien oder ½ Tasse gehackte Karotten**
**2 Frühlingszwiebeln**
**350 g Blattspinat, entstielt**
**250 g rohe Garnelen**

*Sauce*
**1 EL feingewiegter, frischer Ingwer**
**1 Knoblauchzehe, feingewiegt**
**2 TL helle Sojasauce**
**2 TL Sesamöl**
**2 TL Curry**
**1 TL trockener Sherry**
**1 Prise Salz**

Die Vorbereitung der zum Füllen vorgesehenen Hühnerflügel geschieht bei mir schon Wochen im voraus. Ich friere sie ein, bis sie gebraucht werden, presse dann die Füllung mittels einer Spritztüte in die Hohlräume und röste die Flügel ein paar Stunden später, bis sie ihre wunderbare Karamelfärbung annehmen.
Gäste essen den gefüllten Teil der Leckerbissen gerne ab, indem sie die Flügelspitze als ›Griff‹ benutzen. So verblüfft Freunde sich über dieses ausgefallene Gericht zu zeigen pflegen, so zeitaufwendig ist auch seine Zubereitung. Sehr einfach zuzubereitende Appetitanreger wie Chinesische Gewürzgurken und Zwiebelbrot sollten diese Speise begleiten.

## Vorbereitung

Die Flügelknochen (›Trommelschlegel‹) herausschneiden und anderweitig verwerten (für Brühe oder bei der Zubereitung von Hühnerflügeln »Mahagoni«). Die beiden Knochen am Gelenk mit einem scharfen Messer voneinander trennen, ringförmig um das Ende des größeren Knochens herumschneiden und dann mit den Fingern das Fleisch an jedem Knochen entlang nach unten schieben. Die Knochen drehen oder behutsam freischneiden, um sie herauszulösen. In die nun sichtbar werdende Hauttasche kommt die Füllung. Die anderen Flügel in gleicher Weise vorbereiten und zur Seite stellen oder für zukünftigen Gebrauch im Kühlschrank aufbewahren.
Vorbereiten der Füllung: Die Pinienkerne bei 160° im Ofen goldbraun rösten, etwa 15 Minuten. Die Pilze in heißem Wasser einweichen, bis sie geschmeidig sind, etwa 30 Minuten; die Stiele entfernen und die Pilzhüte zusammen mit Wasserkastanien und Frühlingszwiebeln zerkleinern. Den Spinat in kochendem Wasser wellen lassen, etwa 15 Sekunden; sofort wieder herausnehmen und in einem Sieb unter fließendem kaltem Wasser abschrecken. Alle Feuchtigkeit mit einem Tuch oder Küchenpapier herauspressen, dann die Spinatblätter feinhacken.
Die Garnelen schälen, vom Darmstrang befreien und ebenfalls kleinhacken. Alle Füllzutaten gut miteinander vermengen.
Die Füllmasse in eine tüllenlose Spritztüte geben und jeweils etwa zwei gehäufte Teelöffel Füllung in jede Flügeltasche pressen. Die fertigen Hühnerflügel bis zum Rösten im Kühlschrank aufbewahren.
Die Saucenzutaten miteinander vermischen.

## Rösten

Den Ofen auf 190° vorheizen. Ein tiefes Backblech mit Alufolie auslegen. Den Backofenrost fetten und in das Blech einsetzen.
Die gefüllten Flügel behutsam mit Sauce einreiben, auf den Rost legen und 30 Minuten rösten lassen. Erneut beidseitig mit Sauce bestreichen und wenden. Die Flügel weitere 30 Minuten rösten, bis sie die gewünschte Mahagoni-Färbung angenommen haben. Sofort auftragen.

**Für 6 bis 10 Personen als Vorgericht.**

**Anmerkungen: Diese Garnelenfüllung läßt sich problemlos mit den in Kapitel 7 aufgeführten Füllungen austauschen.**

# GLASIERTE HÜHNERLEBERN

**250 g Hühnerlebern**
**1 Knoblauchzehe, feingewiegt**
**1 EL Erdnußöl**
**1 EL dunkle Sojasauce**
**1 EL Zucker**
**1 EL trockener Sherry**
**2 TL Sesamöl**
**¼ TL chinesische Chilisauce (nach Belieben)**
**1½ Tassen in feine Streifen geschnittene Karotten, rote Paprika oder grüner Salat**
**1 EL Rotweinessig**
**frische Korianderstengel, zur Garnierung (nach Wunsch)**

Im glühendheißen Wok mit einer chinesischen Würzsauce gebratene Hühnerlebern, die beim Aufschneiden in der Mitte noch rosa sind, liebe ich ganz besonders. Manchmal füge ich, um den Geschmack zu variieren, der Sauce noch etwas geriebene Orangenschale oder einen Spritzer Austernsauce hinzu. Die verwendeten Lebern sollten nicht aus der Fertigpackung kommen, sondern frisch vom Metzger, der Ihnen für dieses Gericht gewiß auch gern die knackigsten aussuchen wird.

## Vorbereitung

Die Lebern vom Fett befreien und in etwa 4 cm lange Stücke schneiden.
Den Knoblauch in das Öl einrühren. Sojasauce, Zucker, Sherry, Sesamöl und Chilisauce miteinander vermischen.

## Zubereitung

Die Karottenstreifen über eine runde Servierplatte verteilen.
Den Wok auf höchste Hitze bringen, sodann das Öl mit dem Knoblauch hineingießen. Sobald die Knoblauchstückchen nach wenigen Sekunden weiß werden, die Lebern zugeben und weiterhin bei höchster Hitze unter Rühren so lange braten, bis sie von außen nicht mehr roh aussehen, etwa 1 Minute. Die Sojasaucenmischung dazugießen und unter Rühren weiterbraten, bis die reduzierte Sauce die Leberstücke glasiert, ungefähr 1 weitere Minute. Danach sollte das Fleisch in der Mitte noch rosarot sein.

Die Leberstücke mit Essig beträufeln. Auf süße, scharfe oder saure Aromaeffekte hin abschmecken. Die Leberstücke auf dem Karottenbett aufhäufen, mit einigen Korianderstengeln garnieren und unverzüglich servieren.

**Für 6 bis 8 Personen als Vorgericht.**

**Anmerkungen: Nach dem gleichen Verfahren und mit hervorragendem Ergebnis lassen sich auch Kaninchen-, Enten- und Truthahnlebern verarbeiten.**

# VIETNAMESISCHE FRÜHLINGSROLLEN

**20 Blatt rundes oder dreieckiges Reispapier (15 cm)**
**750 ml Bier**
**2 Eier, leicht geschlagen**
**Dips (siehe Rezepte in diesem Kapitel)**
**1 l Erdnußöl**
**20 kleine Kopfsalatblätter**
**40 frische Korianderstengel (nach Wunsch)**
**40 frische Minzblätter**

*Füllung*
**30 g Glasnudeln**
**5 schwarze chinesische Trockenpilze**
**250 g rohe Garnelen**
**3 Frühlingszwiebeln, gewiegt**
**½ Tasse geraspelte oder gehackte Karotten**
**250 g Schweinehack**
**3 Schalotten, gewiegt**
**3 Knoblauchzehen, feingewiegt**
**2 EL trockener Sherry**
**1 EL helle Sojasauce**
**1 EL Austernsauce**
**½ TL frisch gemahlener, schwarzer Pfeffer**
**½ TL Zucker**

Diese Frühlingsrollen kann man schon vormittags zubereiten und dann bis zum Fritieren am Abend im Kühlschrank aufbewahren. Außerdem lassen sie sich, im Gegensatz zur chinesischen Version, durch einfaches Fritieren in der Pfanne oder durch einstündiges Aufwärmen im Backofen wieder heißmachen.

## Vorbereitung

Zubereitung der Füllung: Die Glasnudeln in heißem Wasser etwa 30 Minuten einweichen.
Abtropfen lassen und in ca. 2,5 cm lange Stücke schneiden.
Die Pilze in heißem Wasser einweichen, bis sie nach etwa 20 Minuten geschmeidig werden. Von den Stielen befreien und die Pilzhüte feinhacken. Die Garnelen schälen, vom Darmstrang befreien und feinhacken.
Glasnudeln, Pilze und Garnelen in eine Schüssel geben und zusammen mit den übrigen Füllzutaten kräftig durchmischen.
Ein Blatt Reispapier in Bier anfeuchten; Restflüssigkeit abschütteln. Das Reispapier auf eine flache Oberfläche legen und einen Augenblick warten, bis es sich leicht biegen läßt. Stellen, an denen das Reispapier nicht weich wird, mit den Fingern mit etwas mehr Bier benetzen. Ungefähr zwei gehäufte Teelöffel der Füllung zu einer Wurst rollen und auf das untere Drittel des (runden) Reispapierblattes legen. (Bei der Verwendung von dreieckigen Blättern soll die Spitze des Dreiecks vom Arbeitenden wegweisen.)
Die Ränder mit ein wenig geschlagenem Ei anfeuchten, von den Seiten her über die Füllung schlagen und das Ganze zu einem Zylinder ausrollen. Mit den übrigen Reispapierblättchen auf gleiche Weise verfahren. Die rohen Frühlingsrollen auf einem Tablett mit Plastikfolie abdecken und bis zum Fritieren kaltstellen.
Die Dips zubereiten und beiseitestellen.

## Zubereitung

Das Öl in einer tiefen Pfanne von ca. 30 cm Durchmesser über mittelhoher Flamme auf 160° erhitzen.
Alle Frühlingsrollen auf einmal in die Pfanne geben, auch wenn sie einander berühren oder übereinander zu liegen kommen. Die Öltemperatur wird langsam auf 185° steigen. Die Frühlingsrollen während des Fritierens häufig drehen, damit sie gleichmäßig bräunen. Nach etwa 8 Minuten werden sie die gewünschte goldbraune Färbung angenommen haben. Die Rollen aus der Pfanne nehmen und auf Küchenkrepp abtropfen lassen.
Zusammen mit den Dips, Salatblättern, Korianderstengeln und Minzblättern heiß servieren. Zum Essen nimmt man ein Salatblatt in die Hand, legt einen Korianderstengel und etwas Minze, dann die Frühlingsrolle darauf und wickelt das Salatblatt darum, bevor man das ganze ›Paket‹ in den Dip taucht.

**Für 6 bis 10 Personen als warmes Vorgericht.**

**Anmerkungen:**
**Reispapier ist sehr brüchig. Achten Sie beim Kauf darauf, daß die Teigblättchen keine Risse oder Bruchstellen aufweisen. Wenn die Frühlingsrollen in mehr als 160° heißes Öl eingebracht werden, garen die Hüllen rascher als die Füllungen. Tatsächlich legen viele vietnamesische Köche die Frühlingsrollen in kaltes Öl und erhitzen es erst dann bis zur gewünschten Fritiertemperatur. Anstatt in Bier kann man das Reispapier auch in warmem Wasser anweichen oder flach ausgebreitet mit etwas geschlagenem Ei einpinseln.**



Vietnamesische Frühlingsrollen; Ingwer-Minzen-Ceviche ▷

# GEGRILLTE WACHTELN IN KANTONESISCHER GEWÜRZMISCHUNG MARINIERT

**4 Wachteln**

*Marinade*

**3 EL trockener Sherry**
**3 EL Austernsauce**
**1 EL helle Sojasauce**
**1 TL Sesamöl**
**½ TL Kantonesische Gewürzmischung**
**½ TL Zucker**
**¼ TL frisch gemahlener, schwarzer Pfeffer oder chinesische Chilisauce**
**2 Frühlingszwiebeln, gewiegt**
**3 Knoblauchzehen, gewiegt**
**2 TL feingewiegter, frischer Ingwer**
**2 TL geriebene oder gewiegte Orangenschale**

Kleine, in Sherry, Austernsauce, Ingwer und Kantonesischer Gewürzmischung marinierte Wachteln garen, ob über Holzkohle gegrillt oder im Ofen gebraten, sehr rasch. Mit Zwiebelbrot, chinesischen Gewürzgurken und Geflügelsalat gereicht, geben sie ein ausgezeichnetes Vorgericht ab.

## Vorbereitung

Die Wachteln halbieren oder sie auseinanderspreizen, indem man am Brustbein entlangschneidet und die beiden Brusthälften vorsichtig nach außen biegt, so daß die Wachteln flach zu liegen kommen.
Die Zutaten für die Marinade miteinander verrühren und diese über die Wachteln gießen, so daß sie von allen Seiten gut bedeckt sind. Zwei Stunden im Kühlschrank marinieren lassen.
Sollen die Wachteln gegrillt werden, 1 Stunde vorher die Holzkohle anzünden. Will man sie im Ofen rösten, muß dieser wenige Minuten vorher auf 160° vorgeheizt werden.

## Zubereitung

Sobald die Holzkohlenglut soweit ist, die Wachteln mit der Fleischseite nach oben bei mittlerer Hitze ungefähr 5 Minuten grillen, anschließend mit der verbliebenen Marinade übergießen und, wenn es sich um einen offenen Grill handelt, umdrehen.
Weitere 10 Minuten grillen.
Bei der Zubereitung im Backofen die Wachteln mit der Fleischseite nach oben ungefähr 25 Minuten rösten lassen; etwa nach der Hälfte der Zeit mit der restlichen Marinade begießen.
Wurden die Wachteln zu Beginn auseinandergespreizt, dann empfiehlt es sich, sie halbiert zu servieren, wenn sie als Appetit- oder Picknickhappen gedacht sind.

**Für 6 bis 8 Personen als Appetit- oder Picknickhappen; für 2 Personen als Hauptgang mit Salat.**

# CHINESISCHE GEWÜRZGURKEN

- **8 Freiland- oder 2 Treibhausgurken**
- **2 TL Salz**

*Würzsauce*

- **ca. 400 ml Reisessig**
- **225 g Zucker**
- **½ TL chinesische Chilisauce**
- **½ TL Szechuan-Pfefferkörner**
- **6 hauchdünne Scheiben frischer Ingwer**
- **5 Knoblauchzehen, zerdrückt**
- **1 große Schalotte, in dünne Scheiben geschnitten**

In ihrem Restaurant »China Moon« serviert Barbara Tropp die eingelegten roten Zwiebeln, die mich zu diesem Rezept inspiriert haben. Chinesische Gewürzgurken lassen sich gut auf Parties anbieten; dünn geschnitten schmecken sie aber auch auf einem Hamburger oder, im Mixer zerkleinert, auf einem Hot dog.

**Vorbereitung (12 Stunden im voraus)**

Die Gurkenenden abschneiden. Freilandgurken der Länge nach halbieren, die beiden Hälften wieder zusammenfügen und quer in 1 cm breite Stücke schneiden. Treibhausgurken längs in ½ cm breite Streifen und diese dann ebenfalls in 1 cm breite Stücke schneiden.

Die Gurken salzen und unter wiederholtem Durchmischen 4 Stunden stehenlassen.

Alle Zutaten für die Würzsauce in einem Edelstahltopf miteinander kombinieren und langsam zum Kochen bringen, bis sich der Zucker aufgelöst hat, etwa 5 Minuten. Die Sauce vollständig abkühlen lassen.

**Vorbereitung (8 Stunden im voraus)**

Die Gurken in ein Sieb geben, unter fließendem Wasser ausgiebig spülen und abtropfen lassen. In einem Frotteetuch leicht ausdrücken, um die Restfeuchtigkeit zu entfernen, und in die Würzsauce schütten. Mindestens 8 Stunden im Kühlschrank lassen. Die Gewürzgurken werden im Laufe von mehreren Tagen an Aroma gewinnen und sich in gekühltem Zustand bis zu 10 Tagen halten.

Man gibt die Gurken mit dem Sieblöffel in kleine Schälchen und serviert, wenn gewünscht, einige Ingredienzen der Würztunke dazu.

**Für 10 bis 14 Personen als Begleitung zu anderen Appetithappen.**

**Anmerkungen: Soll das Ganze etwas farbenfroher wirken, kann man der Würzsauce auch rote Paprika, in ca. 2,5 cm breite Streifen geschnitten, beigeben. Die Würzsauce läßt sich noch ein zweites Mal auf die gleiche Weise verwenden.**

# GARNELEN »NEUE WELLE«

**450 g mittelgroße bis große Garnelen**

*Pikante Thai-Sauce*
**60 ml Tomatensauce**
**3 EL Limonensaft**
**2 EL hellbrauner Zucker**
**¼ TL chinesische Chilisauce**
**1 Knoblauchzehe, gehackt**
**2 TL grob gehackte, frische Minzblätter**
**1 TL geriebene oder feingehackte Limonenschale**
**1 TL Stärkemehl**

Eisgekühlte, mundgerecht servierte Garnelen, denen verschiedene orientalische Dips beigestellt werden, gehören zu den begehrtesten und am leichtesten zuzubereitenden Vorspeisen.
Wir reichen diese Garnelen gewöhnlich mit der hier beschriebenen pikanten Thai-Sauce, aber auch ein scharf-süßer Aprikosen-Dip (siehe Anmerkungen), Satay-Sauce oder ein chinesischer Pflaumensaucen-Dip (siehe Seite 23) sind nicht zu verachtende Alternativen.

## Vorbereitung

Die Garnelen zubereiten: Bis auf das Schwanzruder abschälen. Mit einem von hinten nach vorn zunehmend tiefer werdenden Schnitt, der am Kopfende das Fleisch beinahe durchteilt, den Rücken öffnen und den Darmstrang herauswaschen.
Einen großen Topf mit leicht gesalzenem Wasser bei starker Hitze zum Kochen bringen. Die Garnelen hineingeben und zwischen 1 und 2 Minuten garen lassen.
Zur Probe eine Garnele halbieren: sie sollte in der Mitte weiß sein. Die heißen Garnelen sofort in einer Schüssel mit Eiswasser abschrecken. Wenn sie richtig kalt sind, herausnehmen, abtupfen und bis zum Gebrauch in den Kühlschrank stellen.
Die Sauce zubereiten: Tomatensauce, Limonensaft, braunen Zucker, Chilisauce, Knoblauch, Minze und Limonenschale in einem kleinen Topf miteinander vermischen. Beiseitestellen.

## Zubereitung (bis zu 1 Stunde vor dem Servieren)

Das Stärkemehl mit der gleichen Menge kalten Wassers anrühren. Die Saucen-Zutaten bei mittlerer Hitze schwach aufkochen, dann auf kleiner Flamme 2 Minuten köcheln lassen. Die Sauce erneut leicht zum Aufwallen bringen und so viel von der Stärkemehlmischung einrühren, daß die Sauce leicht sämig wird.
Die Sauce durch ein Sieb in eine kleine Servierschüssel passieren und wenigstens 10 Minuten abkühlen lassen, am besten auf Zimmertemperatur. Die Saucenschüssel auf einen flachen Servierteller stellen und mit den eisgekühlten Garnelen umgeben.

**Für 6 bis 8 Personen als Vorgericht.**

**Anmerkungen: Ein scharf-süßer Aprikosen-Dip eignet sich ebenfalls gut zum Stippen frischer Garnelen. Dazu in einem kleinen Topf 12 Stücke Trockenaprikose, 340 ml Aprikosennektar, 120 ml Guaven-Nektar, 175 g Zucker, 120 ml hellen Weinessig, 1 EL gehackten, frischen Ingwer und ½ TL chinesische Chilisauce miteinander vermengen und kurz zum Kochen bringen. Die Hitze reduzieren und 20 Minuten zugedeckt köcheln lassen, dann in abgekühltem Zustand im Mixer pürieren. Falls sich die Sauce als zu dünn erweist, erneut in den Topf geben, köcheln lassen und Stärkemehlbrei (aus gleichen Teilen Stärkemehl und Wasser) einrühren, bis die gewünschte sämige Konsistenz erreicht ist. Den Dip servieren, wenn er auf Zimmertemperatur abgekühlt ist.**

# INGWER-MINZEN-CEVICHE

**120 g Lachsfilet, enthäutet**
**120 g Kammuscheln**
**120 ml Limonensaft**
**1 EL feingehackter, frischer Ingwer**
**1 Knoblauchzehe, feingewiegt**
**4 kleine, scharfe Chili-Schoten, von Kernen und Stielansätzen befreit, gewiegt**
**2 EL gehackter, frischer Koriander**
**2 EL gehackte Minzblätter**
**1 Frühlingszwiebel, gehackt**
**½ rote Paprika, von Kernen und Rippen befreit, gehackt**
**1 TL geriebene oder feingehackte Limonenschale**
**3 EL Distelöl**
**1 TL frisch geriebene Muskatnuß**
**½ TL chinesische Chilisauce**
**½ TL Salz**
**16 kleine Kopfsalatblätter**

Gewürfelter, roher Lachs und frische, kleine Kammuscheln werden in Limonensaft gebeizt, bevor man sie mit Minze, frischen Chilis, Koriander und Ingwer mischt und in kleinen Salatschüsseln serviert: eine passende Eröffnung für ein Sommermenü!

### Vorbereitung (6 Stunden im voraus)

Den Lachs in kleine Würfel von gut ½ cm Durchmesser schneiden, die Kammuscheln halbieren. Mit dem Limonensaft vermengen und 5 Stunden im Kühlschrank marinieren.
Danach den Saft abgießen und die Lachs- und Muschelstücke mit den anderen Zutaten – außer den Salatblättern – vermengen. Vor dem Servieren mindestens 1 Stunde im Kühlschrank aufbewahren. Auf einem in kleinen Schüsselchen angerichteten Salatbett servieren.

**Für 6 bis 8 Personen als Vorspeise.**

# TOASTRÖLLCHEN MIT GARNELEN-FÜLLUNG

**250 g rohe Garnelen**
**1 Eiweiß**
**¾ Tasse feingewiegte Frühlingszwiebeln**
**½ Tasse feingewiegte, vorzugsweise frische Wasserkastanien**
**2 TL sehr fein gewiegter, frischer Ingwer**
**¾ TL Salz**
**½ TL Zucker**
**½ TL geriebene Orangenschale**
**½ TL weißer Pfeffer oder chinesische Chilisauce**
**¼ Tasse weiße Sesamkörner**
**16 Scheiben sehr dünn geschnittenes, weißes Toastbrot**
**Dips (siehe Rezepte in diesem Kapitel)**
**Erdnußöl zum Fritieren in der Pfanne**

Diese elegante Art, Garnelen mit Toast zuzubereiten, habe ich vom Dim-Sum-Küchenchef eines Restaurants in Los Angeles übernommen. Anstatt die gewiegten Garnelen auf kleine Brotstückchen zu streichen und diese in Öl zu braten, wird diese Garnelenmischung auf ganze Toastscheiben gestrichen, die man dann einrollt. Hierbei kommt der typische Garnelengeschmack besser zur Geltung, und er steigert sich noch beim Eintauchen der Röllchen in die verschiedenen Saucen. Da diese Speise ein Sautieren ›in letzter Minute‹ verlangt, bringe ich sie immer zusammen mit Vorspeisen auf den Tisch, die man im voraus zubereiten kann, wie Orientalische Pâté und Chinesische Gewürzgurken.

## Vorbereitung

Die Garnelen schälen und vom Darmstrang befreien, sodann zusammen mit dem Eiweiß in einem Mixer mit Metallmessern pürieren. Die Paste in eine Schüssel geben, Frühlingszwiebeln, Wasserkastanien, Ingwer, Salz, Zucker, Orangenschale und weißen Pfeffer hinzufügen und das Ganze gut miteinander vermischen.
Die Sesamkörner in einer kleinen, ungefetteten Pfanne auf großer Flamme etwa 2 Minuten goldgelb rösten, sofort vom Feuer nehmen und beiseitestellen.
In einem chinesischen Dampftopf Wasser zum Kochen bringen. Vom Toastbrot die Krusten abschneiden, die Scheiben in den Einsatz des Dampftopfes legen, zudecken und das Brot dämpfen, bis es weich und biegsam ist, etwa 2 Minuten. Danach die Toastscheiben sogleich herausnehmen. Die Garnelenpaste mit einem Gummispatel in einer ganz dünnen Schicht auf das Brot aufstreichen, mit Sesamkörnern locker bestreuen und die Scheiben walzenförmig einrollen. Die gefüllten Zylinder unbedeckt auf einem Tablett im Kühlschrank lassen, bis sie fritiert werden. In der Zwischenzeit einen oder mehrere Dips vorbereiten.

## Zubereitung

Eine Pfanne von ca. 30 cm Durchmesser einen knappen Zentimeter hoch mit Öl füllen und mittelstark erhitzen. Sobald das Öl so heiß geworden ist, daß ein hineingeworfener Brotwürfel über die Oberfläche springt, 8 Toaströllchen behutsam hineinheben und etwa 2 Minuten lang goldgelb fritieren. Dabei stets auf die Öltemperatur achten; ist das Öl zu heiß, dann bräunen die Rollen an der Oberfläche, bevor die Füllung durchgegart ist. Die aus der Pfanne genommenen Toaströllchen in einem Drahtkorb abtropfen lassen und noch die wenigen Minuten im Ofen warmhalten, die man zum Fritieren der restlichen Rollen benötigt. Unverzüglich auftragen.

**Für 6 bis 8 Personen als Appetithappen.**

**Anmerkungen: Man kann die rohen Toastrollen auch tieffrieren und kurz vor dem Fritieren wieder auftauen; ein Teil ihres köstlichen Aromas geht dabei allerdings verloren.**

# HÜHNERFLÜGEL »MAHAGONI«

**1,8 kg Hühnerflügel**

*Marinade*
**225 ml plus 2 EL Hoisin-Sauce**
**175 ml Pflaumensauce**
**120 ml helle Sojasauce**
**80 ml Cidre-Essig**
**60 ml trockener Sherry**
**60 ml Honig**
**6 Frühlingszwiebeln, gewiegt**
**6 große Knoblauchzehen, gewiegt**

Diese Hühnerflügel werden 24 Stunden lang mariniert und dann im Ofen gebraten, bis die Marinade zu einem mahagonifarbenen Überzug karamelisiert ist. Ihre begeisterten Gäste mögen sich jedoch davor hüten, allzu begierig die glühendheiß vom Rost kommenden Flügel in die Finger zu nehmen.

## Vorbereitung

Die Flügelspitzen abschneiden und für Brühe aufbewahren. Wenn die zu servierenden Happen kleiner sein sollen, die Flügel jeweils am Knochengelenk halbieren.
Die Marinadezutaten miteinander vermischen und die Flügel darin wälzen. Die marinierten Flügel 24 Stunden zugedeckt im Kühlschrank stehenlassen.

## Braten

Den Backofen auf 190° vorheizen. Ein tiefes Backblech mit Alufolie auslegen. Einen Backrost einfetten und in das Backblech einsetzen.
Die Hühnerflügel abtropfen lassen, die Marinade aufbewahren. Die Flügel auf den Rost legen und 30 Minuten braten. Die im Backblech angesammelte Flüssigkeit abgießen. Die Flügel erneut beidseitig mit Marinade einstreichen, wenden und weitere 30 Minuten braten, bis sie die gewünschte Mahagoni-Tönung angenommen haben.
Heiß oder auf Zimmertemperatur abgekühlt servieren.

**Für 10 Personen als Appetit- oder Picknick-Happen.**

**Anmerkungen: Die hier beschriebene Marinade ist eine vielseitig verwendbare Grillsauce und eignet sich auch für Hähnchen, Wildhühner oder große Garnelen.**

◁ Hühnerflügel »Mahagoni«;
Lachs-Wan-tans mit Gurkenrelish

# LACHS
# IM BACKPAPIER

**250 g Lachsfilet**
**120 g aromatischer Räucherschinken, dünn geschnitten**
**32 mittelgroße Schoten Zuckererbsen**
**4 Frühlingszwiebeln**
**16 quadratisch geschnittene Backpapier-Blätter von 15 cm Seitenlänge**
**32 frische Korianderstengel (nach Wunsch)**
**Erdnußöl zum Fritieren in der Pfanne**

*Marinade*
**4 EL trockener Sherry**
**2 EL Austernsauce**
**1 TL Sesamöl**
**¼ TL Zucker**
**⅛ TL weißer Pfeffer**
**1 Knoblauchzehe, feingewiegt**
**1 EL feingewiegter, frischer Ingwer**

In den Falttaschen aus Backpapier verbergen sich saftige Scheiben marinierten Lachses, knackige Zuckererbsen und hauchdünne Schinken-Streifen. Ich pflege die Falttaschen geraume Zeit im voraus zu präparieren oder lasse mir von frühen Gästen dabei helfen. In Backpapier gesottenen Lachs sauber aus seiner Hülle zu lösen und zu essen, macht leicht fettige Finger. Servieren Sie diesen Appetitmacher also am besten gleich in der Küche, wo die Gäste, ein Glas Wein in der Hand, Ihnen beim Hantieren zuschauen.

## Vorbereitung

Das Lachsfilet diagonal in 16 ca. 4 cm breite und 8 cm lange, dünne Scheiben schneiden.
Die Zutaten für die Marinade miteinander und mit den Lachsstreifen vermischen; mindestens 15 Minuten lang einwirken lassen.
Den Schinken in viereckige Streifen schneiden, die der Größe der Lachsschnitten entsprechen. Die Schoten der Zuckererbsen von Stielansätzen und Fäden (entlang der oberen, geraden Kante) befreien. Die Frühlingszwiebeln ganz fein schnitzeln.
Die Backpapier-Blätter legt man so hin, daß eine Ecke auf den Arbeitenden gerichtet ist. In der Mitte des Papiers in folgender Reihenfolge übereinanderschichten: eine Schnitte Lachs, eine Scheibe Schinken, eine Erbsenschote, einige Schnitzel Frühlingszwiebel und 2 Korianderstengel. Die untere, auf den Arbeitenden weisende Ecke so über die Füllung falten, daß sie eine Daumenbreite unterhalb der oberen Ecke zu liegen kommt. An der Faltstelle scharf umknicken. Eine der Seitenecken über ein Drittel der Gesamtbreite falten und ebenso knicken; mit der gegenüberliegenden Seitenecke auf gleiche Weise verfahren. Dann den gefüllten Boden so nach oben umlegen, daß gerade noch die Spitze des Dreiecks sichtbar bleibt. Die Spitze in die Falte des so entstehenden ›Umschlags‹ stecken. Alle Faltstellen noch einmal scharf knicken. Die gefüllten Backpapierhüllen mit der Lachsseite nach oben auf ein Tablett setzen und bis zum Fritieren im Kühlschrank aufbewahren, jedoch nicht länger als 3 Stunden.

## Zubereitung

Eine tiefe Pfanne von ca. 30 cm Durchmesser gut 1 cm hoch mit Öl füllen und auf mittelhoher Temperatur soweit erhitzen, daß ein ins Öl geworfenes Stückchen Brot oder eine Scheibe Ingwer über die Oberfläche hüpft.
Jeweils 8 gefüllte Hüllen mit der Lachsseite nach unten behutsam in die Pfanne setzen und 1 Minute fritieren. Nicht wenden. Die Hüllen auf Küchenkrepp abtropfen lassen und durch leichtes Anpressen von überschüssigem Öl befreien. Unverzüglich servieren und die Gäste die Hüllen selbst öffnen lassen.

**Für 4 bis 8 Personen als warme Vorspeise.**

**Anmerkungen: Auch andere Fischsorten sowie Schalentiere, Rinderfilet oder Hühnerbrust machen sich gut als Füllungen. Zum Kombinieren bieten sich viele Gemüsesorten an, und wenn man dann noch frische Gartenkräuter hinzufügt, wird man ganz neue und köstliche Variationen des Grundrezepts entdekken. Beim Füllen des Backpapiers sollte man nur darauf achten, daß die Zutaten mit der längsten Garzeit zuerst, die mit der kürzesten zuletzt aufgeschichtet werden. Kommt Schinken zur Verwendung, so sei eine zart geräucherte Sorte von mildem Aroma empfohlen, um die Geschmacksbeiträge der anderen Zutaten nicht zu schmälern.**

## SALSA À LA CHINOISE

**6 bis 8 schwarze chinesische Trockenpilze**
**4 mittelgroße Tomaten (zusammen etwa 700 g)**
**½ Tasse gehackte Frühlingszwiebeln**
**½ Tasse gehackter, frischer Koriander**
**2 Knoblauchzehen, feingewiegt**
**1 EL feingewiegter, frischer Ingwer**
**3 EL Rotweinessig**
**2 EL Sesamöl**
**1 EL Distelöl**
**1½ TL Zucker**
**1 TL chinesische Chilisauce**
**½ TL Salz**

Dies ist ein ausgesprochenes Sommerrezept, also für die Zeit bestimmt, wenn es selbstgezogene, an Stöcken gereifte (oder auch in den Supermärkten angebotene) erstklassige Tomaten im Überfluß gibt. Das natürliche Aroma der Tomate, unterstrichen von den chinesischen Würzen, gibt dieser Sauce ihren köstlichen Geschmack, wenn sie auf gegrillten Schwertfisch geschöpft, mit eiskalten Garnelen zu einem schnellen Cocktail-Imbiß kombiniert oder mit Grillfleisch in warme Peking-Pfannkuchen gewickelt wird.

### Vorbereitung

Die Pilze in heißem Wasser einweichen, bis sie nach etwa 30 Minuten geschmeidig werden. Die Stiele entfernen, die Pilzhütchen grob hacken.
Die Tomaten halbieren, von Kernen befreien und grob hacken; das ergibt ungefähr 2 Tassen.
Pilze, Tomaten, Frühlingszwiebeln und Koriander miteinander vermengen, dann die übrigen Zutaten in wohldosierten Quanten hinzufügen. Nach einer bewährten Methode bleibt man dabei zunächst immer etwas unter der angegebenen Menge, schmeckt die Sauce nach jeder Zugabe erneut ab und tastet sich so an das gewünschte Aromabild heran.
Wird die Sauce noch am Tag ihrer Zubereitung gereicht, dann nicht mehr kaltstellen; ist sie am Tag zuvor angerichtet worden, rechtzeitig vor dem Servieren auf Zimmertemperatur bringen.

**Für 4 bis 8 Personen als Dip für Appetit- und Picknick-Happen.**

**Anmerkungen: Eine wohlschmeckende Ergänzung zu dieser Sauce bildet eine grob gehackte, gegrillte Aubergine (siehe Gegrillte Auberginen Oriental).**

# CHINESISCHE BRÖTCHEN, MIT GRILLFLEISCH GEFÜLLT

*Füllung*
**450 g Rippenspeer (ohne Knochen, aber mit dem natürlichen Fett)**
**Chinesische Grill-Sauce (Seite 20)**
**1 EL Stärkemehl**
**1 EL Erdnußöl**
**½ Tasse gewiegte Frühlingszwiebeln**
**2 Knoblauchzehen, feingewiegt**

*Brötchenteig*
**2 EL Zucker**
**2 TL Trockenhefe**
**575 ml warmes Wasser (ca. 45°)**
**2 TL Salz**
**2 EL Sesamöl**
**ca. 1 kg Mehl**
**½ Tasse weiße Sesamkörner**
**½ Tasse feingewiegter, frischer Koriander**

Diese Brötchen werden in chinesischen Dim-Sum-Restaurants zum Lunch serviert, aber wir haben sie auch schon als Vorspeise mit einem grünen Salat zu einem Hauptgericht oder beim Picknick gereicht.

## Vorbereitung

Zubereitung der Füllung:
Den Backofen auf 175° vorheizen. Das Fleisch mit Grill-Sauce einreiben, dabei etwas Sauce zurückbehalten.
Das Fleisch auf ein mit Alufolie ausgelegtes Backblech setzen und so lange braten, bis es in der Mitte nicht mehr rosa ist und das Fleischthermometer gut 75° anzeigt, etwa 30 Minuten.
Den abgetropften Sud aufheben.
Das Stärkemehl mit der gleichen Menge kalten Wassers anrühren.
Das Fleisch samt Fett in knapp ½ cm große Würfel schneiden.
Den Wok stark anheizen und Erdnußöl hineingeben. Frühlingszwiebeln und Knoblauch wenige Sekunden darin sautieren, dann das Fleisch, den Sud aus dem Ofen und 60 ml Grill-Sauce hinzufügen und mit ein wenig Stärkemehl dicken.
Den Wok-Inhalt in eine Schüssel geben und anfrieren lassen, etwa 1 Stunde.

Zubereitung des Brotteigs:
Zucker und Hefe in das warme Wasser einrühren. Nach etwa 5 Minuten werden sich an der Oberfläche Blasen bilden, ein Zeichen, daß die Hefe aufgegangen ist. (Sollte das nicht der Fall sein, nicht weitermachen!)
Salz und Sesamöl einrühren und beiseitestellen.
Das Mehl in eine große Schüssel geben. Die Sesamkörner in einer ungefetteten, kleinen Pfanne goldgelb rösten und zusammen mit dem Koriander in das Mehl streuen. Die Hefemischung behutsam eingießen und langsam unterrühren, bis die Masse homogen ist.
Den Teig auf ein gut mit Mehl bestreutes Brett legen und etwa 8 Minuten mit den Handballen kneten, bis er geschmeidig ist und nicht mehr klebt.
Falls erforderlich, mehr Mehl einkneten.
Eine große Schüssel leicht einölen, den Teig hineingeben und mehrmals wenden, um die gesamte Teigoberfläche mit Öl zu überziehen.
Die Schüssel mit einem feuchten Tuch bedecken, an einen warmen Platz stellen und etwa 2 Stunden ruhen lassen, bis der Teig zum doppelten Umfang aufgegangen ist.
Den Teig in 24 gleiche Portionen teilen und diese mit der Handfläche so flachdrücken, daß sie in der Mitte höher sind als an den Rändern, damit die Füllung beim Dämpfen nicht durch die Teigwand bricht.
Die Fleisch-Farce noch einmal umrühren und dann jeweils 1½ Eßlöffel davon in die Mitte der Teigteller setzen. Die Ränder von allen Seiten vorsichtig nach oben biegen und über der Füllung zusammenkneten.
Die versiegelte Seite nach unten drehen.
Mehrere Dampftopfeinsätze mit Alufolie ausschlagen, und zwar so, daß an den Rändern einige Öffnungen unbedeckt bleiben.
Die Folien leicht einölen und dann die rohen Brötchen im Abstand von ca. 4 cm darauf setzen.
30 Minuten ruhen lassen, bevor entweder gleich gedämpft wird oder die beschickten Dampftopfeinsätze zunächst einige Zeit im Kühlschrank aufbewahrt werden.

## Dämpfen

Wasser im Dampftopf zum Kochen bringen. Die Einsätze in den Topf stellen. Bei Verwendung eines metallenen Dampftopfes den obersten Einsatz mit einem großen Geschirrtuch bedecken, um zu verhindern, daß Kondenswasser auf die Brötchen tropft. Den Deckel auflegen und 12 Minuten lang dämpfen.

Chinesische Brötchen, mit Grillfleisch gefüllt

**Für 24 Personen als Appetithappen oder Teil eines Picknicks; für 10 Personen als Vorspeise.**

**Anmerkungen: Alle Arten von gut gewürztem Schmorfleisch, das etwas Bratensaft ergibt, erweisen sich als köstliche Füllung. Man würfle das Fleisch, gebe einige Eßlöffel Bratensaft und 1 oder 2 gewiegte Frühlingszwiebeln hinzu und stelle die Füllmasse portionsweise kalt. Sodann bereite man den Brötchenteig, fülle und dämpfe.**
**Das Anfrieren der Füllung ist deshalb so wichtig, weil es unmöglich wird, den Teig zu versiegeln, sobald die Finger durch Berührung mit der Farce feucht geworden sind. Um die gefüllten, aber noch nicht gedämpften Teigtaschen zum späteren Gebrauch einzufrieren, diese auf ein mit Wachspapier ausgelegtes Backblech legen und leicht mit Stärkemehl bestäuben. Den Teig 30 Minuten gehen lassen, dann das Backblech ins Tiefkühlfach schieben. Sobald die Brötchen eingefroren sind, in einen Plastikbeutel umfüllen und diesen fest verschließen. Zum Garen die rohen Brötchen aus dem Beutel nehmen und auf eine eingeölte Alufolie im Einsatz des Dampftopfs legen.**
**30 Minuten auftauen lassen, dann 18 Minuten lang dämpfen.**

# ORIENTALISCHE PÂTÉ

**250 g Hühner- oder Putenlebern**
**50 g Butter**
**2 Schalotten, gehackt**
**1 EL feingewiegter, frischer Ingwer**
**2 große Knoblauchzehen, gewiegt**
**1 EL Austernsauce**
**2 TL mittelscharfer Senf**
**1 TL geriebene oder feingewiegte Orangenschale**
**¼ TL Salz**
**½ TL Zucker**
**¼ TL Kantonesische Gewürzmischung**
**¼ TL chinesische Chilisauce (nach Wunsch)**
**90 g Schmelzkäse**
**2 EL Cognac**
**frische Korianderstengel, zum Garnieren (nach Wunsch)**

Einer der schönsten Orte Kaliforniens, an die man Freunde zum Essen führen kann, ist Alan Hookers Ranch-House-Restaurant im Ojai-Tal außerhalb von Los Angeles. Wenn man dort inmitten von Blumen und Kräutern auf der Terrasse sitzt, der Blick auf die das kleine Tal umschließenden Bergketten fällt, dann fühlt man sich sehr rasch dem hektischen Treiben der nahen Großstadt entrückt. Das hier beschriebene Rezept basiert auf einer von Alan Hooker angebotenen Pâté, ist jedoch zusätzlich mit exotischen Aromen gewürzt. Es ist in wenigen Minuten im Mixer hergestellt und gewinnt noch an Aromatiefe, wenn es schon einen oder zwei Tage vor dem Verzehr zubereitet wird.

## Vorbereitung (24 Stunden im voraus)

Alles Fett von den Lebern schneiden und wegwerfen. Die Lebern halbieren.
In einer Pfanne von ca. 25 cm Durchmesser 2 Eßlöffel Butter bei mittlerer Hitze zergehen lassen und Schalotten, Ingwer und Knoblauch 30 Sekunden lang darin sautieren. Die Lebern zugeben, die Pfanne zudecken und die Lebern so lange braten (etwa 5 Minuten), bis das Fleisch in der Mitte nicht mehr rosa ist. Die Lebern sodann in einen mit Metallmessern ausgerüsteten Mixer geben, dazu den gesamten Bratensaft aus der Pfanne, die Austernsauce, den Senf, die Orangenschale, Salz, Zucker, Kantonesische Gewürzmischung und Chilisauce, und das Ganze zu einer geschmeidigen Paste pürieren. Den Käse zugeben und kurz untermischen. Schließlich die restliche Butter hinzufügen und die Masse sahnig schlagen. Zum Schluß den Cognac unterziehen.
Das Püree in eine Form von ca. 500 ml Fassungsvermögen umfüllen. Die Oberfläche glattstreichen und mit einer Plastikfolie bedecken, damit sie nicht die Farbe verliert. Die Pâté läßt sich bis zu einer Woche im Kühlschrank aufbewahren. Beim Servieren mit Korianderstengeln garnieren.

**Für 8 bis 10 Personen als Appetit- oder Picknick-Happen.**

**Anmerkungen: Der einfachste und schnellste Weg ist zwar immer, die Pâté mit gekauften Keksen oder Brot zu servieren, aber wir streichen sie lieber in dicken Lagen auf Zwiebelbrot.**
**Soll diese Pâté auf elegantere Weise zur Wirkung kommen, dann empfiehlt es sich, die servierfertige Pastete auf einen flachen Teller zu löffeln und mittels eines Spatels zu einer ca. 3 cm hohen Scheibe mit flacher Oberfläche zu formen. Dann garniere man die Seiten der Pâté mit Korianderzweigen oder Brunnenkresse und kleinen dreieckigen Chips aus roter Paprika.**
**Eine andere Präsentationsmöglichkeit besteht darin, die Pâté 30 Minuten vor dem Auftragen auf Zimmertemperatur zu bringen, mittels einer Konditortüte auf Cracker zu spritzen und mit Koriander und gewiegtem, süßem roten Ingwer zu bestreuen.**

# ZWIEBELBROT

**3 EL weiße Sesamkörner**
**300 g Mehl**
**175 ml kochendes Wasser**
**1 EL Sesamöl**
**Salz (siehe Anmerkungen)**
**2 EL feingewiegte Frühlingszwiebeln**
**2 EL feingewiegter, frischer Koriander (nach Wunsch)**
**60 ml Erdnußöl**

Dieses in Nordchina überall auf der Straße verkaufte Zwiebelbrot besteht aus wechselnden Lagen von ungesäuertem Teig und Frühlingszwiebeln mit Sesamöl und gerösteten Sesamkörnern. In der Pfanne gebacken und dann wie Tortenstücke geschnitten, kommt es als Appetit- oder Imbißhappen bei allen Gästen hervorragend an. Darüber hinaus eignet sich Zwiebelbrot ausgezeichnet zum Auftunken der köstlichen Bratensäfte von Eintöpfen, Curry-Gerichten oder Schmorbraten. Man kann dieses Brot eine ganze Weile im voraus machen, den Teig also schon morgens ausrollen und dann stundenlang im Kühlschrank aufbewahren, bevor er schließlich in die Pfanne kommt.

## Vorbereitung

Die Sesamkörner in einer kleinen, ungefetteten Pfanne bei starker Hitze goldgelb rösten, unverzüglich herausnehmen und beiseitestellen.
Das Mehl in eine Rührschüssel geben und mit kochendem Wasser übergießen. Gut verrühren und den Teig auf eine leicht mit Mehl bestäubte Oberfläche legen. Mit den Handballen etwa 8 Minuten lang durchkneten, bis der Teig geschmeidig ist und nicht mehr klebt. Den Teig mit einem Tuch bedecken und 15 Minuten ruhen lassen.
Den Teig an der Oberfläche leicht mit Mehl bestäuben und zu einer gut 1 cm dicken Scheibe ausrollen. Die Oberfläche mit Sesamöl einreiben und mit etwa 2 Teelöffeln Salz bestreuen. Dann Frühlingszwiebeln, Koriander und eine Gabe Sesamkörner darüber verteilen.
Die Teigscheibe fest zu einem Zylinder einrollen, an beiden Enden zudrücken und den Zylinder mehrmals in sich schraubenförmig drehen. Den gewundenen Teigzylinder schneckenförmig rollen und das freie Ende in die Mitte einstecken. Die Teigschnecke mit der Handfläche flachdrücken und beidseitig mit den verbliebenen Sesamkörnern bestreuen.
Sodann die flache Teigschnecke zu einer gut ½ cm hohen Scheibe von ca. 26 bis 28 cm Durchmesser ausrollen, zwischen leicht mit Mehl bestäubtes Wachspapier legen, in eine Plastikfolie hüllen und bis zum Backen im Kühlschrank aufbewahren.

## Zubereitung

Eine schwere Pfanne von ca. 30 cm Durchmesser auf mittlerer Flamme gleichmäßig heiß werden lassen, sodann mit Öl versehen. Sobald das Öl genügend erhitzt ist (wenn sich um einen Holzlöffelstiel Blasen bilden), den Teig in die Pfanne geben und unter häufigem Wenden etwa 8 bis 10 Minuten beidseitig backen, bis sich eine goldgelbe Kruste gebildet hat.
Das fertige Brot wie eine Torte aufschneiden, zu Suppen oder Schmorbraten oder, auf Zimmertemperatur abgekühlt, zu einem Picknick servieren. Das Brot läßt sich auch im Backofen wieder aufwärmen, nicht jedoch in der Mikrowelle, die das Brot nur zäh werden läßt.

**Für 6 bis 8 Personen als Appetitschnitte.**

**Anmerkungen: Man bemesse die Salzmengen immer etwas großzügiger, als man für angemessen erachtet, denn ohne eine tüchtige Gabe Salz schmeckt das Brot fade.**
**Zur Einarbeitung zwischen die Teigschichten bieten sich noch viele andere Ingredienzen an, beispielsweise Olivenöl, Knoblauchpaste, gehackte, frische Petersilie, geriebener Parmesankäse und feingehackte chinesische Wurst.**

# DUFTIGE SALATE AUS ÜBERSEE

■ KAPITEL **2**

Die in diesem Kapitel vorgestellten Gartensalate sind wahre Eßkunstwerke. Ihre kontrastreichen Farben, Texturen und Aromen stimmen den Gaumen auf die folgenden Geschmackserlebnisse ein, runden wirkungsvoll einen Menügang ab und tragen wesentlich dazu bei, daß man sich am Ende eines gelungenen Mahles nicht übersättigt fühlt. Während eines vielgängigen Menüs verschafft ein orientalischer Salat Ihnen die Atempause, die Sie für die endgültige Zubereitung anderer Speisen benötigen. Weiterhin kann ein solcher Salatteller auf gelungene Weise den allgegenwärtigen grünen Salat ersetzen, vor allem wenn es darum geht, Hauptgerichte von der Bouillabaisse bis zum gegrillten Kalbskotelett zu begleiten. Doch am wirkungsvollsten kommen diese Salatschöpfungen zur Geltung, wenn sie, vielleicht von knusprigem Brot, zarter Butter, einem raffinierten Dessert und reichlich Champagner unterstützt, den Mittelpunkt eines beschwingten Luncheons oder eines leichten Abendessens bilden; so können die Tischgespräche ungehemmt weiterfließen, ohne vom Ritual ewig wechselnder Gänge unterbrochen zu werden. Orientalische Salate eröffnen – man lasse sich ruhig durch die zufälligen Reserven des häuslichen Kühlschranks inspirieren – unendlich viele Variationsmöglichkeiten. Angesichts von Bratenfleischresten, übriggebliebenen Meeresfrüchten, Gemüsestreifen und Kräutern, die man mit gerösteten Nüssen oder vielleicht auch mit krispen Reis-Stabnudeln kombinieren kann, sind dem Improvisationstalent keine Grenzen gesetzt. Die nachfolgend aufgeführten Mengen ergeben großzügig bemessene Portionen für 6 Personen:

Chinesischer Landsalat

1 Tasse Fleischstreifen oder Stücke von Meeresfrüchten (gekocht oder gebraten), 2 Tassen Gemüseschnetzel (z. B. Paprika, frische Pilze, Kürbis, Gurken, Bohnenkeime, Jicama, Frühlingszwiebeln oder angekochte Broccoli, Karotten und Spargel), 3 Tassen gezupfter oder geschnittener grüner Salat, 3 Tassen in Streifen geschnittene, fritierte Wan-tans oder 4 Tassen tiefgefrorene Reis-Stabnudeln und ½ Tasse geröstete Nüsse. Erst unmittelbar vor dem Auftragen richte man den Salat mit einer der auf den Seiten 54, 60, 64 oder 68 beschriebenen Saucen an. Auf jeden Fall sollte so viel Salat auf den Tisch kommen, daß sich jeder nachnehmen kann!

**Einfache und schnelle Rezepte in diesem Kapitel sind: Gartensalat mit orientalischem Dressing, Chinesischer Entenfleischsalat, Avocadosalat Oriental, Chinesischer Auberginensalat, Salat von marinierten Pilzen, Salat »Jade«, Thai-Salat aus Garnelen und Papaya sowie Ingwer-Nudel-Salat.**

## CHINESISCHER LANDSALAT

**¾ Tasse ungeschälter Reis**
**1 TL Salz**
**10 Schoten Zuckererbsen**
**100 g Enoki-Pilze**
**½ große, gelbe Paprika**
**½ große, rote Paprika**
**60 g geräucherter Truthahn**
**½ Tasse frische Korianderstengel**

*Salatsauce*
**60 ml Distelöl**
**2 EL Reisessig**
**¼ bis ½ TL Salz**
**1 EL frischer, feingewiegter Ingwer**

Die Hauptzutaten zu diesem Salat (ungeschälter Reis, Enoki-Pilze, geräucherter Truthahn und frischer Koriander) sorgen für das gleichsam ›wilde‹ Aroma von Erde, Rauch und Nüssen, das sehr gut zu der delikaten Sauce paßt. Wird eine noch ausgeprägtere Geschmacksbetonung gewünscht, kann man diesen Salat auch mit dem Dressing des pikanten Schwertfischsalates oder des Salates »Jade« anrichten. Chinesischer Landsalat gibt eine elegante Lunch-Speise ab oder auch einen ersten Gang, dem gegrillter Lachs oder extradicke Kalbskoteletts folgen mögen.

### Vorbereitung

Den Reis in einem Sieb gründlich waschen und dann abtropfen lassen. Ca. 700 ml Wasser in einem Topf zum Kochen bringen, den Reis sowie Salz einrühren. Zugedeckt köcheln lassen, bis alle Flüssigkeit verdampft ist, etwa 45 Minuten. Den Reis mit einer Gabel oder mit Eßstäbchen auflockern. Abkühlen lassen und erst dann in den Kühlschrank stellen.
Die Zuckererbsen von Stielansätzen und Fäden befreien, in sprudelndheißem Wasser etwa 5 Sekunden blanchieren, sofort mit einem Sieblöffel herausheben und in einer Schüssel mit Eiswasser abschrecken. Trockentupfen, schnitzeln und ¾ Tasse damit füllen. Beiseitestellen.
Von den Pilzen die schmutzigen Stielenden abschneiden und wegwerfen, die separierten Stengelchen beiseitestellen. Paprikahälften von Samen und Rippen befreien, schnitzeln und beiseitestellen. Das Truthahnfleisch schnetzeln, 1 Tasse damit füllen und beiseitestellen.
Die Saucenbestandteile in einem geschlossenen Gefäß kräftig schütteln, damit sie sich gut miteinander vermengen.

### Zubereitung

Truthahnfleisch und ungeschälten Reis in einer großen Schüssel mischen. Die Gemüse und den Koriander in sukzessiven Mengen zugeben, den Salat jedesmal von neuem durchmischen, bis das gewünschte Verhältnis zwischen Reis und Gemüsen erreicht ist.
Die Salatsauce erneut schütteln und dann untermengen. Den frisch angemachten Salat sofort servieren.

**Für 4 bis 6 Personen als Begleitsalat.**
**Menüvorschlag für 6 Personen: Curryhuhn-Bällchen, Lachs in chinesischem Pesto, Spargel in Schwarzer-Bohnen-Sauce, Chinesischer Landsalat und Kokosnußeis.**

**Anmerkungen: Anstatt den Reis in einfachem Wasser zu kochen, kann man auch 5 schwarze chinesische Trokkenpilze in 350 ml Wasser einweichen, das Pilzwasser in einen Topf seihen, 350 ml normales Wasser zugeben und den Reis darin kochen. Von den Pilzen selbst entfernt man die Stiele, schnitzelt die Hüte und mischt sie unter den Salat.**

Gebratene Forelle;
Bunter Gartensalat mit orientalischem Dressing

# BUNTER GARTENSALAT MIT ORIENTALISCHEM DRESSING

**4** **Tassen gemischte Gartenkräuter und -salate, gewaschen, trockengetupft und kleingezupft**
**½** **Tasse geschnetzelte, rote Paprika**
**½** **Tasse geschnetzelte, gelbe Paprika**
**½** **Tasse in dünne Scheiben geschnittene Radieschen**
**¼** **Tasse frische, gehackte Petersilie**
**¼** **Tasse geschnetzelte Frühlingszwiebeln**
**Eßbare Blüten wie Veilchen, Rosen, Kapuzinerkresse, Oregano, Rosmarinknospen (nach Wunsch)**

*Salatsauce*
**2** **EL Reisessig**
**1** **EL Distelöl**
**1** **EL Sesamöl**
**1** **EL helle Sojasauce**
**1** **TL Hoisin-Sauce**
**½** **TL mittelscharfer Senf**
**½** **TL Zucker**
**2** **TL feingewiegter, frischer Ingwer**
**½** **TL feingewiegter Knoblauch**
**1** **EL gewiegte Frühlingszwiebeln**

Diese aus Kräutern, Salaten und Gartengemüsen bestehende Komposition, angemacht mit einem orientalischen Dressing, bedeutet gegenüber dem Standardsalat, der üblicherweise zum Essen gereicht wird, eine willkommene Abwechslung. Die eßbaren Blumen, mit denen der bunte Gartensalat seine ausgefallene Dekoration erhält, verleihen dem Teller einen Hauch von Frühling. Andere orientalische Dressings, die ebenfalls zu dieser Salatmischung passen, sind in den Rezepten für Thai-Salat aus Garnelen und Papaya, Geflügelsalat sowie Garnelensalat mit grünem Spargel enthalten.

## Vorbereitung

Kräuter, Salate, Gartengemüse und die eßbaren Blumen waschen und bis zur Verwendung in separaten Plastiktüten im Kühlschrank aufbewahren. Die Saucenbestandteile in einem geschlossenen Gefäß kräftig schütteln, damit sie sich gut miteinander vermengen.

## Zubereitung

Alle Salate, Kräuter, Gemüse und Blumen in eine große Schüssel geben. Die Sauce erneut schütteln, die Salatmischung damit benetzen und mit den Fingern oder einem Salatbesteck locker durcharbeiten. Abschmecken und gegebenenfalls nachwürzen oder mehr Dressing hinzufügen. Sofort servieren.

**Für 4 Personen als Begleitsalat.**
**Menüvorschlag: Zu gegrillten Kalbskoteletts oder auf dem Rost gebratenem Fisch schmeckt dieser Salat besonders gut.**

**Anmerkungen: Wir probierten dieses Dressing zuerst mit Avocadoscheiben und am Stamm gereiften Tomaten aus – einfach köstlich!**

# CHINESISCHER ENTENFLEISCHSALAT

**½ auf dem Holzkohlengrill gebratene Ente**
**½ Papaya**
**1 Birne**
**1 kleine Avocado**
**Saft einer Zitrone**
**Raukenblätter oder gemischte Salatblätter (nach Wunsch)**

*Salatsauce*
**2 TL geriebene oder feingewiegte Limonenschale**
**5 EL Limonensaft**
**60 ml Distelöl**
**2 TL Honig**
**½ TL chinesische Pfeffermischung (siehe Glossar)**
**½ TL Salz**
**¼ TL chinesische Chilisauce**
**2 EL gewiegter Schnittlauch**
**1 kleine Knoblauchzehe, feingewiegt**

Zur chinesischen Grillente – auf einem Früchte-Rad thronend, dessen Speichen von Papaya-, Birnen- und Avocadoscheiben gebildet werden – paßt diese aus Limonen, Honig und Schnittlauch bereitete Sauce einfach wunderbar. Frieren Sie übriggebliebene Entenfleischstücke auf jeden Fall für eine chinesische Enten-Pizza ein. Übrigens läßt sich dieser Salat auch sehr gut variieren, indem man die Grillente durch Grillhähnchen oder fangfrisches Krabbenfleisch ersetzt.

## Vorbereitung

Vom Knochengerüst der Ente das Fleisch und die Haut abziehen; die Knochen (zur Bereitung von Brühe) im Tiefkühlfach aufheben. Fleisch und Haut von jeglichem Fett befreien; das Fett wegwerfen. Das Fleisch und die knusprigen Hautpartien in streichholzlange Stücke schneiden und beiseitestellen.
Die Papaya schälen, entkernen und in dünne Scheiben schneiden. Aus der Birne das Kerngehäuse lösen und sie (ungeschält) in dünne Scheiben schneiden. Den Saft einer halben Zitrone über die Birnenscheiben träufeln.
Die Avocado schälen, den Kern herauslösen und das Fleisch in dünne Scheiben schneiden. Den Saft der anderen Zitronenhälfte über die Avocadoscheiben träufeln.
Die Saucenbestandteile in einem geschlossenen Gefäß kräftig schütteln, damit sie sich gut miteinander vermengen. Abschmecken und auf den richtigen Süßigkeitsgrad einstellen.
4 Salatteller mit den Rauken- oder Salatblättern belegen und darauf die Papaya-, Birnen- und Avocadoscheiben fächerförmig anordnen. Das Entenfleisch und die Hautstücke in der Mitte aufhäufen. Die arrangierten Salatteller kaltstellen.

## Zubereitung

Die Salatsauce noch einmal schütteln und dann wohldosiert über Fleisch und Früchte geben.

**Für 4 Personen als kleiner Salat zu einem Essen oder auch als leichter erster Gang. Menüvorschlag für ein leichtes Essen für 4 Personen: Entenfleischsalat, Wan-tan-Suppe und Orientalische Obsttörtchen.**

## AVOCADOSALAT ORIENTAL

**2 reife Avocados**
**Rauken- oder gemischte Salatblätter**

*Salatsauce*
**1 EL weiße Sesamkörner**
**2 EL Distelöl**
**2 EL milder Essig**
**1 TL Honig**
**½ TL chinesische Pfeffermischung (siehe Glossar)**
**¼ TL Salz**
**1 EL feingewiegter, frischer Ingwer**

Diese Salatsauce aus mit Ingwer gewürztem Essig und gerösteten Sesamkörnern bildet einen reizvollen Kontrast zum Nußgeschmack der am Baum gereiften Avocados.

### Zubereiten und Auftragen

Die für die Sauce bestimmten Sesamkörner in einer kleinen, ungefetteten Pfanne bei starker Hitze goldgelb rösten.
Die Sesamkörner zusammen mit den anderen Saucenzutaten in einem geschlossenen Behältnis gut durchschütteln.
Die Avocados halbieren, von Kernen befreien und in dünne Scheiben schneiden. 4 Salatteller mit Raukenblättern oder einem dünnen Bett aus Salatblättern belegen und die Avocadoscheiben fächerförmig darauf anordnen. Die Sauce erneut schütteln und über die Avocados träufeln. Sofort auftragen.

**Für 4 Personen.**

Folgende Doppelseite:
Sommerliche Tintenfisch-Pfanne;
Muschelfäden-Suppe;
Salat »Jade«;
Garnelen-Teigtaschen in Zitronensauce

## SALAT »JADE«

- **250 g kleine Kammuscheln**
- **350 g Blattspinat, entstielt**
- **1 große, rote Paprika**
- **1 Dutzend sehr große Zuchtpilze mit fest geschlossenen Köpfen**
- **2 TL Zitronensaft**
- **2 Frühlingszwiebeln**
- **½ Tasse Pinienkerne**
- **½ Tasse roter, süßer Ingwer aus dem Glas, geschnitzelt**

*Salatsauce*

- **2 EL Saft aus dem Glas mit dem Ingwer**
- **2 EL Distelöl**
- **3 EL Rotweinessig**
- **1 EL feingewiegter, frischer Ingwer**
- **1 TL geriebene oder feingewiegte Orangenschale**
- **½ TL chinesische Chilisauce**
- **½ TL Salz**

Spinat, rote Paprika, Kammuscheln und geröstete Pinienkerne bilden den perfekten geschmacklichen Hintergrund für dieses süßsaure, leicht pikante Dressing. Anstelle der Muscheln lassen sich auch, alleine oder miteinander kombiniert, sehr gut frisches Krabbenfleisch, mittelgroße, gekochte Garnelen oder pochierter Tintenfisch einsetzen. Wenn man den Rotweinessig durch Himbeeressig ersetzt, ergibt sich eine weitere Geschmacksvariante.

### Vorbereitung

Die Muscheln in 2 Liter sprudelnd heißes Wasser werfen, dann die Hitze reduzieren. Alle 15 Sekunden je eine Muschel halbieren; sobald das Muschelfleisch nach etwa 1½ Minuten im Innern opak weiß geworden ist, sogleich in einem Behälter mit Eiswasser abschrecken. Die kalten Muscheln abtropfen lassen und trockentupfen.
Den Spinat waschen und gründlich abtrocknen. Die Spinatblätter bündeln und ganz fein in Streifen schneiden. Die Paprika von Samen und Rippen befreien und in dünne Streifen schneiden. Spinat und Paprika im Kühlschrank aufbewahren.
Die Pilze flach auf die Seite legen (nicht auf den Kopf stellen) und in möglichst dünne Scheiben schneiden, die Scheiben übereinanderlegen und schnetzeln. Sodann mit etwas Zitronensaft beträufeln und kaltstellen.
Die Frühlingszwiebeln schnetzeln und beiseitestellen.
Die Pinienkerne in einem 160° heißen Backofen rösten, bis sie nach etwa 15 Minuten goldgelb sind.
Die Saucenbestandteile in einem geschlossenen Behältnis kräftig durchschütteln.

### Anrichten

Alle Salatkomponenten in eine große Schüssel geben. Das Dressing noch einmal schütteln, dazugeben und den Salat sogleich durchmischen. Sofort servieren.

**Für 6 Personen als Begleitsalat.**
**Als Menüvorschlag sei empfohlen, diesen superben Salat vor oder nach einem eleganten Hauptgang zu servieren. Falls gewünscht, kann man die Meeresfrüchte auch weglassen und dafür den Anteil der anderen Komponenten entsprechend erhöhen.**

**Anmerkungen: Anstatt die Muscheln zu kochen, kann man sie auch mit einem Eßlöffel Erdnußöl und einem Teelöffel feingewiegtem, frischem Ingwer in einer kleinen Pfanne sautieren.**

# CHINESISCHER AUBERGINENSALAT

**4 bis 5 kleine, fernöstliche Auberginen**
**1 große, rote Paprika**
**225 g Jicama**
**2 EL Distelöl**

*Salatsauce*
**60 ml Distelöl**
**2 EL Sesamöl**
**2 EL Reisessig**
**2 EL helle Sojasauce**
**1 EL Zitronensaft**
**½ TL chinesische Pfeffermischung (siehe Glossar)**
**2 kleine Knoblauchzehen, feingewiegt**
**2 EL feingewiegte Minzblätter**
**2 EL feingewiegter, frischer Koriander**
**2 EL feingewiegte Frühlingszwiebeln**
**2 EL weiße Sesamkörner**

Auberginen, Jicama und rote Paprika ergeben, in einem aus Reisessig, Minze und Sesamkörnern bereiteten Dressing gewälzt, einen anregenden Kontrast. Zusammen mit einem Lammrücken in Hunan-Grillsauce, ofengebakkenen Kartoffeln und einem gepflegten Cabernet Sauvignon erhalten Sie ein fabelhaftes, rasch zubereitetes Essen für 4 Personen.

## Vorbereitung

Die Auberginen in gut ½ cm dicke Scheiben schneiden, ungefähr 2 Tassen voll. Die Paprika von Samen und Rippen befreien und in zentimetergroße Würfel oder Dreiecke schneiden. Die Jicama schälen und in gut ½ cm dicke Scheiben schneiden. Die Scheiben aufeinanderlegen und in wiederum etwa ½ cm breite Streifen schneiden. Die Streifen auf 5 cm Länge zurechtschneiden, etwa 1 ½ Tassen voll.

Alle Saucenbestandteile mit Ausnahme der Sesamkörner in einer mittelgroßen Schüssel vermischen. Die Sesamkörner in einer kleinen, ungefetteten Pfanne bei starker Hitze goldgelb rösten. Die Körner in die Salatsauce einrühren.

Den Grillofen 5 Minuten vorheizen. Die Auberginenscheiben in eine kleine Rührschüssel geben und 2 Eßlöffel Salatsauce sowie die gleiche Menge Distelöl dazugießen. Gut miteinander vermengen. Die Auberginenscheiben auf Alufolie ausbreiten und im Grillofen ca. 15 cm von der Hitzequelle entfernt auf der Oberfläche goldgelb bräunen, etwa 5 Minuten.

Die gegrillten Auberginen zusammen mit Paprika und Jicama in die Salatsauce geben und kräftig durchmischen. Dies alles kann einen Tag im voraus geschehen, dann jedoch vor dem Servieren den Salat noch einmal gut durchmischen.

**Für 4 Personen als Begleitsalat zu Grillfleisch.**

# THAI-SALAT VON GARNELEN UND PAPAYA

**250 g mittelgroße, rohe Garnelen**
**1½ reife Papayas**
**1 rote Paprika**
**½ Treibhausgurke**
**350 g Blattspinat, entstielt**
**¾ Tasse Pinienkerne**

*Salatsauce*
**3 EL Limonensaft**
**2 EL hellbrauner Zucker**
**2 EL Thailändische Fischsauce**
**½ TL chinesische Chilisauce**
**2 TL sehr fein gewiegter, frischer Ingwer**
**2 kleine Frühlingszwiebeln, gewiegt**
**1 EL gewiegter, frischer Koriander**

Frische Papayastücke, zartfleischige ganze Garnelen, knackige Chips aus roter Paprika und saftige Gurkenscheiben werden hier mit dem buttrigen Aroma von Pinienkernen und einer süßsauren thailändischen Limonensauce kombiniert.

## Vorbereitung

Die Garnelen schälen und vom Darmstrang befreien. 3 Liter Wasser rasch aufkochen lassen und die Garnelen hineingeben. Sobald sie durchgegart sind (nach etwa 2 Minuten, zur Probe halbiere man eine Garnele, sie muß in der Mitte weiß sein), sofort herausnehmen und in Eiswasser abschrecken. Abtupfen und in den Kühlschrank stellen. Die Papayas schälen, entkernen, in gut 1 cm dicke Würfel schneiden und beiseitestellen.
Die Paprika von Rippen und Samenkörnern befreien, ebenfalls in etwa 1 cm große Würfel oder Dreiecke schneiden und kaltstellen.
Die Gurken der Länge nach halbieren, die Samenkörner ausschaben. Die Gurkenhälften in gut ½ cm dicke Halbmonde schneiden, diese bündeln und in zentimeterlange Stücke abteilen. In den Kühlschrank stellen.
Den Spinat waschen, abtrocknen, die Blätter bündeln und in ganz schmale Streifen schneiden. Kaltstellen.
Die Pinienkerne im 160° heißen Ofen etwa 15 Minuten lang goldgelb rösten.
Die Zutaten für die Salatsauce in einem geschlossenen Behältnis kräftig durchschütteln.

## Zubereitung

Den Spinat auf 4 Salattellern ausbreiten. Papayastücke, Garnelen, Paprika- und Gurkenwürfel sowie Pinienkerne in eine Schüssel geben, die Salatsauce erneut schütteln und darübergießen. Den Salat locker durchmischen, auf die Spinatbetten setzen und sofort servieren.

**Für 4 Personen als Begleitsalat zu einer Hauptmahlzeit oder für 6 Personen im Rahmen eines fernöstlichen Menüs.**
**Menüvorschlag: Servieren Sie diesen Salat als Entrée für 3 Personen zusammen mit gerösteten Zwiebelbrötchen und Butter.**

**Anmerkungen: Dieser Salat läßt sich dadurch variieren, daß man anstelle der Garnelen Kammuscheln oder in dünne Streifen geschnittenen Schwertfisch nimmt. Außerdem kann man in der Melonenzeit die Papaya sehr gut durch Kantalupe oder eine andere festfleischige Melonenart ersetzen. Eine weitere köstlich schmeckende Abwandlung ergibt sich, wenn man anstatt des Spinatbettes eine Reisunterlage wählt.**



Thai-Salat von Garnelen und Papaya; Rindfleisch Satay ▷

# SALAT VON MARINIERTEN PILZEN

**450 g Jungpilze, gewürfelt**
**3 Tassen frische Bohnensprossen**
**1 große, rote Paprika**
**100 g Mandelsplitter**
**6 EL gewiegte, frische Petersilie**

*Salatsauce*
**5 EL Rotweinessig**
**60 g Distelöl**
**3 EL Sesamöl**
**2 EL Austernsauce**
**2 TL Zucker**
**½ TL frisch gemahlener, schwarzer Pfeffer**
**¼ Tasse gewiegte Frühlingszwiebeln**
**2 EL feingewiegter, frischer Ingwer**

Diesen Salat habe ich im Rahmen einer ganzen Serie von exotischen Salaten für ein chinesisches Café in Los Angeles entworfen. Obwohl er nach einer halbstündigen Beizzeit den besten ›Biß‹ hat, läßt er sich, wenn er für ein Picknick gedacht ist, auch Stunden im voraus anrichten.

## Vorbereitung

Die Stielenden der Pilze abschneiden, die Pilze vierteln und zusammen mit den Bohnensprossen beiseitestellen. Die rote Paprika von Rippen und Samenkörnern befreien, schnitzeln und beiseitestellen. Die Mandeln im 160° heißen Ofen etwa 12 Minuten lang goldgelb rösten. Beiseitestellen.

Die Saucenzutaten miteinander kombinieren und gut durchmischen.

## Anrichten

Etwa eine halbe Stunde vor der Servierzeit Pilze, Bohnensprossen, Paprika, Mandeln und Petersilie in einer großen Schüssel miteinander vermischen, die Sauce kräftig schütteln und unter den Salat mengen. Den Salat eine halbe Stunde ziehen lassen, dann auftragen. Ist der Salat für ein Picknick bestimmt, im Kühlschrank marinieren lassen.

**Für 6 bis 8 Personen als Picknickspeise oder als Begleitsalat.**
**Menüvorschlag: Wir haben diesen Salat zusammen mit kaltem Grillhähnchen, scharf gewürztem Rührei und Zwiebelbrot gerne bei Picknicks serviert.**

# INGWER-NUDEL-SALAT

**125 g (vorzugsweise chinesische) spaghettiähnliche Trockennudeln**
**2 EL Distelöl**
**125 g Zuckererbsen**
**1 große Karotte**
**½ Treibhausgurke**
**4 Scheiben geräucherter Schinken, zusammen ca. 125 g**
**1 Tasse frische Bohnensprossen**

*Salatsauce*
**60 ml Rotweinessig**
**2 EL dunkle Sojasauce**
**2 EL Sesamöl**
**1½ EL Zucker**
**1 TL chinesische Chilisauce (nach Wunsch)**
**½ TL gestoßener Szechuan-Pfeffer**
**¼ Tasse gewiegte Frühlingszwiebeln**
**2 EL gewiegter, frischer Koriander (nach Wunsch)**
**2 EL feingewiegter, frischer Ingwer**
**1 TL geriebene oder feingehackte Orangenschale**
**1 Knoblauchzehe, feingewiegt**

Ingwer-Nudel-Salat regt sehr gut den Appetit an – mit ihrem würzig-süßen, vom Ingwer-Aroma durchdrungenen Geschmack stimulieren die Nudeln den Gaumen und stillen den ersten Hunger.

## Vorbereitung

Die Nudeln wie auf Seite 61 beschrieben kochen. Etwas Öl unterrühren, um das Zusammenkleben der Nudeln zu verhindern, dann 4 Tassen voll Nudeln beiseitestellen.
Von den Zuckererbsen die Stielansätze abschneiden und die Fäden am Schotenrand abziehen. Die Schoten in brodelndes Wasser werfen. Sobald sie nach etwa 5 Sekunden ein lebhaftes Grün annehmen, mit dem Schaumlöffel herausheben und in einer Schüssel Eiswasser abschrekken. Das Kochwasser aufheben. Die Erbsen trockentupfen und quer in feine Streifen schneiden.
Die Karotte putzen und dann in sehr schräge, dünne Scheiben schneiden. Die Scheiben übereinanderlegen und kleinschnetzeln, bis die erhaltene Menge dem Inhalt einer Tasse entspricht. Das Kochwasser erneut zum Sprudeln bringen. Die Karottenschnetzel in ein Sieb geben und das heiße Wasser darüberschütten. Mit kaltem Wasser nachspülen, die Karottenschnetzel trockentupfen und beiseitestellen.
Die halbe Gurke längs durchschneiden und die Samenkörner herausschaben. In sehr dünne Längsstreifen und diese dann quer in 2,5 cm lange Stücke schneiden. Beiseitestellen.
Die Schinkenscheiben einrollen und kleinschnitzeln. Beiseitestellen.
Die Saucenzutaten in einem geschlossenen Behältnis kräftig durchschütteln, damit sie sich gut vermengen.

## Anrichten

Dieser Salat kann mehrere Stunden vor der Servierzeit angerichtet werden. Man achte dabei darauf, daß Nudeln, Gemüsezutaten und Schinken gleichmäßig im Salat verteilt sind. Nach dem Zugeben der Salatsauce nochmals durchmischen.

**Für 10 Personen als Appetitmacher, für 6 Personen als normale Salatportion. Menüvorschlag: Stellen Sie eine fernöstliche Vorspeisenpalette für 10 Personen zusammen, die aus diesem Ingwer-Nudel-Salat, über Teeblättern geräucherten Täubchen und mit Meeresfrüchten gefüllten Teighüllen in Zitronensauce besteht.**



Folgende Doppelseite:
Garnelensalat mit grünem Spargel

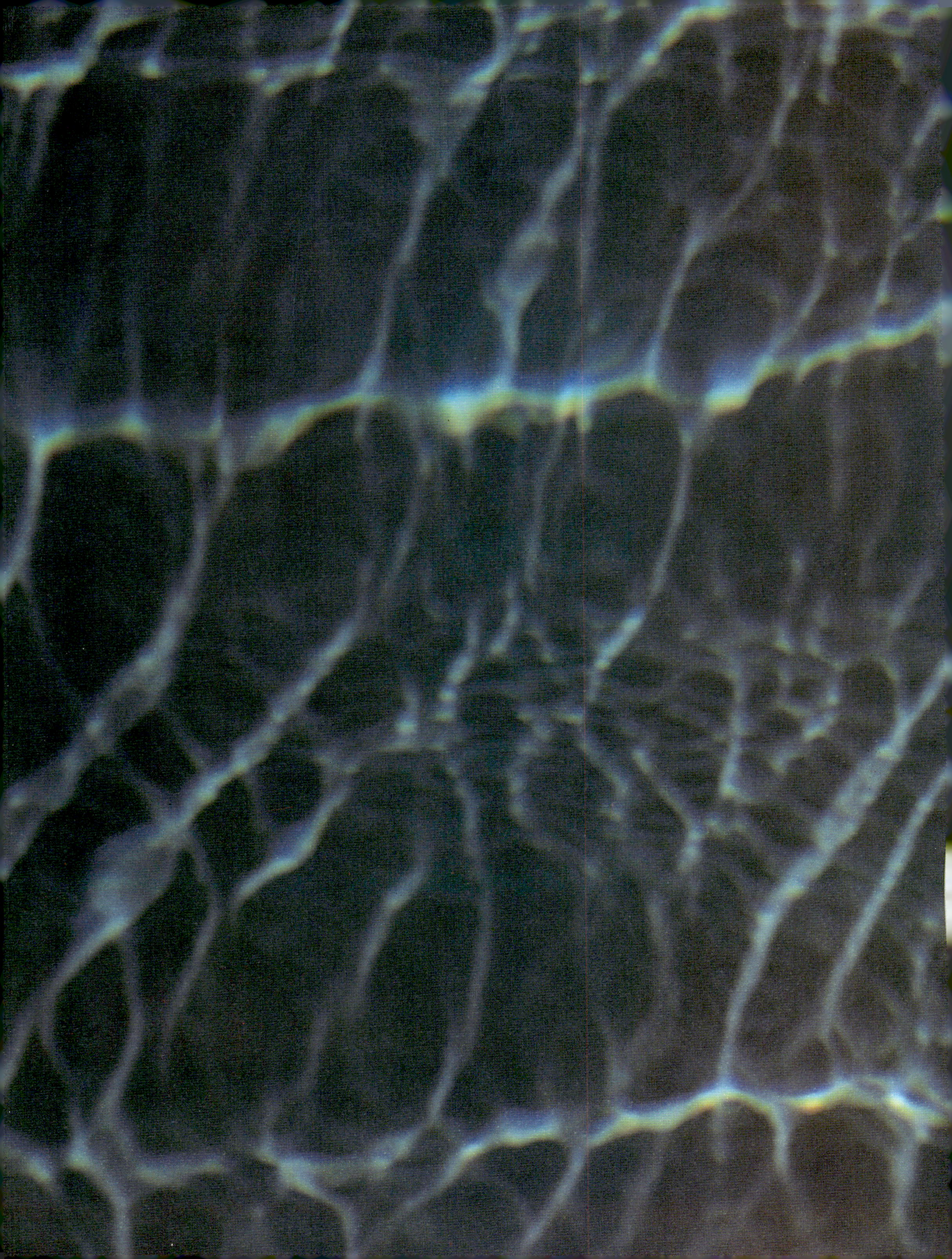

# GARNELENSALAT MIT GRÜNEM SPARGEL

**450 g mittelgroße, rohe Garnelen**
**8 große Blätter römischer Salat**
**1 große Karotte**
**450 g sehr dünner, grüner Stangenspargel**
**2 Frühlingszwiebeln**
**60 g getrocknete Reis-Stabnudeln**
**Erdnußöl zum Fritieren in der Pfanne (etwa 700 ml)**

*Salatsauce*
**2 EL geriebene oder feingehackte Zitronenschale**
**¼ EL Zitronensaft**
**2 EL Ingwersirup aus der Dose**
**2 EL Distelöl**
**1 EL helle Sojasauce**
**½ TL chinesische Chilisauce**
**½ TL Salz**
**1 EL feingewiegter, frischer Ingwer**
**1 Knoblauchzehe, gewiegt**

Dieser Garnelensalat stellt eine reizvolle Alternative zu dem auf Seite 68 beschriebenen Geflügelsalat dar. Mit seinem erfrischenden Zitrusgeschmack macht er sich besonders gut an einem warmen Sommerabend oder als Vorspeise zu einem leichten Mittagsmenü.

## Vorbereitung

Die Saucenzutaten in einem geschlossenen Behältnis gut durchschütteln.
Die Garnelen schälen und vom Darmstrang befreien, in 3 Liter rasch aufkochendes Wasser werfen und etwa 2 Minuten garen; sie sind dann, wenn man sie halbiert, in der Mitte opak weiß. Sofort aus dem Topf nehmen und in Eiswasser abschrecken. Abtropfen lassen, trockentupfen, der Länge nach am Rücken entlang halbieren und beiseitestellen.
Die Salatblätter aufeinanderschichten, eng einrollen und in feine Streifen schneiden. In einem Plastikbeutel im Kühlschrank aufbewahren.
Die Karotte putzen. In sehr schräge, sehr dünne Scheiben schneiden. Die Scheiben übereinanderlegen und kleinschnetzeln, bis die erhaltene Menge dem Inhalt einer Tasse entspricht. Die Karottenschnetzel in ein Sieb geben und mit 1 Liter kochendem Wasser überbrühen. Kaltes Wasser nachlaufen lassen, die Karottenschnetzel trockentupfen und beiseitestellen.
Die harten Enden der Spargelstangen kappen und den zarten Teil schräg in 2,5 cm lange Stücke schneiden. 2 Liter Wasser heftig aufkochen lassen und die Spargelstücke hineingeben. Sobald der Spargel eine lebhaft grüne Färbung annimmt, die Stücke herausschöpfen und in Eiswasser abschrecken. Abtropfen lassen, trockentupfen und beiseitestellen.
Die Frühlingszwiebeln kleinschnitzeln und beiseitestellen.

## Kochen der Nudeln (bis zu 5 Stunden vor der Servierzeit)

Die Reis-Stabnudeln in einer Papiertüte mit beiden Händen so auseinanderziehen, daß mehrere schmale Bündel entstehen. Dann die Nudeln nach den Anweisungen auf Seite 69 kochen.

## Anrichten

Alle Salatzutaten mit Ausnahme der Reis-Stabnudeln in eine sehr große Schüssel geben. Die Sauce schütteln, dazugießen und den Salat sofort locker durchmischen. Behutsam die Reis-Stabnudeln einarbeiten, ohne sie zu brechen. Den Salat sogleich servieren.

**Für 12 Personen als appetitanregende Vorspeise, für 6 Personen als Begleitsalat. Menüvorschlag: Mit Weißwein, knusprigem warmem Brot, Butter und einem orientalischen Dessert gereicht, gibt dieser Salat ein exzellentes leichtes Mittagsmahl für 6 Personen ab.**

# PIKANTER NUDELSALAT MIT ERDNUSS-DRESSING

**125 g (vorzugsweise chinesische) spaghettiähnliche Trockennudeln**
**2 EL Distelöl**
**1 Tasse geschnetzelter Eissalat**
**1 Tasse frische Bohnensprossen**
**1 Tasse in dünne Scheiben geschnittene Pilze (Jungpilze, Enoki oder japanische Schiitake)**
**450 g sehr dünner, grüner Stangenspargel**
**1 große, rote Paprika**

*Salatsauce*
**¼ Tasse weiße Sesamkörner**
**120 ml kochendheiße Hühnerbrühe**
**ca. 100 g Erdnußbutter**
**60 ml Rotweinessig**
**2 EL dunkle Sojasauce**
**2 EL Sesamöl**
**1 EL trockener Sherry**
**1 EL Zucker**
**1½ TL chinesische Chilisauce (nach Wunsch)**
**½ TL Salz**
**½ Tasse gewiegte Frühlingszwiebeln**
**2 EL feingewiegter, frischer Ingwer**
**1 große Knoblauchzehe, gewiegt**

Zum besonderen Vergnügen eines frühen Morgenbummels durch die alte Kaiserstadt Hsian gehört es, von den pikanten Nudeln zu kosten, die beinahe jeder Straßenverkäufer bereithält. Eine Schale solcher Nudeln, in der Pfanne knusprig gebratene Klöße und gegrilltes Lammfleisch am Spieß bilden den perfekten Auftakt zu einem spannenden Reisetag durch China.

## Vorbereitung

Die Nudeln in 5,5 Liter schwach gesalzenes, heftig aufkochendes Wasser werfen. Auf stärkster Flamme weiterkochen, bis die Nudeln gerade eben gar sind, etwa 4 Minuten; sie sollten noch einen festen Biß haben, ohne jedoch roh zu schmecken.
Die heißen Nudeln im Sieb unter fließendes kaltes Wasser halten und dann ausgiebig abtropfen lassen. Etwas Öl einrühren, um das Aneinanderkleben zu verhindern.
4 Tassen gekochte Nudeln beiseitestellen.
Salat, Bohnensprossen und Pilze beiseitestellen.
Die harten Enden der Spargelstangen kappen. Den zarten Teil sehr schräg in 2,5 cm lange Stücke schneiden. 2 Liter Wasser heftig aufkochen lassen und die Spargelstücke hineingeben. Sobald der Spargel eine lebhaft grüne Färbung annimmt, die Stücke herausschöpfen und in Eiswasser abschrecken. Abtropfen lassen, trockentupfen und beiseitestellen.
Die Paprika von Rippen und Samenkörnern befreien und in schmale Streifen schneiden. Beiseitestellen.
Die Salatsauce zubereiten: Dazu in einer kleinen, ungefetteten Pfanne die Sesamkörner bei starker Hitze unter Rühren goldgelb rösten. Dann sofort herausnehmen, zusammen mit den anderen Saucenzutaten in eine kleine Schüssel geben und alles gut miteinander vermengen.

## Anrichten

Nudeln und Gemüse gleichmäßig durchmischen, die Sauce zugeben und erneut durchmischen. Der Salat kann mehrere Stunden im voraus angerichtet werden, doch muß er, wenn er im Kühlschrank gestanden hat (wo die Sauce eindickt), vor dem Auftragen wieder auf Zimmertemperatur gebracht werden.

**Für 10 Personen als appetitanregende Vorspeise; für 6 Personen als normale Salatportion zu einem Essen.**
**Menüvorschlag: Sehr gut fügt sich dieser Salat in den Rahmen eines aus Hühnerflügeln »Mahagoni«, Chinesischen Gewürzgurken, Zwiebelbrot und Garnelen »Neue Welle« bestehenden Picknicks ein.**

**Anmerkungen: Wichtig ist, stets getrocknete und nicht etwa frische Nudeln zu verwenden; letztere würden in diesem Salat sehr schnell durchweichen.**
**Meine kochkundigen Freunde Grant und Sharon Showley erzielen mit Haselnuß- anstelle der Erdnußbutter hervorragende geschmackliche Resultate.**

Pikanter Nudelsalat mit Erdnuß-Dressing;
Kokos-Curry-Huhn



Würziger Schwertfischsalat ▹

# WÜRZIGER SCHWERTFISCH-SALAT

**450 g gegrillter oder pochierter Schwertfisch**
**250 g Spinat, entstielt**
**1 kleiner Kopf Radicchio**
**1 große, gelbe Paprika**
**60 g frische japanische Schiitake oder andere Jungpilze**
**½ Tasse Mandelsplitter**
**14 Wan-tans**
**Erdnußöl zum Fritieren in der Pfanne, etwa 500 ml**

*Salatsauce*
**4 EL Rotweinessig**
**2 EL Sesamöl**
**2 EL Distelöl**
**2 TL Zucker**
**½ TL chinesische Chilisauce**
**½ TL Salz**
**2 EL feingewiegter, frischer Koriander**
**2 EL gewiegte Frühlingszwiebeln**
**1 EL feingewiegter, frischer Ingwer**
**1 Knoblauchzehe, gewiegt**

Kombiniert man Ingredienzen wie Schwertfisch und Radicchio, die der klassischen chinesischen Küche unbekannt sind, zu einem Salat mit chinesisch inspiriertem Dressing, so ergibt das eine Art von ›chinesischer nouvelle cuisine‹. Experimentieren Sie auf dieser Linie ruhig ein wenig weiter, vielleicht mit eher konventionellen Salaten und mit verschiedenen Fischsorten oder Meeresfrüchten in gekochter Form.

## Vorbereitung

Den Schwertfisch in mundgerechte viereckige Stücke schneiden.
Den Spinat waschen und sorgfältig abtrocknen. Die Spinatblätter bündeln und in feine Streifen schneiden, etwa 2½ Tassen voll. Bis zum Anrichten im Kühlschrank aufbewahren.
Ungefähr 1½ Tassen Radicchio schnitzeln und beiseitestellen. Die Paprika von Rippen und Samenkörnern befreien, in feine Streifen schneiden und beiseitestellen. Von den Pilzen die Stiele abtrennen und wegwerfen. Das Pilzfleisch schnetzeln oder bei Jungpilzen die Köpfe in feine Scheiben schneiden. Beiseitestellen.
Die Mandeln auf einem Backblech im 160° heißen Ofen etwa 15 Minuten lang goldgelb rösten. Beiseitestellen.
Die Wan-tan-Teighüllen in gut ½ cm breite Streifen schneiden und wie auf Seite 69 beschrieben kochen. Dann in einem Papierbeutel bei Zimmertemperatur aufbewahren.
Die Saucenbestandteile in einem geschlossenen Behältnis kräftig durchschütteln.

## Anrichten

Alle Salatzutaten mit Ausnahme der Wan-tans in eine große Schüssel geben. Die Sauce erneut schütteln, darübergießen und den Salat sogleich locker durchmischen. Die Wan-tans behutsam unterheben, ohne sie zu zerbrechen. Sofort auftragen.

**Für 4 bis 6 Personen als Begleitsalat.**
**Menüvorschlag: Ein vollständiges, aber dennoch bekömmliches Essen können Sie zusammenstellen, indem Sie diesem Salat eine hausgemachte Tomatencremesuppe, knuspriges Brot, Butter und ein orientalisches Dessert beigeben.**

# LACHSSALAT MIT BRUNNENKRESSE

**450 g gegrilltes oder pochiertes Lachsfilet**
**4 Tassen Brunnenkresse (ohne Stiele)**
**1 große, rote oder gelbe Paprika, geputzt und geschnetzelt**
**1 Tasse geschnetzelte Jicama**
**2 Frühlingszwiebeln, geschnetzelt**
**125 g Zuckererbsen**
**½ Tasse Pinien- oder Cashew-Kerne**

*Salatsauce*
**2 EL Distelöl**
**1 EL geriebene oder kleingehackte Zitronenschale**
**4 EL Zitronensaft**
**½ TL Salz**
**½ TL chinesische Chilisauce**
**¼ Tasse gewiegter Ingwer aus der Dose plus 2 EL Ingwersirup**
**1 EL feingewiegter, frischer Ingwer**

Dieser Salat feierte seine Premiere, als wir an einem lauen Sommerabend in Santa Barbara im Strandbungalow einiger Freunde saßen, während hinter den fernen Inseln in der Bucht die Sonne versank. Der schmackhafte Imbiß aus Lachssalat, gefüllten Tomaten, frischem, warmem Brot und selbstgemachtem Eis trug das Seinige zu der gelösten Stimmung in unserer Runde bei.

## Vorbereitung

Den Lachs in mundgerechte viereckige Stücke schneiden. Brunnenkresse, Paprikaschnetzel, Jicama und Frühlingszwiebeln beiseitestellen. Die Zuckererbsen von Stielenden und Fäden befreien, sodann in heftig aufkochendes Wasser werfen. Sobald die Schoten nach etwa 5 Sekunden eine lebhaft grüne Färbung annehmen, sofort in einer Schüssel mit Eiswasser abschrecken. Trockentupfen und schräg halbieren. Beiseitestellen.
Die Pinien- oder Cashew-Kerne im 160° heißen Ofen etwa 15 Minuten lang goldgelb rösten. Beiseitestellen.
Die Saucenbestandteile in einem geschlossenen Behältnis kräftig durchschütteln.

## Anrichten

Alle Salatzutaten in eine große Schüssel geben. Die Sauce erneut schütteln, darübergießen und den Salat locker durchmischen. Sofort auftragen.

**Für 6 Personen als Begleitsalat.**
**Menüvorschlag für 6 Personen: Lachssalat mit Brunnenkresse, Rippenspeer mit Chinesischer Grill-Sauce, Wildhuhn in einer Sauce aus schwarzen Bohnen und Tomaten und Mango-Sorbet.**

Folgende Doppelseite:
Chinesischer Geflügelsalat

# CHINESISCHER GEFLÜGELSALAT

- ca. 1,3 kg Brat- oder Grillhähnchen
- 350 g Blattspinat, entstielt
- 1 Tasse frische Bohnensprossen
- 1 große, gelbe Paprika, geputzt und geschnetzelt
- ca. 100 g Enoki-Pilze (nach Wunsch)
- ½ Tasse Mandelsplitter
- 10 Wan-tans
- 60 g Reis-Stabnudeln
- Erdnußöl zum Fritieren in der Pfanne, etwa 700 ml
- ¾ Tasse roter, süßer Ingwer aus dem Glas, feingeschnitten

*Salatsauce*

- 3 EL Rotweinessig
- 1 EL helle Sojasauce
- 2 EL Sesamöl
- 1 EL Saft aus dem Glas mit Ingwer
- 2 TL Hoisin-Sauce
- ½ TL chinesische Chilisauce (nach Wunsch)
- ½ TL Salz
- 3 EL gewiegte Frühlingszwiebeln
- 1 EL feingewiegter, frischer Ingwer

Kein anderes Gericht erfreut sich in China so großer Beliebtheit wie dieses. Ein guter chinesischer Geflügelsalat besteht aus viel gebratenem Hähnchenfleisch, geschnetzeltem Gemüse und Salaten, krossen Reis-Stabnudeln, goldbraunen Wan-tan-Bändern und gerösteten Nüssen. Das Wechselspiel von Aromen, Farben und Texturen, noch veredelt durch das mildwürzige, süßsaure Dressing, entlockt allen Genießern stets neue Komplimente. Man tische diesen Salat als Entrée zu einem leichten Mittagsmenü, als anregende Vorspeise oder auch als Zwischengang auf, der dem geschäftigen Koch im Verlaufe einer orientalischen Menüfolge eine kleine Atempause verschafft.

**Vorbereitung**

Das Hähnchenfleisch von den Knochen lösen, die Haut wegwerfen. Das Fleisch in mundgerechte Bissen teilen und beiseitestellen.
Den Spinat waschen und sorgfältig abtrocknen. Die Spinatblätter bündeln, in feine Streifen schneiden und, ebenso wie Bohnensprossen und Paprika, bis zum Anrichten in den Kühlschrank stellen.
Die unsauberen Stielenden der Pilze entfernen und wegwerfen. Die Stengelchen von den Pilzen lösen und beiseitestellen.
Die Mandeln im 160° heißen Ofen etwa 15 Minuten lang goldgelb rösten. Beiseitestellen.
Die Wan-tan-Teighüllen in gut ½ cm breite Streifen schneiden. Die Reis-Stabnudeln in einer Papiertüte mit beiden Händen zu sehr

schmalen Bündeln auseinanderziehen.

**Kochen (bis zu 5 Stunden vor der Servierzeit)**
Eine tiefe Pfanne von ca. 25 cm Durchmesser gut 1 cm hoch mit Öl füllen und bei mittelhoher Hitze heiß werden lassen, bis ein auf das Öl geworfener Wan-tan-Streifen über die Oberfläche springt. Jeweils ein Drittel der Wan-tans, gleichmäßig über die Pfanne verteilt, fritieren. Sobald sie nach etwa 1 Minute eben goldgelb zu werden beginnen, herausnehmen und auf Küchenkrepp abtropfen lassen.
Sodann das Öl auf die richtige Temperatur zum Fritieren der Reis-Stabnudeln bringen. Zur Probe halte man das Ende einer Stabnudel ins Öl: sie sollte sich sofort aufblähen. Ist das der Fall, eine kleine Anzahl Stabnudeln ins Öl legen und mit Eßstäbchen auseinanderdrücken. Sobald sich die Nudeln nach etwa 5 Sekunden aufgebläht haben, mit Hilfe von Stäbchen oder Zangen wenden und weitere 5 Sekunden im heißen Öl fritieren. Herausnehmen und auf Küchenkrepp abtropfen lassen. Mit den übrigen Reis-Stabnudeln ebenso verfahren. Dabei die Hitze so regulieren, daß das Öl niemals raucht. Die Wan-tan-Streifen zusammen mit den Stabnudeln in einem Papierbeutel bei Zimmertemperatur aufbewahren.
Die Saucenbestandteile in einem geschlossenen Behältnis kräftig durchschütteln.

**Anrichten**
Alle Salatzutaten mit Ausnahme der Wan-tans und der Reis-Stabnudeln in eine sehr große Schüssel geben. Die Sauce erneut schütteln, über den Salat gießen und diesen sofort locker durchmischen. Die Wan-tan-Streifen und die Stabnudeln vorsichtig unterheben, ohne sie zu zerbrechen. Unverzüglich servieren.

**Für 12 Personen als appetitanregende Vorspeise; für 6 bis 8 Personen als Begleitsalat. Menüvorschlag für 8 Personen: Orientalische Pâté, Kalifornische Wan-tan-Suppe, Chinesischer Geflügelsalat, Kammuscheln in Jade-Sauce und Ingwer-Crème-Brûlée.**

**Anmerkungen: Dieser Salat bietet außerordentlich viele Variationsmöglichkeiten. Das Hähnchen läßt sich durch andere Fleischsorten oder Meeresfrüchte, der Spinat durch römischen Salat oder anderes Gartengemüse ersetzen, je nachdem, was gerade zur Verfügung steht. Man achte jedoch darauf, bei größeren Salatmengen auch die Saucenmenge entsprechend anzugleichen.**
**Die Wan-tan-Streifen und die Reis-Stabnudeln sollten nicht länger als 5 Stunden vor der Servierzeit fritiert werden, anderenfalls bekommen sie einen faden Geschmack.**

KAPITEL 3

Die scharf-sauren Suppen Nordchinas oder die mit Kokosmilch und Limonen zubereitete thailändische Muschelsuppe beweisen ebenso wie die einfache Suppe aus Fischstreifen in klarer Hühnerbrühe die ›gaumenfreundliche‹ Spannweite fernöstlicher Suppenkochkunst.
Stark gewürzter Orientalischer Gazpacho, umgeben von Schüsseln mit Gemüseschnitzeln, Hummerkrabben und frischen Kräutern, kann zum Blickfang einer ganzen Tafel werden.
Mit Garnelen, Ingwer und Ziegenkäse gefüllte Klöße, die in einer Kalifornischen Wan-tan-Suppe schwimmen, geben einen vorzüglichen ersten Gang ab.
Und eine herzhafte Maiscremesuppe mit frischem Krabbenfleisch, begleitet von selbstgebackenem Maisbrot und Spinatsalat, erweist sich als schmackhaftes abendliches Menü.
Versammeln Sie Ihre Freunde an einem Frühlingsabend um Ihren Eßtisch und setzen Sie ihnen eine dickbauchige Terrine mit Muschelfäden-Suppe, eine Platte frischen, mit Zitronen-Butter glasierten Spargels und ofenwarme Brötchen vor!

**Einfach und schnell zu bereitende Gerichte in diesem Kapitel sind Muschelfäden-Suppe, Hühnercremesuppe mit Pilzen, Muschelsuppe in Kokosmilch sowie Scharf-saure Meeresfrüchte-Suppe.**

Kalifornische Wan-tan-Suppe

# KALIFORNISCHE WAN-TAN-SUPPE

**40 Wan-tans**
**Stärkemehl zum Bestäuben**
**frische Korianderstengel oder geschnetzelte Frühlingszwiebeln, zum Garnieren**
**Enoki-Pilze, zum Garnieren (nach Wunsch)**

*Einlage*
**350 g mittelgroße, rohe Garnelen**
**350 g frischer Blattspinat, entstielt**
**6 frische Wasserkastanien, feingehackt, oder ½ Tasse feingehackte Karotten**
**1 Bund Schnittlauch, gewiegt**
**2 Frühlingszwiebeln, gewiegt**
**1 EL gewiegter, frischer Koriander**
**1 EL feingewiegter, frischer Ingwer**
**1 EL Curry**
**½ TL Salz**
**¼ TL frisch gemahlener, schwarzer Pfeffer**
**125 g Ziegenkäse**

*Klare Brühe*
**knapp 2 l Hühnerbrühe**
**2 EL trockener Sherry**
**1 EL Sesamöl**
**¼ TL weißer Pfeffer**
**Salz**
**2 EL Stärkemehl**

Kulinarische Beiträge aus den unterschiedlichsten fernöstlichen Küchen vereinen sich in diesem Rezept zu einer Synthese, die vor allem durch kalifornische Restaurants populär geworden ist. Der Ziegenkäse verleiht dieser ansonsten authentisch chinesischen Suppeneinlage eine sahnige Leichtigkeit, die man bei den eher traditionellen Kloßfüllungen oft vermißt. Diese Suppe läßt sich mit einem Spinatsalat und kleinen, warmen Obsttörtchen zu einem romantischen Abendessen zusammenstellen.

## Vorbereitung

Die Einlage zubereiten: Die Garnelen schälen, vom Darmstrang befreien, dann das Fleisch quer in möglichst dünne Scheibchen schneiden.
Den Spinat in einen 10 cm hoch mit kochendem Wasser gefüllten Topf geben; wenn er nach etwa 15 Sekunden schlaff wird, herausschöpfen und in einem Sieb unter fließendem kaltem Wasser spülen. Sodann alle Feuchtigkeit herauspressen und die Blätter feinwiegen. Die Garnelen und den Spinat mit den anderen Ingredienzen für die Suppeneinlage kombinieren und gut durchmischen.
Die Wan-tan-Teigblätter wie auf Seite 23 beschrieben füllen und zusammenlegen. Beiseitestellen.

## Zubereitung

Die Brühe in einem großen Topf leicht aufkochen lassen und sodann Sherry, Öl, weißen Pfeffer und Salz nach Geschmack (etwa 2 Teelöffel) zugeben. Das Stärkemehl mit der gleichen Menge kalten Wassers anrühren und unter die heiße Brühe mischen. Den Topf ohne Kochen unter Hitze halten. In einem zweiten Topf 6 Liter Wasser rasch aufkochen lassen und die gefüllten Wan-tans hineingeben. Kurz umrühren. Sobald die Wan-tans nach etwa 2 Minuten zur Oberfläche aufschwimmen, mit einer Kelle behutsam aus dem Wasser nehmen und in den Topf mit der Suppe geben.
Die fertige Suppe in einzelne Schälchen oder in eine große Terrine schöpfen und mit Korianderstengeln oder Frühlingszwiebeln und Pilzen garnieren. Sofort auftragen.

**Für 3 Personen als Entrée; für 6 bis 8 Personen als leichter, erster Hauptgang.**

**Anmerkungen: Als Variation seien auch die in Kapitel 7 beschriebenen Füllungen empfohlen.**

# KREBSSUPPE MIT SPARGEL

**1 kleiner gekochter Krebs, geknackt und gesäubert**
**ca. 1,4 l Hühnerbrühe**
**3 Frühlingszwiebeln**
**4 Scheiben frischer Ingwer (von der Größe eines Einmarkstücks)**
**10 Spargelstangen**
**1 Ei**
**1 EL Stärkemehl**
**1 EL trockener Sherry**
**1 TL Sesamöl**
**¼ TL weißer Pfeffer**
**Salz**

Das Aroma der meisten aus Meeresfrüchten gemachten Suppen läßt sich steigern, indem man die Schalen von Krebsen, Garnelen oder Hummern im Sud mitköcheln läßt. Dementsprechend lasse ich in diesem Rezept die Krebspanzer 30 Minuten lang in der Brühe köcheln, um ihren Geschmack herauszuziehen. Alle hier beschriebenen Arbeitsschritte werden Stunden im voraus erledigt, die Suppe macht man dann kurz vor dem Servieren noch einmal heiß.

## Vorbereitung

Das Krebsfleisch in großen Stücken aus dem Panzer lösen und beiseitestellen.
Die Brühe zum Köcheln bringen und die Krebsschalen, 1 Frühlingszwiebel und den Ingwer hineingeben. 30 Minuten lang aufgedeckt köcheln lassen, dann die Brühe durch ein angefeuchtetes Gaze- oder Küchenhandtuch passieren. Die Brühe auf Zimmertemperatur abkühlen lassen, dann kaltstellen. Die ausgekochten Schalen wegwerfen.
Die beiden anderen Frühlingszwiebeln schnetzeln und beiseitestellen.
Die harten Enden der Spargelstangen kappen und die zarten Partien in sehr schräg geschnittene Scheibchen zerteilen. Beiseitestellen.

## Zubereitung

Das Ei gut verschlagen. Das Stärkemehl in die gleiche Menge kalten Wassers einrühren und beiseitestellen.
Die Brühe zum Köcheln bringen, die Spargelstücke zugeben und weiterköcheln, bis sie nach etwa 1 Minute heller zu werden beginnen. Sherry, Sesamöl und weißen Pfeffer zugeben und leicht aufkochen lassen. 1 Eßlöffel der heißen Brühe unter das geschlagene Ei mischen und die Mixtur in dünnem Strahl in die Suppe einrühren. Dann auch die Stärkemehlflüssigkeit zugeben und die Suppe 30 Sekunden lang leicht aufkochen lassen.
Den Topf vom Feuer nehmen und das Krebsfleisch zugeben. Nach Geschmack salzen (etwa 1 Teelöffel), dann die Suppe in einzelne Schälchen oder eine große Terrine schöpfen. Mit Frühlingszwiebelschnitzeln garnieren und sofort auftragen.

**Für 6 Personen als ein leichter, erster Hauptgang. Menüvorschlag für 4 Personen: Krebssuppe mit Spargel, Hühnerflügel »Mahagoni« und Ingwer-Nudel-Salat.**

**Anmerkungen: Für die Zubereitung kommen, je nach örtlicher Verfügbarkeit, praktisch alle Krebssorten in Frage. Übrigens läßt sich auch der Spargel ganz vorzüglich durch 1½ Tassen frische, aus der Schote gepellte Erbsen ersetzen.**
**Weiterhin kann man auch, 5 Minuten bevor der Sherry und die anderen Würzzutaten hinzukommen, 1 Tasse gewürfelten Bohnenquark in die Suppe geben oder aber unmittelbar vor dem Servieren ca. 100 g gezupfte Spinatblätter einrühren.**

Folgende Doppelseite:
Garnelen »Kung Pao«;
Orientalischer Gazpacho

# ORIENTALISCHER GAZPACHO

**4 bis 6 am Stamm gereifte Tomaten (ungefähr 750 g)**
**2 Limonen, eine davon in dünne Scheiben geschnitten**
**2 EL gehackter, frischer Koriander**
**die weißen Enden von 4 Frühlingszwiebeln**
**4 Scheiben frischer Ingwer (von der Größe eines Einmarkstücks)**
**ca. 500 ml Hühnerbrühe**
**2 EL trockener Sherry**
**1 EL helle Sojasauce**
**¼ TL chinesische Chilisauce**
**Salz**
**geschnetzelte Frühlingszwiebeln oder Korianderstengel, zum Garnieren**
**Enoki-Pilze, zum Garnieren (nach Wunsch)**

Orientalischen Gazpacho macht man aus pürierten, am Stamm gereiften Tomaten, frischem Koriander, Limonen und Ingwer; serviert wird er eisgekühlt mit einer einfachen Garnierung. Zur Abwechslung füge ich auch manchmal kleine Gaben von geschnetzelten Frühlingszwiebeln, frischem Koriander, Enoki-Pilzen, gehackter Jicama, gekochten kleinen Garnelen oder Krabbenfleisch hinzu. Diese Ergänzungen vermitteln der Suppe ein komplexeres Geschmacksbild und bereichern die Textur. An einem heißen Sommerabend erweist sich der Orientalische Gazpacho, etwa in Gesellschaft von fernöstlichen Salaten (siehe Kapitel 2), Grillhuhn in Satay-Sauce und Ingwereis, als erfrischend und bekömmlich.

## Vorbereitung

Die Tomaten halbieren, entkernen und das Fleisch grob hacken.
Tomaten, Limonenscheiben, Koriander, Frühlingszwiebeln, Ingwer, Hühnerbrühe, Sherry und Sojasauce in einen Topf geben, bei schwacher Hitze zum Köcheln bringen und 20 Minuten weitergaren. Das Kochgut im Mixer pürieren und dann ordentlich durchkühlen.
Die Chilisauce zugeben und die kalte Suppe nach Geschmack salzen. Die Schale einer Limone raspeln oder feinhacken, den Saft beider Limonen auspressen und nach Geschmack die gewünschte Dosis Schale und Saft in den Gazpacho einrühren. Bis zum Servieren gut kaltstellen, dann in eisgekühlte Suppenschalen schöpfen.

## Anrichten

Abschmecken und gegebenenfalls nachwürzen. Mit Frühlingszwiebelschnetzeln und Enoki-Pilzen garnieren.

**Für 6 Personen als leichter erster Gang.**

# MUSCHELFÄDEN-SUPPE

**250 g große Kammuscheln**
**ca. 1,4 l Hühnerbrühe**
**4 Scheiben frischer Ingwer (von der Größe eines Einmarkstücks)**
**3 EL trockener Sherry**
**¼ TL (oder nach Geschmack) weißer Pfeffer**
**Salz**
**2 Frühlingszwiebeln**
**60 g geräucherter Schinken, feingeschnitten**
**2 EL Stärkemehl**

Wenn man Kammmuscheln eine Stunde lang kocht, verändern sie sich auf erstaunliche Weise: anstatt steinhart zu werden, lösen sie sich unter dem sanften Druck eines Gabelrückens in hunderte von kleinen Fäden auf. In der hier empfohlenen Suppe harmoniert ihr liebliches Aroma exzellent mit dem Geschmack der Schinkenschnetzel und Frühlingszwiebeln mit einem Hauch Ingwer.

## Vorbereitung

Unter fließendem, kaltem Wasser vom Muschelfleisch eventuelle Schalenreste und Sand abwaschen. Die sauberen Muscheln in einen Topf mit der Hühnerbrühe und den Ingwerscheiben geben. Die Brühe bei mittlerer Hitze sachte aufkochen lassen und, falls sich an der Oberfläche Schaum bildet, diesen abschöpfen. Den Topf bedecken und die Hitze soweit reduzieren, daß die Flüssigkeit gerade eben vor sich hin köchelt. Den Topf 1 Stunde auf dem Feuer lassen.

Den Ingwer herausnehmen, wegwerfen und die Flüssigkeit durch Zugabe von Wasser wieder auf ihr Anfangsvolumen bringen. Die Suppe soweit abkühlen lassen, daß man die einzelnen Muscheln in der Brühe mit den Fingern zu Fäden auseinanderzupfen kann. Ist die Flüssigkeit immer noch zu heiß, läßt sich dies auch mit dem Gabelrücken bewerkstelligen.

Die Suppe erneut zum Köcheln bringen und Sherry und Pfeffer zugeben. Nach Geschmack salzen, üblicherweise 1 Teelöffel. Wird die Suppe im voraus zubereitet, dann auf Zimmertemperatur abkühlen lassen und bis zur Servierzeit kaltstellen.

Die Frühlingszwiebeln schnetzeln, den Schinken in feine Streifchen schneiden. Beides beiseitestellen.

## Zubereitung

Die Suppe leicht aufkochen lassen. Abschmecken und gegebenenfalls nachwürzen. Das Stärkemehl mit der gleichen Menge kalten Wassers anrühren, in die Suppe gießen und diese im offenen Topf 30 Sekunden aufkochen lassen. Die Suppe in einzelne Schälchen oder in eine große Terrine schöpfen, mit Frühlingszwiebeln und Schinken garnieren und sofort auftragen.

**Für 6 Personen als leichter erster Gang.**
**Menüvorschlag für 6 Personen: Muschelfäden-Suppe, Nudeln »Marco Polo«, Thailändisches Schweinefilet, Chinesischer Auberginensalat und frisches Obst.**

Hühnercremesuppe mit Pilzen;
Toaströllchen mit Garnelenfüllung

Maiscremesuppe;
Lachssalat mit Brunnenkresse

# HÜHNERCREMESUPPE MIT PILZEN

**ca. 900 ml Hühnerbrühe**
**8 große, schwarze chinesische Trockenpilze**
**1 ganze Hühnerbrust, ohne Knochen und Haut**
**2 TL Sesamöl**
**¼ TL weißer Pfeffer**
**Salz**
**2 EL Stärkemehl**
**frische Korianderstengel oder geschnetzelte Frühlingszwiebeln, als Garnierung**

*Marinade*
**1 Eiweiß**
**1 EL helle Sojasauce**
**2 TL Erdnußöl**
**2 TL Stärkemehl**

Chinesische Pilze mit ihrem leicht erdigen Geschmack harmonieren besonders gut mit selbstbereiteter Hühnerbrühe und in dünne Scheiben geschnittener Hühnerbrust. Die unkomplizierte Zubereitung dieses Gerichts läßt sich lange im voraus bewerkstelligen, man braucht dann kurz vor dem Servieren nur noch Pilze und Hühnerfleisch in die schmackhafte Brühe einzurühren.

## Vorbereitung

Die Brühe leicht aufkochen lassen, dann vom Feuer nehmen. Die Pilze in der Brühe einweichen, bis sie nach etwa 1 Stunde geschmeidig geworden sind. Die Pilze vorsichtig aus der Brühe heben, die Stiele abschneiden und wegwerfen. Die Hüte vierteln oder in kleinere Keile schneiden. Beiseitestellen. Die Brühe durch ein angefeuchtetes Gaze- oder Küchenhandtuch passieren und beiseitestellen.
Die Marinade: Das Eiweiß kurz durchschlagen, dann Sojasauce, Öl und Stärkemehl zugeben. Das Hühnerfleisch in sehr dünne, briefmarkengroße Vierecke schneiden und in die Eiweißmarinade legen. Wenigstens 30 Minuten lang im Kühlschrank ziehen lassen.

## Zubereitung

Die Brühe bei mittlerer Hitze leicht aufkochen lassen, Sesamöl, weißen Pfeffer und, ganz nach Geschmack, etwa 1 bis 2 Teelöffel Salz zugeben. Das Stärkemehl mit der gleichen Menge kalten Wassers anrühren und unter die Brühe mengen. Das Hühnerfleisch noch einmal umwälzen und dann unter heftigem Rühren in die Suppe geben, damit sich die Stücke voneinander lösen. Die Pilze hinzufügen und die Suppe köcheln lassen, bis das Hühnerfleisch nach etwa 45 Sekunden weiß geworden ist.
Die Suppe in einzelne Schälchen oder in eine große Terrine schöpfen. Mit Koriander oder geschnetzelten Frühlingszwiebeln garnieren und sofort servieren.

**Für 4 bis 6 Personen als ein leichter erster Gang. Menüvorschlag für 6 Personen: Rippenspeer mit Chinesischer Grill-Sauce, Hühnercremesuppe mit Pilzen, Thailändische Garnelen in Kokosmilch, Curryreis mit Ananas und Ingwer-Crème-Brûlée.**

# MAISCREME-SUPPE

**8 junge Maiskolben**
**½ Hühnerbrust, ohne Knochen und Haut**
**2 TL feingewiegter, frischer Ingwer**
**1 Eiweiß**
**¼ TL Salz**
**30 g geräucherter Schinken, feingeschnitten**
**1 EL Stärkemehl**
**ca. 700 ml Hühnerbrühe**
**1 TL Sesamöl**
**¼ TL weißer Pfeffer**
**Salz**
**frische Korianderstengel, zum Garnieren (nach Wunsch)**

Dieses Rezept ist dem ganz jungen Mais, zur Erntezeit frisch vom Feld gepflückt und sozusagen noch auf dem Weg in die Küche gesäubert, förmlich auf den Leib geschrieben. Maiscremesuppe nimmt sich, von einem üppigen Gartensalat, Vollweizenbrötchen und saftigen Pfirsichen begleitet, in blaßgrünen Steingutschalen ganz besonders gut aus.

## Vorbereitung

Die Körner zweier Maiskolben mit einem sehr scharfen Messer reihenweise von oben nach unten einkerben. Die Kolben aufrecht hinstellen und mit der stumpfen Seite der Messerspitze von oben nach unten über die geöffneten Körner schaben, um das Mark herauszupressen.
⅔ des Marks beiseitestellen. Von den anderen Maiskolben so viele ganze Körner abschneiden, daß sich damit 1 Tasse füllen läßt.
Das Hühnerfleisch in kleine Würfel schneiden und in eine Schüssel geben. Ingwer, Eiweiß und Salz hinzufügen und die Fleischstücke mit den Würzzutaten feinwiegen. Beiseitestellen.
Die Schinkenscheiben einrollen, schnetzeln und zum Garnieren bereitstellen.

## Zubereitung

Das Stärkemehl mit der gleichen Menge kalten Wassers anrühren. Die Brühe bei mittlerer Hitze leicht aufkochen lassen, sodann die Stärkemehlflüssigkeit einrühren. Unter weiterem Rühren das gewürzte Hühnerfleisch zugeben, dann Mark und Körner vom Mais. Den Topf vom Feuer nehmen. Die Suppe mit Sesamöl, weißem Pfeffer und nach Geschmack mit etwa 1 bis 2 Teelöffeln Salz würzen. Sodann in einzelne Schälchen oder in eine große Terrine schöpfen, mit Schinkenschnetzeln und Korianderstengeln garnieren und sofort auftragen.

**Für 2 Personen als ein Hauptgang; für 4 bis 6 Personen als leichter erster Gang.**

**Anmerkungen: Eine besondere geschmackliche Note erhält diese Suppe, wenn man unmittelbar vor dem Servieren 150 g ganz frisches Krabbenfleisch einrührt.**

Taiwanesische Lachssuppe

# TAIWANESISCHE LACHSSUPPE

**6 Wan-tans**
**2 Tassen ca. 450 ml Erdnußöl**
**150 g Lachsfilet, enthäutet**
**1 kleiner Chinakohl**
**ca. 100 g Enoki-Pilze (nach Wunsch)**
**2 Frühlingszwiebeln**
**1 EL feingewiegter, frischer Ingwer**
**1½ EL trockener Sherry**
**1 EL weiße Sesamkörner**
**1,4 l Hühnerbrühe**
**2 Eier**
**2 TL Sesamöl**
**¼ TL weißer Pfeffer**
**Salz**

Für diese in Taiwan so beliebte Suppe gibt man etwas Chinakohl, frischen Koriander, Ingwer sowie hauchdünn geschnittene Scheiben rohes Rindfleisch, Fisch oder Meeresfrüchte in die Suppenschale und gießt kochendheiße Hühnerbrühe darüber, was alle Substanzen augenblicklich garen läßt. Als Einlage lassen sich vielerlei Kombinationen aus Gemüsen, Salaten, Waldpilzen, frischen Kräutern und Meeresfrüchten zusammenstellen, die man der Optik wegen in flachen, breiten Suppenschalen servieren sollte.
Will man sich genau an die klassischen chinesischen Eßregeln halten und die Suppe erst nach den Entrées servieren, ist diese Spezialität besonders gut geeignet.

## Vorbereitung

Die Wan-tans aufeinanderschichten und in dünne Vierecke schneiden.
Das Öl in einer Pfanne von ca. 25 cm Durchmesser bei mittlerer Hitze heiß werden lassen, bis ein auf das Öl geworfener Wan-tan-Streifen über die Oberfläche springt.
Jeweils ein Drittel der Wantans gut in der Pfanne verteilt backen, bis sie nach etwa 1 Minute leicht goldgelb sind. Herausnehmen und auf Küchenkrepp abtropfen lassen.
Den Lachs in sehr dünne viereckige Stücke schneiden und beiseitestellen.
Von dem Chinakohl eine dem Inhalt von 2 Tassen entsprechende Menge kleinzupfen und beiseitestellen.
Die schmutzigen Enden der Pilze abschneiden und wegwerfen, die einzelnen Stengelchen vorsichtig auseinanderziehen und beiseitestellen.
Die Frühlingszwiebeln schnetzeln und beiseitestellen. Den Ingwer mit einem Schuß Sherry tränken und beiseitestellen.
Die Sesamkörner in einer kleinen, ungefetteten Pfanne unter ständigem Wenden rösten, bis sie nach etwa 2 Minuten goldgelb sind. Dann unverzüglich herausnehmen und beiseitestellen.
In 6 separaten Suppenschalen Wan-tans, Lachs, Kohl, Pilze und Frühlingszwiebeln in der Form von Blüten arrangieren und Ingwer und Sesamkörner darüberstreuen. Die Suppenschalen mit Klarsichtfolie bedecken und in den Kühlschrank stellen.

## Zubereitung

Die Suppenschalen mit ihrem Inhalt wieder auf Zimmertemperatur erwärmen.
Die Brühe bei mittlerer Hitze leicht aufkochen lassen.
Die Eier ausgiebig schlagen, dann 3 Eßlöffel heiße Brühe unterrühren und diese Flüssigkeit unter ständigem Rühren in dünnem Strahl der Suppe zugeben.
Den restlichen Sherry, Sesamöl und Pfeffer einrühren.
Nach Geschmack (etwa 1 Teelöffel) salzen.
Die Suppe in einer möglichst dekorativen Terrine auf den Tisch bringen. Die einzelnen Suppenschalen mit Inhalt auf die einzelnen Eßplätze verteilen.
Jeder bedient sich aus der Terrine und schöpft Suppe in seine Schale.

**Für 6 Personen als leichter Gang.**

**Menüvorschlag für 6 Personen: Diese Suppe zusammen mit orientalischem Reis »Pilaf« und Chinesischem Geflügelsalat.**

# MUSCHELSUPPE IN KOKOSMILCH

**24 kleine Venusmuscheln**
**2 EL Maismehl**
**1 EL Stärkemehl**
**800 ml ungesüßte Kokosmilch**
**2 EL trockener Sherry**
**3 kleine, grüne Chilis, von Samen befreit und geschnitzelt, oder ½ TL chinesische Chilisauce**
**2 TL geriebene oder feingehackte Limonenschale**
**1 EL Limonensaft**
**Salz**
**⅓ Tasse gehackte Frühlingszwiebeln**

*Dämpfflüssigkeit*
**250 ml Hühnerbrühe**
**120 ml trockener Weißwein**
**2 EL Butter**
**4 Scheiben frischer Ingwer (von der Größe eines Einmarkstücks)**
**3 Knoblauchzehen, geschält und zerstoßen.**

Die Schalen der aus den eisigen Gewässern des nordwestlichen Pazifik stammenden, zartfleischigen kleinen Venusmuscheln öffnen sich im Dampftopf und verbreiten ein köstliches Aroma nach Meer. Hier werden sie mit Limonensaft, grünen Chilis und Kokosmilch kombiniert und bauen ihren natürlichen Gout zu einem würzigen Zitrusaroma mit scharf-saurem Akzent aus. Wer sich jemals in Singapur durch die Garküchen des Newton Circus gegessen hat, wer sich einmal an den armdicken Langusten Südostasiens gütlich getan, das Fleisch gegrillter Riesengarnelen aus der Schale gepult oder noch spät in einer schwülen Nacht scharfe Chili-Krabben vertilgt hat, dessen kulinarische Erinnerungen werden bei dieser Suppe sofort wieder lebendig werden.

## Vorbereitung

Die Muscheln unter fließendem kaltem Wasser sauberbürsten, in eine Schüssel legen, mit kaltem Wasser bedecken und dessen Oberfläche mit Maismehl bestreuen – letzteres sorgt dafür, daß die Muscheln den Sand ausstoßen. 1 Stunde kaltstellen und dann alle Muscheln wegwerfen, deren Schalen nicht fest geschlossen sind. Die Muscheln erneut spülen und beiseitestellen.
Die Dämpfflüssigkeit zusammenstellen: In einem breiten Topf oder einer großen Bratpfanne Brühe, Wein, Butter, Ingwer und Knoblauch miteinander kombinieren und das Gefäß beiseitestellen.

## Zubereitung

Das Stärkemehl mit der gleichen Menge kalten Wassers anrühren und beiseitestellen. Die Kokosmilch in einem 3-Liter-Topf bei mittlerer Hitze zum Köcheln bringen. Sherry und Chilis beziehungsweise Chilisauce zugeben. Warmhalten.
Die Dämpfflüssigkeit bei starker Flamme aufkochen lassen, die Muscheln zugeben und zugedeckt weiterkochen, bis sich nach etwa 2 Minuten die Muschelschalen geöffnet haben. Alle noch geschlossenen Muscheln wegwerfen. Muscheln mit dem Sieblöffel in eine Schüssel heben.
Den Dämpfsud durch ein feinmaschiges Sieb in die Kokosmilch passieren. Diese leicht aufkochen lassen, den Stärkemehlbrei einrühren und weiter köcheln lassen, bis es leicht eingedickt ist, etwa 30 Sekunden. Vom Feuer nehmen, Schale und Saft der Limonen einrühren. Von den Muscheln in der Schüssel abgetropften Sud der Suppe zugeben. Abschmecken und nach Gusto salzen, etwa ½ Teelöffel. Das scharf-saure Geschmacksbild kann durch Zugabe von Chilis beziehungsweise Chilisauce und Limonensaft reguliert werden.
Jetzt Frühlingszwiebeln und Muscheln einrühren. Die Suppe in separate kleine Schalen oder in eine Terrine schöpfen und sofort servieren.

**Für 2 Personen als Hauptmahlzeit; für 6 Personen als Teil eines exotischen Menüs. Menüvorschlag: Als Hauptmahlzeit für 2 Personen stellt man der Muschelsuppe in Kokosmilch am besten gebutterte Nudeln, einen Avocado-Tomaten-Salat und frisches Obst bei.**

**Anmerkungen: Die Venusmuscheln lassen sich gut durch Miesmuscheln ersetzen.**

# SCHARF-SAURE MEERESFRÜCHTESUPPE

**125 g kleine, rohe Garnelen**
**125 g Kammuscheln**
**125 g Krabbenfleisch**
**¼ Tasse getrocknete Wolkenohren (Morcheln)**
**175 g Blattspinat, entstielt**
**1 mittelgroße Karotte**
**2 Frühlingszwiebeln**
**2 EL Stärkemehl**
**ca. 1 l Hühnerbrühe**
**2 Eier**
**Salz**

*Würzmischung*
**4 EL heller Weinessig**
**1 EL dunkle Sojasauce**
**1 EL Sesamöl**
**½ TL frisch gemahlener schwarzer Pfeffer**
**1 TL weißer Pfeffer**
**¼ TL gestoßener Szechuan-Pfeffer**

**D**iese scharf-saure Suppe, die in den nördlichen und westlichen Regionen Chinas in jedem Haushalt und Restaurant zum Standardrepertoire gehört, ist, obwohl sie nur Pfeffer und Essig als unveränderliche Ingredienzen aufzuweisen hat, eine der bekanntesten und besten Suppenschöpfungen der Welt. Die köstlichste Version, eine scharf-saure, kochendheiß aufgetragene Reis-Tomaten-Suppe, ist mir im berühmten »Pine Crane Restaurant« in Sutschou serviert worden. Man kann leicht seine eigene scharf-saure Suppe kreieren, indem man die Würzmischung in einen Eierstich oder eine Wan-tan-Suppe gibt. Da sich das saure Aroma während des Köchelns rasch verflüchtigt, ist es erforderlich, ständig nachzuschmecken und durch entsprechende Essig- oder Pfeffergaben die Suppe auf das gewünschte scharf-saure Aroma zu bringen.

## Vorbereitung

Die Garnelen schälen und vom Darmstrang befreien, dann der Länge nach halbieren. Die Kammuscheln in sehr dünne Scheiben schneiden. Das Krabbenfleisch in kleine Stücke zupfen. Garnelen, Muscheln und Krabben beiseitestellen.
Die Wolkenohren ca. 30 Minuten in 1 l heißem Wasser einweichen, sorgfältig spülen und in daumengroße Stücke hacken. Beiseitestellen.
Die Spinatblätter in der Mitte durchreißen und beiseitestellen. Die Karotte putzen und mit betont schrägen Schnitten in sehr dünne Scheiben schneiden. Die Scheiben aufeinanderlegen, kleinschnitzeln und beiseitestellen.
Die Ingredienzen für die Würzmischung miteinander kombinieren und beiseitestellen.

## Zubereitung

Das Stärkemehl mit der gleichen Menge kalten Wassers anrühren. Die Brühe leicht aufkochen lassen, Meeresfrüchte und Wolkenohren hineingeben und erneut leicht zum Kochen bringen. Das angerührte Stärkemehl hinzufügen. Die Eier gut schlagen, dann 2 Eßlöffel der heißen Suppe in die Eier rühren und intensiv vermengen. Die Eibrühe unter ständigem Rühren in dünnem Strahl in die Suppe einfließen lassen.
Die Würzmischung einrühren, dann die Gemüse zugeben. Die Suppe abschmecken und nach Gusto salzen, etwa 1 Teelöffel. Gegebenenfalls den scharf-sauren Effekt durch Nachwürzen mit Essig oder Pfeffer verstärken.
Die Suppe in separate Schälchen oder in eine große Terrine schöpfen und sofort auftragen.

**Für 4 Personen als Entrée; für 8 Personen als Teil eines fernöstlichen Menüs. Menüvorschlag für 4 Personen: Scharf-saure Meeresfrüchtesuppe, ein großer Teller gebutterten Spargels und Chinesische Spaghetti »Primavera«.**

**Anmerkungen: Wenn Sie beim Servieren von scharf-sauren Suppen hinsichtlich der Geschmacksvorlieben Ihrer Gäste im Ungewissen sind, empfiehlt es sich, beim Würzen zunächst zurückhaltend zu sein und dafür hellen Essig und chinesische Chilisauce auf den Tisch zu stellen, damit jeder individuell nachwürzen kann.**

■ KAPITEL 4

Fein ausbalancierte Zitronen-Ingwer-Marinaden, duftige Kokos-Basilikum-Aromen, gehaltvolle Schwarze-Bohnen-Saucen und pikante Mandarinenwürzen akzentuieren die hier aufgeführten Fische und Meeresfrüchte vom Krustentier bis zum Lachsfilet. Auch die Rezept-Palette reicht vom einfachen marinierten und gegrillten Schwertfischsteak zum opulenten Meeresfrüchteteller, der elegant auf krispen Reis-Stabnudeln thront. Vielleicht sagen Ihnen die mit Ricotta und Ingwer farcierten, im Ofen gebratenen Venusmuscheln als Appetitanreger zu. Oder Sie bringen ein ganzes norwegisches Lachsfilet in Zitronen-Koriander-Sauce auf den Tisch. Oder Sie nehmen geeiste, mit Chili und schwarzen Bohnen kondimentierte Garnelen als Snack für ein sommerliches Freiluftkonzert. In keinem kulinarischen Bereich offenbart sich die Vielseitigkeit der ostasiatischen Küche überzeugender als bei den Früchten des Meeres. Die gastronomische Freiheit, wechselnde Saucen zu benutzen, eine Fischsorte durch die andere zu ersetzen oder die Zubereitungsmethoden zu variieren, kann zu interessanten neuen Kombinationen führen. So mögen Sie eines Abends auf die Idee kommen,

Kammuscheln in Jade-Sauce;
Zwergkarotten in Orangen-Karamel-Sauce

den gegrillten Seebarsch mit der Sauce für Thailändische Garnelen in Kokosmilch zu glasieren oder gebratene Kammuscheln mit der Tomaten-Koriander-Sauce zu servieren, die eigentlich zu der Sommerlichen Tintenfisch-Pfanne gehört. Gewiß werden Ihnen bei der Lektüre dieses Kapitels noch eigene Variationsmöglichkeiten einfallen!

Die meisten der hier vorgestellten Speisen eignen sich besonders gut als Hauptgerichte für eine größere Gesellschaft. Fischfilet läßt sich wahlweise dämpfen, braten oder grillen; Saucen sollten getrennt zubereitet und erst im letzten Moment dem servierfertigen Fisch beigegeben werden. Mehrere Kilo gedämpfter oder pochierter Garnelen braucht man lediglich mit Peking-Fleischsauce, Pesto oder einer der Saucen zu übergießen, die den Rezepten für Thailändische Garnelen in Kokosmilch und für die Sommerliche Tintenfisch-Pfanne entnommen sind. Und wenn Sie einen freundlichen Helfer zur Hand haben, können Sie sogar einen doppelt so großen Meeresfrüchte-Teller auf den Tisch zaubern.

**Einfach und schnell zu bereitende Gerichte in diesem Kapitel: Gegrillter Schwertfisch in Zitronen-Ingwer-Marinade, Seezunge »Pazifik«, Lachs in Ingwer-Butter, Lachs in chinesischem Pesto, Thailändische Garnelen in Kokosmilch und Kammuscheln in Jade-Sauce.**

## KAMMUSCHELN IN JADE-SAUCE

**700 g große Kammuscheln**
**2 EL feingewiegter, frischer Ingwer**
**4 EL Butter, in kleinen Flöckchen**
**Salz**
**frisch gemahlener, schwarzer Pfeffer**

*Sauce*
**350 g Blattspinat, entstielt**
**1 Bund Schnittlauch**
**14 frische Korianderstengel**
**8 Basilikumblätter**
**60 ml Hühnerbrühe**
**175 ml fettreiche Schlagsahne**
**½ TL Salz**
**¼ TL chinesische Chilisauce**
**1 EL Stärkemehl**

Die Krönung dieser köstlichen Speise ist die Basilikum-Ingwer-Sauce, die rings um die im Ofen gegrillten Kammuscheln oder Fischstükke gegeben oder unter frischgekochte Nudeln gehoben wird.

### Vorbereitung
Eventuelle Schalenreste oder Sand von den Muscheln abspülen und diese sorgfältig abtrocknen. Mit der Hälfte des Ingwers einreiben und bis zum Grillen kaltstellen.
Die Sauce vorbereiten: Den Spinat waschen und sorgfältig abtrocknen. Spinat, Schnittlauch, Koriander, Basilikum sowie 1 Eßlöffel Ingwer im Mixer mit dem Metallmesser zu einer feinen Paste pürieren, die Brühe zugeben und den Mixer weitere 30 Sekunden laufen lassen. Dann Salz, Schlagsahne und Chilisauce zugeben und noch einmal 15 Sekunden durchdrehen, das heißt so lange, bis die Flüssigkeit wie cremiger Püree aussieht. In einem kleinen Topf bis zum Kochen kaltstellen.

### Zubereitung
Den Backofen auf 290° vorheizen. Die Muscheln auf ein Backblech legen, jede einzelne mit einem Butterflöckchen und einer Prise Pfeffer und Salz versehen. Den Ofen auf Grillen einstellen und das Backblech auf der obersten Schiene einschieben. Die Muscheln im Ofen lassen, bis sie, nach etwa 4 bis 6 Minuten, weiß werden und sich fest anzufühlen beginnen. Im Zweifelsfalle eine Muschel herausnehmen und halbieren; sie sollte in der Mitte weiß sein.
In der Zwischenzeit das Stärkemehl mit der gleichen Menge kalten Wassers anrühren. Die pürierte Sauce leicht aufkochen lassen und gegebenenfalls ein wenig Stärkemehlflüssigkeit hinzufügen, damit sie etwas sämiger wird. Abschmecken und, besonders im Hinblick auf Salz und Pfeffer, nachwürzen.
Vier Teller mit der Sauce bedecken, die Muscheln in die Mitte plazieren und sofort servieren.

**Für 4 Personen als Entrée mit Reis oder Nudeln und einem Salat.**

Gegrillter Seebarsch mit Peking-Fleischsauce;
Garnelen und Schweinefleisch in Tomaten-Kokosmilch-Sauce

# GEGRILLTER SEEBARSCH MIT PEKING-FLEISCHSAUCE

**900 g Seebarschfilet**
**2 EL helle Sojasauce**
**3 EL trockener Sherry**
**1 EL Sesamöl**
**2 EL Stärkemehl**
**450 g dünner, grüner Spargel (nach Wunsch) mit abgeschnittenen Enden**
**2 Frühlingszwiebeln, geschnetzelt**

*Sauce*
**1 EL Erdnußöl**
**125 g Schweinehack oder geschnetzeltes Schweinefleisch**
**1 EL feingewiegter, frischer Ingwer**
**1 EL feingewiegter Knoblauch**
**175 ml Hühnerbrühe**
**60 ml trockener Sherry**
**3 EL Hoisin-Sauce**
**2 EL Austernsauce**
**1 EL Bohnensauce**
**1 EL Rotweinessig**
**½ TL chinesische Chilisauce**

Beim Peking Hotel gleich um die Ecke liegt eine enge Geschäftsstraße, die »Wang Fu Jing«, dicht gesäumt von Kaufhäusern, Kunstgalerien, großen Schaufenstern mit den neuesten de luxe 3-Gang-Fahrrädern und einer ganzen Reihe von Arbeitergaststätten, in denen man für wenig Geld eine einfache Mahlzeit bekommt. In einem solchen quirligen Restaurant, weitab von der Route der Touristenbusse, fühlt man sich wie in einem gastronomischen Paradies. Tellergeklapper und angeregte Unterhaltungen schwirren durch den Saal, während die Leute mit viel Eßgeräuschen dicke Nudeln aus einer üppigen Fleischsauce schlürfen. Zu Fischfilets mit einigermaßen festem Fleisch, seien sie nun gedämpft, gebraten, im Ofen oder überm Holzkohlenfeuer gegrillt, schmeckt diese so genuin chinesische Sauce gleichermaßen gut.

## Vorbereitung

Die Sauce anrichten: In einer Bratpfanne von ca. 25 cm Durchmesser bei mittelhoher Hitze Öl heiß werden lassen und das mit dem Löffelrükken auseinandergedrückte Schweinehack darin sautieren, bis es nach etwa 4 Minuten durchgegart ist. Das Öl abgießen, Ingwer und Knoblauch in die Pfanne geben und zusammen mit dem Schweinefleisch 1 Minute braten. Die restlichen Saucenzutaten zugeben, leicht zum Kochen bringen, dann die Hitze reduzieren und 10 Minuten vor sich hin köcheln lassen. Beiseitestellen. Die Sauce kann einen Tag im voraus zubereitet und dann im Kühlschrank aufbewahrt werden.
Sojasauce, Sherry und Öl miteinander vermengen. Mit dieser Marinade den Fisch einreiben und wenigstens 15 Minuten lang kaltstellen.

## Zubereitung

Zum Garen des Spargels ca. 2 l Wasser heftig aufkochen lassen. Das Stärkemehl in der gleichen Menge kalten Wassers anrühren.
Die Sauce, falls früher vorbereitet und inzwischen kaltgestellt, langsam aufkochen lassen und mit etwas Stärkemehlbrei verdicken, sodann auf der niedrigsten Hitzestufe heißhalten.
Die Fischfilets bei mittlerer Hitze über Holzkohlenglut grillen, bis sie vollkommen weiß sind und sich fest anzufühlen beginnen, etwa 8 Minuten. Sticht man den Fisch mit einer Gabel an, dann sollte er jetzt eine flockige Struktur aufweisen. (Man kann die Fischfilets auch dämpfen oder im Backofen grillen.)
Den Spargel in das sprudelndheiße Wasser geben und brühen, bis er nach etwa 30 Sekunden eine lebhaft grüne Färbung annimmt. Herausnehmen und abtropfen lassen.
Die Fischfilets auf die einzelnen Teller verteilen, strahlenförmig mit Spargelspitzen umgeben, dann die Sauce über den Fisch schöpfen. Mit geschnitzelten Frühlingszwiebeln garnieren und sofort auftragen.

**Für 4 Personen als Entrée; für 6 bis 8 Personen als ein Gang in einem orientalischen Menü. Menüvorschlag: Ein pazifisches Meeresfrüchte-Essen für 8 Personen könnte aus Klößen »Marco Polo«, Muschelfäden-Suppe, Krabbensalat (wie Geflügelsalat, nur daß dabei das Huhn durch 250 g Krabbenfleisch ersetzt wird), Gegrilltem Seebarsch in Peking-Fleischsauce und Kokosnußeis bestehen.**

**Anmerkungen: Auch zu Nudeln oder gekochten Garnelen schmeckt diese Fleischsauce köstlich.**

# SEEZUNGE »PAZIFIK«

**4 Seezungenfilets von je etwa 170 g**
**1 EL feingewiegter, frischer Ingwer**
**2 EL helle Sojasauce**
**1 EL Zitronensaft**
**4 EL Butter, in kleinen Flöckchen**
**1 EL Stärkemehl**
**¼ Tasse gehackter Schnittlauch**

*Sauce*
**ca. 400 g ganze Tomaten aus der Dose**
**1 EL Butter**
**1 EL Olivenöl**
**1 EL gehackter, frischer Ingwer**
**3 Knoblauchzehen, gehackt**
**1 große Schalotte, gehackt**
**1 EL trockener Sherry**
**½ TL Zucker**
**⅛ TL chinesische Chilisauce**

Nicht selten entscheidet die Textur einer Zutat über die geeignete Zubereitungsmethode. Seezunge ist ein hervorragendes Beispiel hierfür, denn die zarten Filets mit ihrem delikaten Aroma prädestinieren diesen Fisch geradezu für eine kurze Garzeit im glühendheißen Grillofen. Diese Art der Zubereitung führt zu einem weit schmackhafteren Resultat, als wenn man die Seezunge paniert und in der Pfanne brät (ein schweres Geschütz für einen so zarten Fisch), sie dämpft (was sie wäßrig schmecken läßt) oder sie über Holzkohlenglut grillt (wobei eine Seezunge rasch auseinanderfällt). Wenn Ihnen der Sinn nach Improvisation steht, ersetzen Sie einfach die hier beschriebene Sauce durch Chinesischen Pesto (aus dem Lachs-Rezept), durch Zitronensauce (Meeresfrüchte-Mousse) oder Jade-Sauce (Kammuscheln) und begleiten Sie die Seezunge mit Zwergkarotten, Reis »Pilaf« und einem Maissalat.

## Vorbereitung

Die Sauce anrichten (bis zu einem Tag im voraus): Die Tomaten mit dem Gabelrükken in kleine Stücke teilen. Butter und Olivenöl in einer Sautierpfanne von ca. 25 cm Durchmesser bei mittlerer Hitze heiß werden lassen, sodann Ingwer, Knoblauch und Schalotte zugeben und 1 Minute sautieren. Tomaten mit ihrem Saft, Zucker, Sherry und Chilisauce hinzufügen und leicht aufkochen lassen. Die Hitze reduzieren und 30 Minuten weiterköcheln. Die Sauce 1 Minute lang im Mixer pürieren und dann durch ein Sieb passieren, um alle Samenkörner zu entfernen. Bis zur Zubereitung des Fisches im Kühlschrank aufbewahren.

## Zubereitung

Die Fischfilets auf ein leicht eingeöltes Backblech legen und mit Ingwer, Sojasauce und Zitronensaft einreiben. Die Filets mit kleinen Butterflöckchen belegen.
Das Stärkemehl mit der gleichen Menge kalten Wassers anrühren und beiseitestellen.
Den Backofen auf 290° vorheizen, dann auf Grillen einstellen. Das Backblech auf der obersten Schiene in den Ofen einschieben und die Seezunge grillen, bis das Fleisch nach etwa 2 Minuten weiß wird und sich fest anfühlt. Die Filets während des Grillvorgangs nicht wenden.
Die Fischstücke auf einen heißen Servierteller heben. Die Tomatensauce leicht aufkochen lassen und gegebenenfalls mit etwas Stärkemehlbrei andicken. Die Sauce behutsam um die Seezungenfilets herum auftragen und das Ganze mit Schnittlauch bestreuen. Sofort servieren.

**Für 4 Personen als Mittag- oder Abendessen.**

**Anmerkungen: Dekorieren Sie die Tomatensauce, indem Sie mit der Spritztüte eine schmale Bordüre aus saurer Sahne um die Filets legen und dann entlang dieser Linie mit der Spitze eines Fleischspießes kleine Wirbel entstehen lassen.**

# GEDÄMPFTE HAI-STEAKS IN SCHWARZER-BOHNEN-SAUCE

- **4 schwarze chinesische Trockenpilze**
- **3 Frühlingszwiebeln**
- **1 rote Paprika**
- **900 g Haifischsteaks, etwa 2,5 cm dick**
- **3 EL trockener Sherry**
- **2 EL helle Sojasauce**
- **1 EL Austernsauce**
- **1 EL Sesamöl**
- **1 EL Erdnußöl**
- **2 EL Butter**
- **1 EL Stärkemehl**

*Sauce*

- **1 EL gepökelte schwarze Bohnen**
- **1 EL feingewiegter, frischer Ingwer**
- **1 EL feingewiegter Knoblauch**
- **125 ml Hühnerbrühe**
- **2 EL trockener Sherry**
- **2 EL helle Sojasauce**
- **1 EL Sesamöl**
- **1 TL chinesische Chilisauce**
- **½ TL Zucker**

Diese Sauce, die sich in wenigen Minuten zubereiten läßt, eignet sich hervorragend für die unterschiedlichsten Speisen, beispielsweise für gedämpften, gebackenen, im Ofen oder über Holzkohle gegrillten Fisch jeder Art, pochierte oder sautierte Garnelen – oder auch zu einer Schüssel mit dampfendheißen, frischen Nudeln.

## Vorbereitung

Die Gemüse zurichten: Die Trockenpilze etwa 20 Minuten in heißem Wasser einweichen, die Stiele wegwerfen, die Hüte schnitzeln. 1 Frühlingszwiebel feinwiegen und beiseitestellen. Die anderen Frühlingszwiebeln in 5 cm lange Schnitzel schneiden. Die Paprika von Samen und Rippen befreien und schnitzeln. Die Gemüse in den Kühlschrank stellen.
Sherry, Sojasauce, Austernsauce, Sesamöl und die gewiegte Frühlingszwiebel miteinander vermengen. Die Fischstücke mit dieser Marinade einreiben und mindestens 20 Minuten einwirken lassen (das kann viele Stunden vor der Servierzeit geschehen).
Die Sauce anrichten: Die schwarzen Bohnen in einem Sieb kurz unter fließendem kaltem Wasser spülen, dann grob hacken. Die schwarzen Bohnen mit dem Ingwer und dem Knoblauch mischen und beiseitestellen. Die restlichen Saucenzutaten in eine kleine Schüssel geben, vermengen und beiseitestellen.

## Zubereitung

Den Einsatz eines chinesischen Dampftopfes so mit Alu-Folie belegen, daß ringsherum ein 2,5 cm breiter freier Rand bleibt, der die Zirkulation des Dampfes ermöglicht. Die Folie leicht mit Öl einfetten. Das Wasser im Dampftopf heftig zum Kochen bringen, die Steaks auf die Folie legen und den Rost in den Topf einsetzen. Mit dem Deckel verschließen und die Haifischstücke so lange dämpfen, bis sie nach etwa 10 Minuten weiß werden und sich fest anzufühlen beginnen; die Gabelprobe zeigt an, ob das Fleisch flockig ist.
Eine Sautierpfanne von ca. 25 cm Durchmesser bei mittelhoher Hitze mit 1 Teelöffel Butter heiß werden lassen.
Die Schwarze-Bohnen-Mischung in die Pfanne geben und sautieren, bis der Knoblauch nach etwa 20 Sekunden weiß wird. Jetzt die schwarzen Pilze, die Paprika und die geschnitzelten Frühlingszwiebeln hinzufügen. Sobald die Paprika nach wenigen Sekunden glasig wird, die Saucenmischung zugeben und langsam aufkochen lassen.
Das Stärkemehl mit der gleichen Menge kalten Wassers anrühren und ein wenig von dem Stärkebrei in die Sauce einfließen lassen, um sie etwas anzudicken. Vom Feuer nehmen und die restliche Butter einrühren.
Ist der Fisch gar, den Einsatz aus dem Dampftopf nehmen, die Folie abheben und die Steaks auf eine Servierplatte oder separate Teller gleiten lassen. Die Sauce über den Fisch schöpfen. Sofort auftragen.

**Für 4 Personen als Entrée; für 6 bis 8 Personen als Teil eines ostasiatischen Menüs. Menüvorschlag für 6 Personen: Gebratenes Szechuan-Wildhuhn, Salat von marinierten Pilzen, Gedämpfte Hai-Steaks in Schwarzer-Bohnen-Sauce, Nudeln »Marco Polo« und frisches Obst.**



Folgende Doppelseite:
Lachs mit chinesischem Pesto

# LACHS MIT CHINESISCHEM PESTO

**450 g Lachsfilet, in 1 oder 2 Stücken**
**1 EL helle Sojasauce**
**1 EL trockener Sherry**
**1 EL Sesamöl**
**2 EL Erdnußöl**
**1 EL Stärkemehl**

*Sauce*

**2 EL feingewiegte Frühlingszwiebeln**
**1 EL feingewiegter, frischer Koriander**
**2 EL feingewiegter, frischer Ingwer**
**2 Knoblauchzehen, feingewiegt**
**3 EL Zitronensaft**
**3 EL Reisessig**
**2 EL helle Sojasauce**
**2 EL Zucker**
**½ TL Salz**
**½ TL gestoßener Szechuan-Pfeffer**
**¼ TL frisch gemahlener, schwarzer Pfeffer**

Chinesischer Pesto, eine vor Tausenden von Jahren im Reich der Mitte perfektionierte Kräutersauce, wurde einst von Marco Polo in kleinen Krügen nach Italien gebracht. Im Gepäck des Weltreisenden befanden sich noch weitere, im Europa des zwölften Jahrhunderts unbekannte Schätze: sorgfältig verschnürte Bündel mit Trockennudeln, Herstellungsformeln für Schießpulver, Schaubilder zum Zusammenlegen von Teigtaschen, ein Magnet für seinen Rückweg, Abhandlungen über die Eßkunst sowie eine tragbare Druckerpresse. Hier also die Pesto-Sauce!

## Vorbereitung

Die Sauce anrichten: Frühlingszwiebeln und Koriander feinwiegen und beiseitestellen. Den Ingwer feinwiegen und die Hälfte davon beiseitestellen, um später den Fisch damit einzureiben. Den restlichen Ingwer mit dem Knoblauch vermischen und beiseitestellen. Die anderen Saucenzutaten miteinander kombinieren.
Den beiseitegestellten feingewiegten Ingwer mit Sojasauce, Sherry und Sesamöl zu einer Marinade anmachen. Den Fisch damit einreiben und wenigstens 20 Minuten einwirken lassen. (Das kann mehrere Stunden im voraus geschehen.)

## Zubereitung

Den Einsatz eines chinesischen Dampftopfs so mit Alufolie belegen, daß ringsherum ein 2,5 cm breiter freier Rand bleibt, durch den der Dampf zirkulieren kann. Die Folie leicht mit Erdnußöl einfetten. Das Wasser im Dampftopf heftig zum Kochen bringen, den Lachs auf die Folie legen und den Rost in den Topf einsetzen. Mit dem Deckel verschließen und den Lachs so lange dämpfen, bis das Fleisch eine hellere Rosafärbung angenommen hat und sich fest anzufühlen beginnt; der Gabeltest zeigt an, ob das Fleisch flockig ist. Ein gut 1 cm dickes Filet sollte in etwa 5 Minuten durchgegart sein. Das Stärkemehl mit der gleichen Menge kalten Wassers anrühren. Eine Sautierpfanne von ca. 25 cm Durchmesser bei mittelhoher Hitze mit 1 Eßlöffel Erdnußöl heiß werden lassen. Die Ingwer-Knoblauch-Mischung in die Pfanne geben, 15 Sekunden sautieren und die Zitronensaftmischung hinzufügen. Ganz schwach aufkochen lassen, Frühlingszwiebeln und Koriander zugeben, dann etwas von dem angerührten Stärkemehl einfließen lassen, um die Sauce leicht anzudicken. Vom Feuer nehmen.
Ist der Lachs gar, den Einsatz aus dem Dampftopf holen, die Folie abheben und den Fisch auf eine Servierplatte oder separate Teller gleiten lassen. Die Sauce über den Fisch schöpfen. Sofort auftragen.

**Für 2 Personen als Hauptgericht; für 6 Personen als Teil eines ostasiatischen Menüs. Menüvorschlag für ein romantisches Essen zu zweit: Rippenspeer mit Chinesischer Grill-Sauce, ein Gartensalat, Lachs in chinesischem Pesto, Reis »Pilaf« und eine Fruchttorte.**

**Anmerkungen: Der Lachs schmeckt auch dann ausgezeichnet, wenn er auf Zimmertemperatur oder sogar direkt aus dem Kühlschrank verspeist wird. Der Pesto macht sich auf allen festfleischigen Fischfilets gut, seien sie gedämpft, gebacken, im Ofen oder über Holzkohle gegrillt.**

# SOMMERLICHE TINTENFISCH-PFANNE

**700 g kleine Tintenfische**
**8 schwarze chinesische Trockenpilze**
**6 Frühlingszwiebeln**
**3 Knoblauchzehen, feingewiegt**
**ca. 700 g am Stamm gereifte Tomaten, entkernt und gehackt**
**½ Tasse grob gehackter, frischer Koriander**
**3 EL Erdnußöl**

*Sauce*
**60 ml trockener Sherry**
**1 EL Austernsauce**
**2 TL Curry**
**1 TL Sesamöl**
**½ TL Zucker**
**2 EL Stärkemehl**

Kleine, sternförmige Tintenfische inmitten von gehackten frischen Sommertomaten, schwarzen Pilzen und frischem Koriander geben diesem Gericht ein beinahe mediterranes Flair. Mit Hühnerflügeln »Mahagoni«, Salat von marinierten Pilzen und kleinen Obsttörtchen serviert, entsteht ein einladendes Dinner.

## Vorbereitung

Die Tintenfische putzen: Jeweils den Kopf hochziehen und die Saugarme in einem zusammenhängenden Stück abtrennen. Kopf, Tintenbeutel und Knochenschild herausschneiden und wegwerfen. Die dünne Haut unter fließendem kaltem Wasser mit den Fingern abrubbeln. Mit einem dünnen Messer den Tintenfisch-Körper aufschneiden, so daß ein richtiges Steak entsteht; von innen sorgfältig säubern. Die Oberfläche der Innenseite im Zentimeterabstand der Länge nach einschneiden, ohne dabei jedoch die Außenwand zu durchstoßen. In gleicher Weise leichte Querschnitte anbringen, so daß ein Karomuster entsteht. Die Tintenfischsteaks vierteln und zusammen mit den Saugarmen bis zum Braten kaltstellen.

Die Pilze etwa 20 Minuten in heißem Wasser einweichen. Die Stiele entfernen, die Hüte vierteln. Die Frühlingszwiebeln schräg in 2,5 cm lange Stücke schneiden und zusammen mit den Pilzstückchen beiseitestellen. Zum Anrichten der Sauce Sherry, Curry, Sesamöl, Austernsauce und Zucker in einer kleinen Schüssel kombinieren. Beiseitestellen.

## Zubereitung

Das Stärkemehl mit der gleichen Menge kalten Wassers anrühren und beiseitestellen. Die Tintenfischstücke sorgfältig abtrocknen.

Den Wok rasch auf die höchstmögliche Hitze hochheizen, dann 2 Eßlöffel Erdnußöl in die Mitte geben und den Wok schwenken, um das Öl über die Seitenwände zu verteilen. Sobald das Öl zu rauchen beginnt, die Tintenfischstücke dazugeben und unter Rühren braten, bis sie nach etwa 15 Sekunden weiß zu werden beginnen. Sogleich herausnehmen und in einer Schüssel bereithalten. Den Wok unverzüglich wieder auf die höchste Hitzestufe bringen. Den verbliebenen Eßlöffel Erdnußöl in die Mitte geben. Den Knoblauch für wenige Sekunden darin sautieren, dann Pilze und Frühlingszwiebeln zugeben und unter Rühren braten, bis die Frühlingszwiebeln nach etwa 1 Minute glasig werden. Tomaten und Koriander hinzufügen und unter Rühren weiterbraten, bis die Tomaten nach etwa 20 Sekunden gerade eben durcherhitzt sind. Die Tintenfischstücke erneut in den Wok schütten und die Sauce zugeben. Sobald die Sauce leicht aufkocht, etwas Stärkemehlbrei einfließen lassen, so daß die Sauce das Bratgut glasiert. Abschmecken und gegebenenfalls nachwürzen. Auf eine heiße Servierplatte füllen und sofort auftragen.

**Für 2 Personen als Entrée; für 4 bis 6 Personen als ein Gang im Rahmen eines Menüs.**

## FESTIVAL-FISCH

**6 schwarze chinesische Trockenpilze**
**8 Wasserkastanien, vorzugsweise frisch**
**3 Frühlingszwiebeln**
**3 frische, scharfe grüne Chilis**
**1 ganzer Dorsch (Kabeljau), geschuppt und ausgenommen, etwa 1,4 kg**
**2 EL geriebene oder feingehackte Mandarinen- oder Orangenschale**
**1 EL feingewiegter, frischer Ingwer**
**1 EL feingewiegter Knoblauch**
**1 TL gestoßener Szechuan-Pfeffer**

*Sauce*
**175 ml Hühnerbrühe**
**3 EL trockener Sherry**
**1 EL helle Sojasauce**
**1 TL dunkle Sojasauce**
**1 TL Rotweinessig**
**¼ TL Salz**
**2 EL Stärkemehl**
**1 EL Erdnußöl**

Fische, die sich als Ganzes zum Dämpfen eignen, sind neben dem Dorsch Fluß- und Seebarsch, Katzenwels, Hecht sowie die große Binnenseeforelle. Das wichtigste ist jedoch, daß Sie einen absolut frischen Fisch auswählen, was Sie an der schimmernden Haut, an hervorspringenden Augen und scharlachroten Kiemen erkennen können.

### Vorbereitung

Die Pilze in heißem Wasser einweichen, bis sie nach etwa 20 Minuten geschmeidig sind. Die Stiele entfernen und die Hüte vierteln oder achteln. Die Wasserkastanien in dünne Scheiben schneiden. Die Frühlingszwiebeln schräg in 2,5 cm lange Stücke schneiden.

Die Chilis von Samenkörnern befreien und wiegen. Die Gemüse beiseitestellen.

Mit einem zum Kopf des Fisches hin geneigten Messer beidseitig von der Rückenflosse hin zum Bauch je vier diagonale, bis zur Mittelgräte durchgehende Schnitte führen.

Die Schnittspalten mit den zerkleinerten Würzmitteln – Chilis, Mandarinenschale, Ingwer, Knoblauch und Szechuan-Pfeffer – füllen. Den Fisch bis zum Dämpfen in den Kühlschrank stellen.

Hühnerbrühe, Sherry, die Sojasaucen, Essig und Salz in einer kleinen Schüssel miteinander vermengen.

### Zubereitung

Das Stärkemehl mit der gleichen Menge kalten Wassers anrühren.

In einem chinesischen Dampftopf Wasser heftig zum Kochen bringen. Eine doppelte Lage Alufolie so auf den Einsatz legen, daß an den Rändern größere Stellen freibleiben, damit der Dampf zirkulieren kann. Die Folie außenherum hochbiegen, um auslaufenden Sud aufzufangen. Die Folie mit etwas Öl einfetten und den Fisch darauflegen. Den Rost in den Dampftopf einsetzen und den Fisch zugedeckt dämpfen, bis das Fleisch nach etwa 15 Minuten weiß wird und ein Eßstäbchen widerstandslos in das Fleisch sinkt.

Sobald der Fisch gar ist, den in der Folie angesammelten Sud zu der Saucenmischung in die Schüssel gießen. Den Fisch von der Folie auf eine vorgewärmte Platte gleiten lassen.

Eine Pfanne von ca. 25 cm Durchmesser bei starker Hitze heiß werden lassen, Öl zugeben und, wenn dieses zu sieden beginnt, Pilze, Wasserkastanien und Frühlingszwiebeln darin sautieren, bis letztere glasig werden. Dann die Saucenmischung in die Pfanne geben, leicht aufkochen lassen und Stärkemehlbrei eingießen, um die Sauce etwas anzudicken. Die Sauce über den Fisch gießen. Sofort servieren.

**Für 2 Personen als Entrée; für 6 bis 8 Personen als Teil eines fernöstlichen Menüs. Menüvorschlag für 8 Personen: Vietnamesische Frühlingsrollen (die Füllung kann 1 Tag im voraus fertiggestellt werden; das Einrollen erfolgt am Morgen des Einladungstages), Scharf-saure Meeresfrüchtesuppe (mit Ausnahme der erst im letzten Augenblick erfolgenden Zugabe der Meeresfrüchte läßt sich die Suppe 2 Tage vor dem Servieren zubereiten und braucht nur wieder aufgewärmt zu werden), Chinesischer Geflügelsalat (man mache das Dressing 1 Tag im voraus und kaufe, um Zeit zu sparen, ein fertiges Brathähnchen), Festival-Fisch, Reis »Pilaf«, frisches Obst und Schoko-Mandel-Makronen (man mache den Teig vorher, friere ihn ein und backe ihn am Tag der Einladung aus).**

# MOUSSE AUS MEERESFRÜCHTEN IN ZITRONENSAUCE

**50 g Butter**
**4 TL geriebene oder feingewiegte Zitronenschale**
**2 TL feingewiegter, frischer Ingwer**
**225 g ganz frische, weiße Filets von Barsch, Scholle oder Seezunge, in 2,5 cm dicke Würfel geschnitten**
**1 Ei**
**¾ TL Salz**
**¼ TL weißer Pfeffer**
**300 ml fettreiche Schlagsahne, eiskalt**
**¼ Tasse (vorzugsweise frische) Wasserkastanien, gewiegt**
**60 g frisches Krabbenfleisch, in Flöckchen**
**Dillzweige, Petersilie oder Brunnenkresse, zum Garnieren**

*Sauce*
**120 ml Zitronensaft**
**¼ Tasse plus 2 EL Zucker**
**60 ml Hühnerbrühe**
**2 EL helle Sojasauce**
**½ TL Salz**
**2 EL Stärkemehl**

Diese in Zitronensauce gebadete Meeresfrüchte-Mousse kann sowohl heiß als auch kalt serviert werden und macht als Entrée zu einem Lunch ebenso Furore wie als kleiner erster Gang, der ein größeres Abendessen einleitet.

## Vorbereitung

Feuerfeste Formen, die insgesamt 700 g Füllgewicht fassen (das können ebenso 14 50-g-Formen wie auch nur eine 700-g-Form sein), ausgiebig mit Butter einfetten.

Fischwürfel, Ei, 1½ Teelöffel Zitronenschale und den gewiegten Ingwer in einem Mixer mit Metallmesser pürieren, bis die Mischung völlig homogen und geschmeidig ist.
Das Mixgefäß 2 Stunden in den Kühlschrank stellen und sehr kalt werden lassen.
Dann das Mixgefäß wieder in die Maschine einsetzen, Salz und weißen Pfeffer hineingeben und bei laufendem Gerät vorsichtig die eiskalte Schlagsahne in einer dünnen Bahn in das Püree einspeisen.
Die fertige Paste in eine Schüssel geben und Wasserkastanien sowie Krabbenfleisch einrühren.
Das sollte etwa 700 g Füllmasse ergeben.
Die Masse in die gefettete(n) Form(en) löffeln.
Anschließend sofort backen, falls die Mousse später kalt serviert werden soll.
Ist sie als warme Speise gedacht, so kann die Masse bis zu 8 Stunden vor dem Backvorgang im Kühlschrank aufbewahrt werden.
Zum Vorbereiten der Sauce den Zitronensaft, Zucker, Hühnerbrühe, Sojasauce, Salz sowie die restliche Zitronenschale in einen kleinen Topf geben und beiseitestellen.

## Zubereitung

Den Backofen auf 160° vorheizen. Pergamentpapier auf einer Seite ausgiebig mit Butter einfetten und die Form(en) abdecken. Die Form(en) in ein tiefes Backblech stellen und dieses bis zur halben Höhe der Form(en) mit Wasser füllen.
Die Backzeiten betragen: für 25-g-Füllungen knapp 10 Minuten, für 50-g-Füllungen ca. 13 bis 14 Minuten, für eine 700-g-Füllung 25 Minuten.
Die Mousse ist dann durchgebacken, wenn ein eingestochenes Messer sauber wieder herauskommt.
Das Backblech behutsam aus dem Ofen nehmen, die Form(en) aus dem Wasser heben und die Füllungen vorsichtig auf eine Servierplatte oder einzelne Teller stürzen, indem man die Form(en) leicht schüttelt und mit einem Löffel auf den Boden klopft.
Das Stärkemehl mit der gleichen Menge kalten Wassers anrühren.
Die Zitronensauce leicht aufkochen lassen und mit etwas Stärkeflüssigkeit ein wenig andicken. Die Sauce über die Mousse schöpfen und heiß servieren.
Soll die Mousse kalt auf den Tisch kommen, dann die Zitronensauce erst auf Zimmertemperatur abkühlen lassen und unmittelbar vor dem Auftragen über die geeiste Mousse gießen.
Mit Dill, Petersilie oder Brunnenkresse garnieren.

**Anmerkungen: Es ist außerordentlich wichtig, daß der Fisch absolut frisch ist und, ebenso wie die Schlagsahne, vor der Verarbeitung sehr kühl gehalten wurde; anderenfalls fällt die Mousse während des Backvorgangs auseinander. Man halte sich auch exakt an das in der Zutatenliste angegebene Fischgewicht; wird es unterschritten, dann ist die Abbindung mit der Sahne zu schwach; befindet sich zu viel Fisch in der Masse, dann wird die Mousse zu schwer.**

# LACHS IN INGWER-BUTTER

**2 Lachsfilets von je 225 g**
**3 EL trockener Sherry**
**2 EL helle Sojasauce**
**1 EL Sesamöl**
**1 EL feingewiegter, frischer Ingwer**
**2 EL gehackte, frische Petersilie**
**2 EL Butter**
**frisch gemahlener, schwarzer Pfeffer**
**Salz**
**1 Zitrone**

Dieses Gericht bietet sich an, wenn Sie an einem Abend so wenig Zeit wie möglich in der Küche verbringen wollen. Mariniert und nur kurz im Ofen gegrillt, kommen die einfach mit Zitronenstückchen, grünem Salat und Brötchen servierten Lachsfilets auf vorgewärmten Tellern auf den Tisch.

## Vorbereitung

Sherry, Sojasauce und Öl zu einer Marinade kombinieren und die Filets damit und sodann mit dem feingewiegten Ingwer einreiben und mit Petersilie bestreuen. Die Butterflöckchen gleichmäßig auf die Oberfläche verteilen. Mit schwarzem Pfeffer und einer Prise Salz nach Geschmack versehen. (Dieser Arbeitsschritt kann mehrere Stunden im voraus erfolgen.)
Die Zitrone in keilförmige Stücke schneiden.

## Zubereitung

Grillen: Den Backofen auf 290° vorheizen. Die Lachsfilets etwa 10 cm unterhalb der Glut grillen, ohne sie zu wenden, bis sie nach ungefähr 5 Minuten eine hellere rosa Färbung annehmen und fest zu werden beginnen; der Gabeltest zeigt, ob das Fleisch flockig ist.

Oder Dämpfen: Den Einsatz eines chinesischen Dampftopfs so mit Alufolie belegen, daß ringsherum ein 2,5 cm breiter freier Rand bleibt, der den Dampf zirkulieren läßt. Die Folie mit etwas Öl einfetten. Das Wasser im Dampftopf heftig zum Kochen bringen, den Lachs auf die Folie legen und den Rost in den Topf einsetzen. Mit dem Deckel verschließen und so lange dämpfen, bis das Fleisch einen helleren Rosaton annimmt und fest zu werden beginnt, etwa 10 Minuten; das mit der Gabel angestochene Fleisch sollte dann flockig sein. Die Lachsfilets auf vorgewärmte Teller legen und mit Zitronenstückchen garnieren.

**Für 2 Personen als Entrée für ein Dinner.**

# GEDÄMPFTER REGENBOGEN-DORSCH

- **1 ganzer Dorsch (Kabeljau), geschuppt und ausgenommen, etwa 1,4 kg**
- **1 Tasse geschnetzelte Frühlingszwiebeln**
- **½ Tasse geräucherter Schinken, geschnetzelt**
- **½ Tasse scharfe, rote Chilis oder rote Paprika, geschnitzelt**
- **¼ Tasse frischer Ingwer, ganz fein geschnetzelt oder gewiegt**
- **½ Tasse frischer Koriander**
- **6 EL trockener Sherry**
- **60 ml Sesamöl**
- **3 EL helle Sojasauce**
- **3 EL Austernsauce**
- **1 TL Zucker**
- **2 EL Stärkemehl**

Fisch, der eben noch in den Tiefen des Ozeans schwamm, wird mit Frühlingszwiebeln, Koriander, Ingwer und roter Paprika dekoriert und als frisch gedämpfter Leckerbissen den Gästen präsentiert.

## Vorbereitung

Mit einem zum Kopf des Fisches hin geneigten Messer beidseitig von der Rückenflosse zum Bauch je vier diagonale, bis zur Mittelgräte durchgehende Schnitte führen. Die Schnittspalten mit Frühlingszwiebeln, Schinken, Chilis, Ingwer und Koriander füllen. Sherry, Sesamöl, Sojasauce, Austernsauce und Zucker zusammenrühren. Rumpf und Schnittspalten auf beiden Seiten mit der Mixtur besprengen. Die Marinade 3 Stunden einwirken lassen.

## Zubereitung

Die Marinade vom Fisch in einen kleinen Topf abtropfen lassen.

Das Stärkemehl mit der gleichen Menge kalten Wassers anrühren.

In einem chinesischen Dampftopf Wasser heftig zum Kochen bringen. Eine doppelte Lage Alufolie so auf den Einsatz legen, daß an den Rändern noch ausgiebig Platz bleibt, um den Dampf zirkulieren zu lassen. Die Folie außenherum hochbiegen, um auslaufenden Fischsud aufzufangen. Die Folie mit etwas Öl einfetten und den Fisch darauflegen. Den Rost in den Dampftopf einsetzen und den Fisch zugedeckt dämpfen, bis das Fleisch nach etwa 15 Minuten weiß wird und ein Eßstäbchen widerstandslos in das Fleisch sinkt.

Den in der Folie angesammelten Sud in den Topf mit der abgetropften Marinade geben. Den Fisch von der Folie auf eine vorgewärmte Platte gleiten lassen. Die Marinade leicht zum Kochen bringen und mit Stärkemehlbrei etwas andicken. Dann über den Fisch gießen.

Die Gäste bedienen sich selbst, indem sie mit Löffel und Gabel Stücke aus dem Fisch lösen.

**Für 2 Personen als Entrée; für 6 bis 8 Personen als Teil eines Menüs.**

**Menüvorschlag: Da vom Gewicht unseres Dorsches beinahe die Hälfte auf Kopf und Gräten entfällt, gibt er mit Reisteller und Salat zwar ein angemessenes Entrée für 2 oder 3 Personen ab, läßt sich jedoch sinnvoller als Teil einer für eine größere Tischgesellschaft gedachten exotischen Gangfolge einsetzen. In diesem Falle sollte man einige kleinere appetitanregende Speisen voranschicken, wie Garnelen »Neue Welle« oder Hühnerflügel »Mahagoni«, sodann einen der Salate aus Kapitel 2, Osso Buco auf chinesische Art und Feuerwerk-Reis – alles Speisen, die größtenteils im voraus zubereitet werden können.**

# MOUSSE AUS MEERESFRÜCHTEN IN ZITRONENSAUCE

**50 g Butter**
**4 TL geriebene oder feingewiegte Zitronenschale**
**2 TL feingewiegter, frischer Ingwer**
**225 g ganz frische, weiße Filets von Barsch, Scholle oder Seezunge, in 2,5 cm dicke Würfel geschnitten**
**1 Ei**
**¾ TL Salz**
**¼ TL weißer Pfeffer**
**300 ml fettreiche Schlagsahne, eiskalt**
**¼ Tasse (vorzugsweise frische) Wasserkastanien, gewiegt**
**60 g frisches Krabbenfleisch, in Flöckchen**
**Dillzweige, Petersilie oder Brunnenkresse, zum Garnieren**

*Sauce*
**120 ml Zitronensaft**
**¼ Tasse plus 2 EL Zucker**
**60 ml Hühnerbrühe**
**2 EL helle Sojasauce**
**½ TL Salz**
**2 EL Stärkemehl**

Diese in Zitronensauce gebadete Meeresfrüchte-Mousse kann sowohl heiß als auch kalt serviert werden und macht als Entrée zu einem Lunch ebenso Furore wie als kleiner erster Gang, der ein größeres Abendessen einleitet.

## Vorbereitung

Feuerfeste Formen, die insgesamt 700 g Füllgewicht fassen (das können ebenso 14 50-g-Formen wie auch nur eine 700-g-Form sein), ausgiebig mit Butter einfetten.
Fischwürfel, Ei, 1½ Teelöffel Zitronenschale und den gewiegten Ingwer in einem Mixer mit Metallmesser pürieren, bis die Mischung völlig homogen und geschmeidig ist.
Das Mixgefäß 2 Stunden in den Kühlschrank stellen und sehr kalt werden lassen.
Dann das Mixgefäß wieder in die Maschine einsetzen, Salz und weißen Pfeffer hineingeben und bei laufendem Gerät vorsichtig die eiskalte Schlagsahne in einer dünnen Bahn in das Püree einspeisen.
Die fertige Paste in eine Schüssel geben und Wasserkastanien sowie Krabbenfleisch einrühren.
Das sollte etwa 700 g Füllmasse ergeben.
Die Masse in die gefettete(n) Form(en) löffeln.
Anschließend sofort backen, falls die Mousse später kalt serviert werden soll.
Ist sie als warme Speise gedacht, so kann die Masse bis zu 8 Stunden vor dem Backvorgang im Kühlschrank aufbewahrt werden.
Zum Vorbereiten der Sauce den Zitronensaft, Zucker, Hühnerbrühe, Sojasauce, Salz sowie die restliche Zitronenschale in einen kleinen Topf geben und beiseitestellen.

## Zubereitung

Den Backofen auf 160° vorheizen. Pergamentpapier auf einer Seite ausgiebig mit Butter einfetten und die Form(en) abdecken. Die Form(en) in ein tiefes Backblech stellen und dieses bis zur halben Höhe der Form(en) mit Wasser füllen.
Die Backzeiten betragen: für 25-g-Füllungen knapp 10 Minuten, für 50-g-Füllungen ca. 13 bis 14 Minuten, für eine 700-g-Füllung 25 Minuten.
Die Mousse ist dann durchgebacken, wenn ein eingestochenes Messer sauber wieder herauskommt.
Das Backblech behutsam aus dem Ofen nehmen, die Form(en) aus dem Wasser heben und die Füllungen vorsichtig auf eine Servierplatte oder einzelne Teller stürzen, indem man die Form(en) leicht schüttelt und mit einem Löffel auf den Boden klopft.
Das Stärkemehl mit der gleichen Menge kalten Wassers anrühren.
Die Zitronensauce leicht aufkochen lassen und mit etwas Stärkeflüssigkeit ein wenig andicken. Die Sauce über die Mousse schöpfen und heiß servieren.
Soll die Mousse kalt auf den Tisch kommen, dann die Zitronensauce erst auf Zimmertemperatur abkühlen lassen und unmittelbar vor dem Auftragen über die geeiste Mousse gießen.
Mit Dill, Petersilie oder Brunnenkresse garnieren.

**Anmerkungen: Es ist außerordentlich wichtig, daß der Fisch absolut frisch ist und, ebenso wie die Schlagsahne, vor der Verarbeitung sehr kühl gehalten wurde; andernfalls fällt die Mousse während des Backvorgangs auseinander. Man halte sich auch exakt an das in der Zutatenliste angegebene Fischgewicht; wird es unterschritten, dann ist die Abbindung mit der Sahne zu schwach; befindet sich zu viel Fisch in der Masse, dann wird die Mousse zu schwer.**

Mousse aus Meeresfrüchten in Zitronensauce

## FORELLE IN PIKANTER MANDARINENSAUCE

**6 schwarze chinesische Trockenpilze**
**8 Wasserkastanien, vorzugsweise frisch**
**3 Frühlingszwiebeln**
**120 g Stärkemehl, zum Bestäuben**
**2 ganze Forellen von je 250 g, vorzugsweise noch mit Gräten**
**120 ml Erdnußöl**
**1 EL feingewiegter, frischer Ingwer**
**1 EL geriebene oder feingewiegte Mandarinen- oder Orangenschale**
**1 Knoblauchzehe, feingewiegt**

*Sauce*
**175 ml Hühnerbrühe**
**3 EL trockener Sherry**
**1 EL helle Sojasauce**
**1 EL Sesamöl**
**½ TL Salz**
**½ TL chinesische Chilisauce**
**¼ TL Zucker**
**2 EL Stärkemehl**

Diese Zubereitungsmethode für Forellen fasziniert mich immer wieder: kurz Sautieren, vorübergehend aus der Pfanne herausnehmen, während die reduzierte Sauce das Fischaroma ganz in sich aufnimmt, schließlich die Fische, bevor sie aufgetragen werden, gründlich in dieser köstlichen Sauce wälzen. Als Variation empfiehlt sich die in diesem Kapitel beschriebene Peking-Fleischsauce (Rezept für Gegrillten Seebarsch), die Schwarze-Bohnen-Sauce (Gedämpfte Hai-Steaks), der Chinesische Pesto (Lachs) und die Zitronensauce (Meeresfrüchte-Mousse).

### Vorbereitung

Die Gemüse zurichten: Die Trockenpilze ungefähr 20 Minuten in heißem Wasser einweichen. Die Stiele entfernen, die Hüte vierteln. Die Wasserkastanien in dünne Scheiben schneiden. Die Frühlingszwiebeln schräg in 5 cm lange Stücke schneiden. Die Gemüse beiseitestellen.
Zum Anrichten der Sauce in einer kleinen Schüssel Hühnerbrühe, Sherry, Sojasauce, Sesamöl, Salz, Chilisauce und Zucker miteinander vermengen.

### Zubereitung

2 Eßlöffel Stärkemehl mit der gleichen Menge kalten Wassers anrühren und beiseitestellen.
Die Forellen auf eine Lage Zeitungspapier legen und mit dem restlichen Stärkemehl bestäuben. Überschüssiges Mehl abschütteln. Eine schwere Sautierpfanne von ca. 30 cm Durchmesser bei mittelhoher Hitze sehr heiß werden lassen, dann Öl zugeben. Sobald das Öl selbst stark erhitzt ist (und dabei dünnflüssiger erscheint und leicht zu dunsten beginnt), die Forellen in die Pfanne geben und auf jeder Seite etwa 3 Minuten braten. Dabei die Pfanne häufig schwenken, um das Ansetzen zu verhindern, und gleichzeitig die Hitze so regulieren, daß das Öl siedend heiß bleibt, ohne jedoch zu rauchen. Die Fische sind gar, wenn sich ein Eßstäbchen leicht in ihr Fleisch eindrücken läßt.
Die Forellen auf eine Lage Küchenpapier legen und das Öl aus der Pfanne gießen. Die Pfanne erneut auf mittelhohe Hitze bringen, Ingwer, Mandarinenschale und Knoblauch zugeben, für wenige Sekunden sautieren, dann Pilze, Wasserkastanien und Frühlingszwiebeln hinzufügen. Sautieren, bis die Zwiebeln glasig werden, dann die Saucenmischung zugeben und leicht aufkochen lassen. Die Sauce mit dem angerührten Stärkemehl etwas eindikken. Sofort wieder die Forellen in die Pfanne zurückgeben, ausgiebig, aber vorsichtig in der Sauce wälzen und dann auf eine vorgewärmte Platte oder einzelne Teller heben. Mit Sauce übergießen und sogleich servieren.

**Für 2 Personen als Entrée. Menüvorschlag für 6 Personen: Hühnerflügel »Mahagoni«, Forelle in pikanter Mandarinensauce (dreifache Rezeptmenge), Ananas-Curryreis und Mango-Sorbet.**

## GARNELEN »KUNG PAO«

**450 g mittelgroße, rohe Garnelen**
**1 grüne Paprika**
**2 Frühlingszwiebeln**
**1 Tasse geschälte und gehäutete Erdnüsse**
**225 ml plus 2 EL Erdnußöl zum Braten**
**1 EL feingewiegter, frischer Ingwer**
**1 EL feingewiegter Knoblauch**
**½ Tasse getrocknete, kleine, rote Chilis**

*Sauce*
**60 ml trockener Sherry**
**1 EL dunkle Sojasauce**
**1 EL Hoisin-Sauce**
**1 EL Sesamöl**
**2 TL Rotweinessig**
**1 TL chinesische Chilisauce**
**¼ TL gestoßener Szechuan-Pfeffer**
**¼ TL Salz**
**1 EL Stärkemehl**

Die berühmteste Spezialität von Szechuan, die Garnelen »Kung Pao«, ist nach einem namhaften General aus dem neunzehnten Jahrhundert benannt, dessen Küchenchef diese aus Garnelen, Chilis und Erdnüssen bestehende Speise schuf. In Restaurants rührt der ungemein scharfe Geschmack des Gerichtes daher, daß man die getrockneten Chilis so lange sengt, bis sie schwarz werden. Verfügt man aber, wie zu Hause, über keine groß ausgelegten Abzugsvorrichtungen für den Dunst, dann würzt man die Garnelen am besten mit chinesischer Chilisauce, in die man als farbenfrohe Garnierung eine Handvoll Chilis wirft.

### Vorbereitung

Die Garnelen schälen, vom Darmstrang befreien, trockentupfen und in gut ½ cm lange Stücke schneiden. Bis zum Braten im Kühlschrank aufbewahren.
Die Paprika von Rippen und Samenkörnern befreien und in etwa 1 cm große Würfel schneiden. Die Frühlingszwiebeln in gut ½ cm große Stücke schneiden. Paprika und Frühlingszwiebeln beiseitestellen.
Die Erdnüsse in einen kleinen Topf geben, 60 ml Erdnußöl zugießen und den Topf bei stärkster Hitze heiß werden lassen. Die Erdnüsse unter ständigem Rühren ganz leicht goldgelb braten, etwa 2 Minuten. Sodann in einem Sieb über einer hitzebeständigen Schüssel und anschließend auf Küchenpapier abtropfen lassen. Beiseitestellen.
Zum Vorbereiten der Sauce Sherry, Essig, Sesamöl, Sojasauce, Hoisin-Sauce, Chilisauce, Pfeffer und Salz in einer kleinen Schüssel vermengen. Beiseitestellen.

### Zubereitung

Das Stärkemehl mit der gleichen Menge kalten Wassers anrühren und beiseitestellen.
Den Wok auf größter Flamme sehr heiß werden lassen, erst dann 1 Eßlöffel Erdnußöl in die Mitte geben und es durch Schwenken des Woks über die Seitenwände verteilen. Sobald das Öl zu rauchen beginnt, die Garnelen zugeben und unter Rühren braten, bis sie nach etwa 2 Minuten weiß zu werden beginnen.
Die Garnelen in eine flache Schüssel schöpfen.
Den Wok sofort wieder auf äußerste Hitze bringen, 1 Eßlöffel Erdnußöl in die Mitte gießen, Ingwer und Knoblauch zugeben, wenige Sekunden sautieren und sogleich die Gemüse hinzufügen und unter Rühren braten, bis sie nach etwa 2 Minuten glasig werden.
Die Garnelen erneut in den Wok geben, Erdnüsse und Chilis nachschütten und die Sauce eingießen. Sobald diese leicht aufkocht, mit etwas Stärkemehlflüssigkeit andikken, so daß die Sauce das Bratgut glasiert. Abschmekken und gegebenenfalls nachwürzen. Auf einer vorgewärmten Platte oder auf einzelnen Tellern unverzüglich servieren.

**Für 2 Personen als Entrée mit Reis und Salat; für 6 bis 8 Personen als Teil eines ostasiatischen Menüs.**

**Menüvorschlag zu einer ›Kochparty‹ für 3 Paare: Garnelen »Kung Pao« (doppelte Rezeptmenge; man benutze 2 Woks gleichzeitig und lasse einen Gast alle Arbeitsschritte parallel nachvollziehen), Reis »Pilaf«, Salat von marinierten Pilzen, Scharf-saure Meeresfrüchtesuppe, als Dessert geeiste Melonenbällchen und Eis.**

**Anmerkungen: Das Gericht läßt sich variieren, indem man die Garnelen durch 2 marinierte Hühnerbrüste, entbeint und gewürfelt, ersetzt (siehe Rezept Huhn mit Pinienkernen) oder anstelle der Erdnüsse rohe Cashewnüsse verwendet.**

# THAILÄNDISCHE GARNELEN IN KOKOSMILCH

**450 g mittelgroße, rohe Garnelen**
**120 g kleine Jungpilze**
**1 EL Erdnußöl**
**1 EL Butter**
**4 Knoblauchzehen, feingewiegt**
**¼ Tasse gehacktes Basilikum**
**¼ Tasse gehackte Minzblätter**
**¼ Tasse gehackte Frühlingszwiebeln**

*Sauce*
**60 ml ungesüßte Kokosmilch**
**1 EL trockener Sherry**
**½ TL chinesische Chilisauce**
**¼ TL Salz**
**1 EL Stärkemehl**
**1 EL Limonensaft**

Kokosmilch bereitet man sich am besten selbst, indem man eine Kokosnuß spaltet und das Fleisch aus dem Schalenmantel löst. Man raspelt und püriert es zusammen mit heißem Wasser in einem Mixer. Durch Auspressen des Pürees, der in ein feines Tuch eingeschlagen wird, gewinnt man schließlich die köstliche Kokosmilch. Glücklicherweise kann man thailändische Kokosmilch aber auch in allen China- oder Asien-Shops in Dosen erstehen.

## Vobereitung

Die Garnelen schälen, vom Darmstrang befreien und halbieren, wobei die beiden Hälften jedoch noch zusammenhängen sollten. Trockentupfen und bis zum Braten im Kühlschrank aufbewahren.
Die Pilze säubern und die Stielenden abschneiden. Beiseitestellen.
Zum Anrichten der Sauce Kokosmilch, Sherry, Chilisauce und Salz in einer kleinen Schüssel vermengen und beiseitestellen.

## Zubereitung

Das Stärkemehl mit der gleichen Menge kalten Wassers anrühren und beiseitestellen. Den Wok oder eine Sautierpfanne auf größter Flamme sehr heiß werden lassen und Butter und Öl zugeben. Sobald die Butter zu schmelzen und Blasen zu werfen beginnt, den Knoblauch für wenige Sekunden in dem heißen Fett sautieren, die Garnelen zugeben und weiterhin bei höchster Brathitze rühren und wälzen, bis sie nach etwa 2 Minuten weiß zu werden beginnen. Pilze, Basilikum, Minze und Frühlingszwiebeln hinzufügen, 15 Sekunden unter Rühren braten, dann die Kokosmilch zugießen. Wenn die Sauce leicht aufzukochen beginnt, mit etwas Stärkemehlflüssigkeit in Maßen andicken. Zum Schluß den Limonensaft einrühren und die Sauce mit den Garnelen auf eine vorgewärmte Platte oder einzelne Teller schöpfen. Sofort auftragen.

**Für 2 Personen als Entrée; für 6 bis 8 Personen als Teil einer exotischen Mahlzeit.**
**Menüvorschlag für ein relativ schnell zubereitetes Essen für 6 Personen: Grillhuhn in Satay-Sauce (dazu am besten einzelne Stücke vom Huhn vorgrillen und auf Zimmertemperatur als ersten Gang servieren), Bunter Gartensalat mit orientalischem Dressing, Thailändische Garnelen in Kokosmilch (doppelte Rezeptmenge), gebutterte Nudeln und Eis als Dessert.**

**Anmerkungen: Die hier beschriebene Sauce schmeckt auch köstlich zu spaghettiähnlichen chinesischen Nudeln. Man läßt in diesem Falle die Garnelen weg, sautiert in einer 25-cm-Pfanne Knoblauch in etwas Butter, fügt Basilikum, Minze und Frühlingszwiebeln hinzu, läßt kurz aufkochen, gibt schließlich die Kokosmilch zu und läßt das Ganze 5 Minuten köcheln. Dann dickt man die Sauce mit etwas angerührtem Stärkemehl an, gibt den Limonensaft hinein und gießt die Sauce über die servierfertigen Nudeln.**

◁ Thailändische Garnelen in Kokosmilch; Basmati-Reis

# KAMMUSCHELN »VOLCANO«

**450 g Kammuscheln**
**1 kleine, grüne Paprika**
**1 kleine, rote Paprika**
**2 Frühlingszwiebeln**
**2 EL Stärkemehl**
**3 EL Erdnußöl**
**120 g Schweinehack**
**6 Knoblauchzehen, feingewiegt**
**2 TL feingewiegter, frischer Ingwer**
**Salz**

*Sauce*
**2 EL trockener Sherry**
**1 EL dunkle Sojasauce**
**1 EL Sesamöl**
**2 TL Rotweinessig**
**1 TL chinesische Chilisauce**
**½ TL Zucker**
**¼ TL gestoßener Szechuan-Pfeffer**

Schwere Regenwolken hingen über den Berghängen um Tschungking und verhinderten jede Flucht aus dieser Industriemetropole im Herzen Chinas, als wir in solch bedrückender Atmosphäre abends schweigend zum »Small-Cave-From-Heaven-Restaurant« fuhren. Dreißig Gänge später – nach dem Genuß von Wachteleiern auf Sahnehuhn, ganzen Plattfischen, sautierten Gänsezungen im Salatbett und einem umwerfenden, scharfen Muschelgericht mit Paprika und Schweinehack – hatten wir, als wir zu unseren Hotelzimmern zurückschwankten, die Überzeugung gewonnen, daß ein gutes Essen manches wieder ins rechte Lot zu rücken vermag.

## Vorbereitung

Die Kammuscheln in dünne Scheiben schneiden und bis zum Gebrauch kaltstellen.
Die Paprika von Rippen und Samenkörnern befreien und in 1 cm große Würfel schneiden. Die Frühlingszwiebeln schräg in 1 cm lange Stücke schneiden. Die Gemüse zusammen in einer Schüssel bis zur weiteren Verarbeitung kaltstellen.
Zum Anrichten der Sauce Sherry, Sesamöl, Sojasauce, Essig, Chilisauce, Zucker und Szechuan-Pfeffer in einer kleinen Schüssel miteinander vermengen und beiseitestellen.

## Zubereitung

Das Stärkemehl mit der gleichen Menge kalten Wassers anrühren und beiseitestellen. Den Wok auf stärkster Flamme sehr heiß werden lassen, 1 Eßlöffel Öl in die Mitte geben und schwenken, damit sich das Öl über die Seitenwände verteilt. Wenn das Öl zu rauchen beginnt, die Muscheln zugeben und unter Rühren braten, bis sie weiß zu werden beginnen, etwa 1 Minute. Die Muscheln in eine Schüssel umfüllen.
Den Wok sofort wieder auf die stärkste Hitzestufe bringen und das restliche Öl eingießen. Das Schweinehack zugeben und unter Rühren braten, bis es nach etwa 1 Minute durchgegart ist; dabei das Fleisch mit dem Löffelrücken auseinanderdrücken.
Überschüssiges Öl aus dem Wok gießen, dann Knoblauch und Ingwer hineingeben und zusammen mit dem Schweinefleisch ein paar Sekunden lang unter Rühren braten. Die Gemüse zugeben und unter anhaltendem Rühren weiterbraten, bis sie nach etwa 2 Minuten glasig werden.
Die Muscheln erneut in den Wok geben und die angerichtete Sauce hinzufügen. Sobald die Sauce leicht aufkocht, etwas von der Stärkemehlflüssigkeit einrühren, damit das Bratgut sich mit einer Glasur überzieht. Abschmecken und vor allem mit Chili und Salz gegebenenfalls nachwürzen. Auf einer vorgewärmten Platte sofort servieren.

**Für 2 bis 3 Personen als Entrée; für 6 bis 8 Personen als Teil eines fernöstlichen Menüs.**

**Anmerkungen: Das Schweinefleisch verleiht diesem Gericht einen besonderen geschmacklichen Akzent. Man kann es aber auch weglassen oder durch Lamm-Hack ersetzen.**

# SCHWARZE-BOHNEN-MUSCHELN IM GEMÜSEBETT

**1 EL gepökelte schwarze Bohnen**
**3 Knoblauchzehen, feingewiegt**
**2 EL Butter**
**2 EL Erdnußöl**
**1½ Tassen feingeschnetzelte Karotten**
**1½ Tassen feingeschnetzelte Zuckererbsen**
**1½ Tassen feingeschnetzelte weiße Rüben**
**450 g Kammuscheln**

*Sauce*

**60 ml Hühnerbrühe**
**2 EL trockener Sherry**
**1 EL Sesamöl**
**1 EL helle Sojasauce**
**½ TL chinesische Chilisauce**
**½ TL Zucker**
**Salz**
**1 EL Stärkemehl**

Unter Rühren gebratene Fleischstückchen oder Meeresfrüchte mit Gemüseschnitzeln können leicht einen unübersichtlichen Mischmasch ergeben. Besser macht es sich allemal, wenn man die aus dem Wok kommenden Gemüse als farbenfrohe Unterlage auf eine Platte gibt und das glasierte Fleisch, die Muscheln oder Krustentiere darauf ›thronen‹ läßt. Als Beispiel hierfür folgendes Rezept:

## Vorbereitung

Die schwarzen Bohnen in einem Sieb kurz unter kaltem Wasser spülen und grob hakken. Den Knoblauch untermischen und beiseitestellen. Zum Anrichten der Sauce Hühnerbrühe, Sherry, Sesamöl, Sojasauce, Chilisauce, Zucker und Salz in einer kleinen Schüssel kombinieren und beiseitestellen.

## Zubereitung

Das Stärkemehl mit der gleichen Menge kalten Wassers anrühren und beiseitestellen. Den Wok auf stärkster Flamme sehr heiß werden lassen, 1 Eßlöffel Butter und 1 Eßlöffel Erdnußöl in die Mitte geben und schwenken, damit sich das Fett über die Seitenwände verteilt. Sobald die Butter zu schäumen beginnt, die Gemüse zugeben und unter Rühren braten, bis sie nach etwa 1 Minute glasig werden. Die Gemüse auf eine vorgewärmte Platte häufen und gleichmäßig ausbreiten.

Den Wok sofort wieder auf stärkste Hitze bringen, den zweiten Löffel Erdnußöl in die Mitte geben und die schwarzen Bohnen mit dem Knoblauch für ein paar Sekunden sautieren. Dann die Muscheln zugeben und unter Rühren braten, bis sie nach etwa 2 Minuten weiß werden. Jetzt die Sauce dazugießen. Sobald diese leicht aufkocht, ein wenig angerührtes Stärkemehl zum Glasieren des Bratgutes zugeben. Dann die restliche Butter einrühren, abschmecken und, besonders was das Salz anbetrifft, nach Bedarf nachwürzen. Die Muscheln in die Mitte des Gemüsebettes plazieren. Sofort servieren.

**Für 2 bis 3 Personen als Entrée; für 6 bis 8 Personen als Teil einer exotischen Mahlzeit.**

**Menüvorschlag für 6 Personen: Chinesische Gewürzgurken, Garnelen »Neue Welle«, Chinesischer Geflügelsalat, Schwarze-Bohnen-Muscheln im Gemüsebett, Nudeln »Marco Polo« und selbstgebackene Schokoladentorte.**

## MEERESFRÜCHTE-TELLER

Mitten in einem vierzehngängigen Menü im Hause eines Freundes stellten wir auf einmal die Musik lauter, gingen ins Freie und begannen, unter dem nächtlichen Sternenhimmel zu tanzen. Es war die pure Freude am Essen! Oft wirkt sie wie ein Katalysator, der spontane Handlungen, angeregte Gespräche – und gewöhnlich auch das Entkorken zusätzlicher Flaschen Champagner – in Gang setzt. Das Finale zu dem oben erwähnten Bankett jedenfalls bildete ein hervorragend komponierter Meeresfrüchte-Teller, im Wok gebraten und in einer delikaten Garnelensauce auf krispen Reis-Stabnudeln serviert. Ein wahrer Genuß!

## MEERESFRÜCHTE-TELLER

**150 g mittelgroße, rohe Garnelen**
**150 g Kammuscheln**
**150 g Krebsfleisch (in einem Stück) oder 225 g Scheren der Königskrabbe in ihren Schalen**
**120 g kleine Jungpilze mit geputzten Stielen**
**120 g dünne Spargel**
**10 Wasserkastanien (vorzugsweise frisch)**
**3 Frühlingszwiebeln**
**60 g Reis-Stabnudeln**
**700 ml plus 2 EL Erdnußöl zum Braten**

*Sauce*
**1 EL gehackter, frischer Ingwer**
**3 Knoblauchzehen, gehackt**
**225 ml Hühnerbrühe**
**60 ml trockener Sherry**
**1 EL helle Sojasauce**
**1 EL Sesamöl**
**¼ TL weißer Pfeffer**
**¼ TL Salz**
**2 EL Stärkemehl**

### Vorbereitung

Die Garnelen schälen, vom Darmstrang befreien und längs halbieren. Die Schalen aufbewahren. Das Garnelenfleisch trockentupfen und bis zum Braten kaltstellen.
Die Sauce vorbereiten: Garnelenschalen, Ingwer, Knoblauch, Hühnerbrühe, Sherry, Sojasauce, Sesamöl, weißen Pfeffer und Salz in einem Mixer mit Metallmesser 1 Minute durchdrehen, dann die Mischung in einen kleinen Topf geben und zugedeckt bei mäßiger Hitze 30 Minuten köcheln lassen. Anschließend die Mischung noch einmal 1 Minute lang im Mixer pürieren, durch ein Gazetuch oder feinmaschiges Sieb passieren und auf Zimmertemperatur abkühlen lassen. Dann bis zur Weiterverarbeitung in den Kühlschrank stellen.
Die Pilze in dünne Scheiben schneiden. Die harten Spargelenden kappen und wegwerfen. Die Spargelstangen betont schräg in 2,5 cm lange Stücke schneiden. Die Wasserkastanien in dünne Scheiben schneiden. Die Frühlingszwiebeln schräg in 2,5 cm lange Stücke schneiden. Alle geputzten und zerkleinerten Gemüse bis zur Weiterverwendung in einer Schüssel kaltstellen.
Die Reis-Stabnudeln in einer Papiertüte mit beiden Fingern zu ganz kleinen Bündeln auseinanderziehen und wie auf Seite 69 beschrieben garen.

### Zubereitung

Die Reis-Stabnudeln in kleinere Stückchen brechen und gleichmäßig auf einer Servierplatte verteilen.
Das Stärkemehl mit der gleichen Menge kalten Wassers anrühren.
Den Wok auf stärkster Flamme sehr heiß werden lassen, 1 Eßlöffel Öl in die Mitte geben und den Wok schwenken, um das Öl über die Seitenwände zu verteilen. Sobald das Öl zu rauchen beginnt, Garnelen und Muscheln hineingeben und unter Rühren braten, bis die Garnelen nach etwa 2 Minuten weiß zu werden beginnen. Garnelen und Muscheln in eine flache Schüssel umfüllen.
Den Wok sogleich wieder auf stärkste Hitze bringen, den zweiten Eßlöffel Öl eingießen, die Gemüsemischung hineingeben und unter Rühren braten, bis der Spargel nach etwa 2 Minuten glasig wird. Das Krebsfleisch oder die Scheren der Königskrabbe zugeben und auch die Garnelen und Muscheln erneut im Wok mitbraten. Die Sauce eingießen, leicht aufkochen lassen und mit etwas Stärkemehlflüssigkeit zum Glasieren des Bratgutes andicken. Abschmecken und besonders mit Salz, Pfeffer und Sesamöl entsprechend nachwürzen. Die Friture über die Reis-Stabnudeln ausbreiten und gleich servieren.

**Für 2 Personen als Entrée; für 6 bis 8 Personen als Teil eines fernöstlichen Menüs.**

# GEGRILLTER SCHWERTFISCH MIT ZITRONEN-INGWER-MARINADE

**900 g Schwertfisch-Steaks, 2,5 cm dick**

*Marinade*

- **1 EL geriebene oder gewiegte Zitronenschale**
- **80 ml Zitronensaft**
- **60 ml trockener Weißwein**
- **3 EL Distelöl**
- **2 EL helle Sojasauce**
- **¼ TL schwarzer Pfeffer**
- **¼ Tasse gewiegte Frühlingszwiebeln**
- **1 EL feingewiegter, frischer Ingwer**
- **2 Knoblauchzehen, feingewiegt**

Eine ganz einfache Ingwer-Zitronen-Marinade, mit der man die Schwertfisch-Steaks während des Grillens bestreicht, bewahrt das Fleisch vor dem Austrocknen und verleiht ihm ein nachhaltiges Aroma. Bringen Sie dieses Gericht zusammen mit einer der in Kapitel 7 beschriebenen Reisspeisen und einem Tomaten-Avocado-Salat auf den Tisch.

## Vorbereitung

Die Ingredienzen für die Marinade zusammenrühren. Die Fischsteaks in einen Behälter aus Keramik, Glas oder Edelstahl (nicht Aluminium oder Eisen) legen und mit der Marinade bedecken. 1 Stunde marinieren lassen.

## Zubereitung

Den Fisch aus der Marinade nehmen, diese in einem kleinen Topf bei starker Hitze sprudelnd aufkochen lassen und dann vom Feuer nehmen.

Den Schwertfisch über Holzkohlenglut bei mittlerer Hitze grillen und dabei mit der Marinade einstreichen oder im 290° heißen Backofen auf dem obersten Rost etwa 8 Minuten lang grillen; während des Grillvorgangs mit Marinade begießen und einmal wenden. Das Fischfleisch ist gar, wenn es sich fest anzufühlen und beim Einstechen mit einer Gabel zu flocken beginnt.

Die Schwertfisch-Steaks mit etwas Marinade übergießen und auf vorgewärmten Tellern sofort servieren.

**Für 6 Personen als Teil eines leichten Mittagessens; für 4 Personen als normaler Gang im Rahmen eines Menüs.**

# MIESMUSCHELN IN KOKOS-SAFRAN-SAUCE

**16 Miesmuscheln mit festem Fleisch**
**¼ TL Safranfäden**
**120 ml Hühnerbrühe**
**120 ml trockener Weißwein**
**2 EL Petersilienstengel**
**1 EL Butter**
**¼ TL chinesische Chilisauce**
**2 TL Szechuan-Pfeffer**
**2 EL Stärkemehl**
**225 ml ungesüßte Kokosmilch**
**1 Bund Schnittlauch, gehackt**

Große Miesmuscheln aus Neuseeland, mit grünlichem Rand und orangefarbenem Fleisch, gehören zweifellos zu den köstlichsten Schalentieren, die man auf dem Markt erstehen kann. Aber welcher Provenienz die Muscheln auch immer sein mögen, mehr als auf die Größe kommt es auf Frische, Aroma und festes Fleisch an. Das hier rezeptierte Gericht haben wir einer Tischrunde von sechs Gästen vorgesetzt und mit einer (zwei Tage im voraus zubereiteten) Orientalischen Pâté, Chinesischem Geflügelsalat (am Morgen des Einladungstages vorbereitet und kurz vor dem Auftragen angerichtet), Reis »Pilaf«, Obsttorte und selbstgemachtem Eis begleitet.

## Vorbereitung

Die Muscheln nicht früher als 4 Stunden vor der Kochzeit sauberschrubben, von Bärten und Seetang befreien, alle nicht fest geschlossenen Muscheln wegwerfen und kaltstellen.
Hühnerbrühe und Safran in einer Bratpfanne von ca. 30 cm Durchmesser leicht aufkochen lassen, vom Feuer nehmen und abkühlen lassen. Wein, Petersilienstengel, Butter und Chilisauce einrühren. Beiseitestellen.
Sodann eine Bratpfanne von ca. 25 cm Durchmesser auf großer Flamme heiß werden lassen und die Pfefferkörner darin rösten, bis sie nach etwa 3 Minuten zu rauchen beginnen. Die Körner aus der Pfanne nehmen und die Hälfte davon in die angemachte Brühe geben, den restlichen Pfeffer aufheben.

## Zubereitung

Das Stärkemehl mit der gleichen Menge kalten Wassers anrühren. Die Brühe in der Pfanne bei starker Hitze rasch aufkochen lassen, dann die Muscheln hineingeben und zugedeckt sieden lassen, bis sich nach etwa 4 Minuten die Schalen geöffnet haben.
Die Muscheln in ein mit Nesseltuch ausgeschlagenes Sieb schütten, die Kochflüssigkeit auffangen.
Alle Muscheln, deren Schalen sich nicht geöffnet haben, wegwerfen.
Die Bratpfanne sofort wieder auf den Herd setzen und die Kochflüssigkeit in sie zurückschütten.
Die Kokosmilch zugeben und den Pfanneninhalt leicht aufkochen lassen.
Mit etwas angerührtem Stärkemehl leicht andicken und dann die restlichen Pfefferkörner und den Schnittlauch hinzufügen.
Zum Schluß die Muscheln noch einmal in die Pfanne geben, kurz in der Sauce wälzen und dann auf einer vorgewärmten Platte oder separaten Tellern unverzüglich servieren.

**Für 2 Personen als Entrée; für 4 bis 8 Personen als Gang in einem ostasiatischen Menü.**

Miesmuscheln in Kokos-Safran-Sauce

# CHINESISCHE VENUSMUSCHELN »CASINO«

**22 frische Venusmuscheln**
**2 EL Stärkemehl**
**350 g frischer Blattspinat, entstielt**
**6 EL Butter**
**½ Tasse feingewiegte, rote Paprika**
**½ Tasse Paniermehl oder Brotkrumen**
**2 Schalotten, gewiegt**
**2 TL feingewiegter, frischer Ingwer**
**1½ TL geriebene oder feingewiegte Zitronenschale**
**¼ TL weißer Pfeffer**
**½ Tasse Ricotta-Käse**
**trockener Weißwein (nach Wunsch)**
**grobes Salz**
**Zitronenstückchen**

Die Schalen zartfleischiger Muscheln dienen als Behältnisse für dieses Haché aus feingehacktem Muschelfleisch, Spinat, Ingwer und Ricotta. Chinesische Venusmuscheln »Casino«, ofenheiß auf einem Salzbett serviert, kommen sowohl als Appetitmacher als auch als erster Gang oder, von Salat begleitet, als Zwischengericht für zwei Personen bei allen Gelegenheiten großartig an.

## Vorbereitung

Die Muscheln abschrubben, dann mit kaltem Wasser bedecken, das Stärkemehl einstreuen und 1 Stunde stehenlassen. Die Muscheln spülen und alle, deren Schalen nicht fest geschlossen sind, wegwerfen.

Eine Bratpfanne von ca. 30 cm Durchmesser gut 1 cm hoch mit Wasser füllen und dieses bei starker Hitze rasch zum Kochen bringen. Die Muscheln hineingeben und zugedeckt sieden lassen, bis sich nach etwa 5 Minuten die Schalen geöffnet haben. Muscheln mit jetzt noch geschlossenem Gehäuse wegwerfen. Die heißen Muscheln zum Abkühlen in eine Schüssel füllen. Den Kochsud durch ein feines Sieb passieren und ebenso wie die sich in der Schüssel ansammelnde Flüssigkeit aufheben. Das Muschelfleisch aus den Schalen lösen, feinhacken und zusammen mit dem Sud und der Tropfflüssigkeit in einer Mischschüssel beiseitestellen. 16 Schalenhälften zum Füllen reservieren.

Den Spinat waschen, dann in einem 10 cm hoch mit kochendem Wasser gefüllten Topf wellen, etwa 15 Sekunden. Die Spinatblätter sofort herausnehmen und in einem Sieb unter fließendem kaltem Wasser spülen. Alle Flüssigkeit herauspressen, den trokkenen Spinat feinwiegen und zu dem Muschel-Haché geben.

Eine Sautierpfanne von ca. 25 cm Durchmesser stark erhitzen und 3 Eßlöffel Butter hineingeben. Sobald die Butter zu schäumen beginnt, die rote Paprika 30 Sekunden sautieren, Paniermehl oder Brotkrumen dazuschütten und unter ständigem Rühren 1 Minute weitersautieren. Die Hälfte dieser Mixtur unter das Muschel-Haché mischen, die andere Hälfte beiseitestellen. Nun auch Schalotten, Ingwer, Zitronenschale, weißen Pfeffer und Ricotta intensiv mit den Muscheln verrühren. Falls die Paste zu trocken erscheint, mit einem Schuß Weißwein auflockern.

16 Schalenhälften mit der Mischung füllen und mit den zurückbehaltenen Brotkrumen bestreuen. Auf jede Muschel ein Butterflöckchen setzen. Bis zum Grillen im Kühlschrank aufbewahren.

## Zubereitung

Den Backofen auf 290° vorheizen. Das Salz in einigen Aluminium-Backförmchen verteilen und die gefüllten Muscheln auf das Salz setzen. Die Platten 10 cm unter der Grillhitze in den Ofen einschieben und, sobald die Füllungen nach etwa 3 Minuten eine hellbraune Kruste bilden, wieder herausholen. Die Förmchen sofort auf eine hitzebeständige Servierplatte stellen und mit Zitronenstückchen garniert auftragen.

**Für 4 Personen als leichter erster Gang; für 8 Personen als Appetithappen.**
**Menüvorschlag: Schicken Sie die »Casino«-Muscheln als kleinen Appetitmacher einem Essen voraus, das aus Taschenkrebsen in pikanter Weißweinsauce, frischer Pasta mit Olivenöl und Parmesan sowie einem grünen Salat besteht.**

**Anmerkungen: Die Venusmuscheln in diesem Rezept lassen sich auch sehr gut durch Miesmuscheln ersetzen. Beide Muschelarten kann man übrigens ebenso gut auf einem Kuchenblech im Ofen grillen. Sodann direkt auf eine vorgewärmte Servierplatte legen. Schließlich kann man auch die Peking-Fleischsauce (aus dem Rezept für Gegrillten Seebarsch) oder die Schwarze-Bohnen-Sauce (aus dem Spargelrezept) in einer kleinen Sautierpfanne anrichten, mit Stärkemehlmixtur leicht andicken und über die gefüllten Muscheln schöpfen.**

# TASCHENKREBSE IN PIKANTER WEISSWEINSAUCE

- **4 Taschenkrebse, gesäubert**
- **120 ml trockener Weißwein**
- **1 EL Sesamöl**
- **½ TL chinesische Chilisauce**
- **¼ TL gestoßener Szechuan-Pfeffer**
- **¼ TL Zucker**
- **2 EL Stärkemehl**
- **1 EL Erdnußöl**
- **1 EL Butter**
- **1 EL geriebene oder gewiegte Mandarinen- oder Orangenschale**
- **3 Knoblauchzehen, feingewiegt**
- **3 EL frischer Koriander oder Frühlingszwiebeln, gehackt, als Garnierung**

Dieses leicht nachzukochende Rezept ergibt ein Gericht, das nie seine Wirkung verfehlt – besonders auf diejenigen Gäste, die zum ersten Mal das milde Krebsfleisch kosten. Die pergamentweiche Schale erhält durch die leicht pikante Mandarinensauce ihren besonderen Akzent. Zusammen mit Reis und einem Tomaten-Basilikum-Salat auf den Tisch gebracht, stellt diese Krebsspeise einen Gaumenschmaus von ganz besonderem Reiz dar. Man achte allerdings darauf, daß die nur extrem kurz haltbaren Taschenkrebse innerhalb von vier Stunden nach dem Kauf in der Pfanne sind.

## Vorbereitung

Die Krebse auf eine Platte setzen, mit einem feuchten Tuch bedecken und bis zum Sautieren im Kühlschrank aufbewahren.
Wein, Sesamöl, Chilisauce, Pfeffer und Zucker in einer kleinen Schüssel zusammenrühren und beiseitestellen.

## Zubereitung

Das Stärkemehl mit der gleichen Menge kalten Wassers anrühren und beiseitestellen.
Eine Bratpfanne von ca. 30 cm Durchmesser auf mittelhoher Flamme heiß werden lassen und Öl und Butter, dann die Mandarinenschale und den Knoblauch hineingeben. Den Knoblauch für wenige Sekunden sautieren, die Krebse in die Pfanne geben, 1 Minute sautieren und dann die Weinmischung hinzugießen. Bei weiterhin mittelhoher Hitze zugedeckt noch einmal ungefähr 3 Minuten sautieren, bis die Krebse rot sind.
Die Krebse in der Pfanne zur Seite schieben und die Sauce mit etwas Stärkemehlmixtur leicht andicken. Auf eine vorgewärmte Platte oder auf einzelne Teller geben, mit Koriander oder Frühlingszwiebeln bestreuen und sofort auftragen.

**Für 2 Personen als Entrée.**

**Anmerkungen: Wenn ich dieses Gericht als Entrée für 4 Personen servieren wollte, ist es mir nie schwergefallen, die doppelten Rezeptmengen zu verarbeiten und die Taschenkrebse gleichzeitig in zwei Pfannen zu sautieren. Das Gericht wäre auch im Rahmen eines exotischen Menüs für 8 Personen sehr wirkungsvoll, man müßte ihm dann nur andere, gehaltvollere Gänge folgen lassen.**

■ KAPITEL **5**

In diesem Kapitel lernen Sie pazifische Küche in Reinkultur kennen: Preiswerte Ingredienzen, einfache Zubereitungsmethoden und neue Geschmacksideen, verwirklicht mit Hilfe leicht erhältlicher Gewürze der fernöstlichen Küche und altbekannter europäischer Kräuter.
Ob es sich dabei um Grillhuhn handelt, dem die Marinade zwischen Fleisch und Haut eingerieben wird, um ein mit Mandarinen und Pinienkernen im Wok sautiertes Huhn oder um gebratenes Wildhuhn, das in einer würzigen Zitronensauce liegt – immer sind Vor-und Zubereitung elementar einfach, der Zeitaufwand minimal.

**Besonders schnell und einfach zu bereitende Gerichte in diesem Kapitel sind:**
**Grillhuhn in Satay-Sauce,**
**Gebratenes Huhn mit chinesischen Kräutern,**
**Gebratenes Zitrus-Huhn,**
**Huhn »Bangkok«,**
**Grillhuhn mit Gurken-Relish,**
**Gebratenes Szechuan-Huhn,**
**Gegrilltes Szechuan-Wildhuhn,**
**Gebratenes Wildhuhn in würziger Orangenglace und**
**Gebratenes Wildhuhn in würziger Zitronensauce.**

# HUHN MIT PINIENKERNEN

**4 Hühnerbrust-Hälften, entbeint und enthäutet**
**1 EL trockener Sherry**
**1 EL helle Sojasauce**
**1 EL plus 2 TL Stärkemehl**
**2 EL plus 2 TL Erdnußöl**
**1 Tasse Pinienkerne**
**2 kleine Zucchini**
**2 Frühlingszwiebeln**
**4 Knoblauchzehen, gewiegt**
**1 EL geriebene oder feingewiegte Mandarinen- oder Orangenschale**

*Sauce*
**60 ml trockener Sherry**
**2 EL Tomatensoße**
**1 EL Sesamöl**
**2 TL Hoisin-Sauce**
**2 TL heller Weinessig**
**1 TL chinesische Chilisauce**
**¼ TL Salz**

Zartes, mariniertes Hühnerfleisch, buttrige Pinienkerne und Zucchiniwürfel, im brutzelnden Wok gebraten und mit würziger Tomatensauce serviert, ergeben ein rundherum schmackhaftes Gericht, ob man nun allein oder in Gesellschaft speist.

## Vorbereitung

Das Huhn der Länge nach in ½ cm dicke Scheiben schneiden. Die Scheiben aufeinander legen und quer in ½ cm dicke Würfel schneiden. Die Würfel mit Sherry, Sojasauce, 2 Teelöffeln Stärkemehl und 2 Teelöffeln Öl vermengen. Bis zur weiteren Verwendung in den Kühlschrank stellen.
Die Pinienkerne im 160° heißer Ofen etwa 10 Minuten goldgelb rösten. In eine kleine Schüssel geben und beiseitestel en.
Die Zucchini der Länge nach vierteln. Die Viertel wieder zusammenlegen und in gut ½ cm dicke Stücke schneiden. Die Frühlingszwiebeln diagonal in gut ½ cm dicke Streifen schneiden, zu den Zucchini geben und bis zur späteren Verwendung kaltstellen.
In einer kleinen Schüssel die Zutaten für die Sauce verrühren Beiseitestellen.

## Zubereitung

Den verbliebenen Löffel Stärkemehl mit der gleichen Menge kalten Wassers anrühren. Beiseitestellen.
Den Wok über größter Flamme sehr heiß werden lassen, dann 1 Eßlöffel Öl in die Mitte des Woks geben und durch Schwenken über die Seitenwände verteilen. Sobald das Öl zu rauchen beginnt, das Huhn hineingeben und unter Rühren solange braten, bis es außen nicht mehr roh wirkt, etwa 2 Minuten. Das Huhn auf eine Platte legen.
Den Wok über stärkster Flamme sofort wieder heiß werden lassen. Den verbliebenen Eßlöffel Öl in die Mitte geben und Knoblauch sowie die Mandarinenschale hinzufügen. Einige Sekunden sautieren, dann die Gemüse hineingeben und etwa 2 Minuten unter Rühren braten, bis sie glasig zu werden beginnen.
Das Huhn in den Wok zurücklegen und die Sauce dazugießen. Wenn sie zu kochen beginnt, so viel von dem angerührten Stärkemehl hinzufügen, daß sie die Zutaten mit einer Glasur überzieht. Die Pinienkerne unterrühren und abschmecken. Auf eine vorgewärmte Platte oder einzelne Teller schöpfen und sofort auftragen.

**Für 4 Personen als Entrée mit Reis und Salat; für 6 bis 8 Personen als Teil eines ostasiatischen Menüs.**
**Menüvorschlag für ein schnell zu bereitendes Essen für 6 Personen: 450 g geeiste Garnelen mit 2 Dips, Marinierter Pilzsalat, Huhn mit Pinienkernen, Nudeln »Marco Polo« (doppelte Rezeptmenge) und frisches Obst.**

## GRILLHUHN IN SATAY-SAUCE

- **1 ca. 1½ kg schweres Huhn, der Länge nach geteilt**
- **4 Knoblauchzehen, feingewiegt**
- **1 EL feingewiegter, frischer Ingwer**
- **1 Schalotte, gewiegt**
- **1 Frühlingszwiebel, gewiegt**
- **1 EL gewiegter, frischer Koriander**
- **3 EL trockener Sherry**
- **2 EL Hoisin-Sauce**
- **1 EL helle Sojasauce**
- **1 EL dunkle Sojasauce**
- **1 EL heller Weinessig**
- **1 EL Sesamöl**
- **1 EL Pflaumensauce**
- **1 EL weiche Erdnußbutter**
- **1 EL Honig**
- **1 TL chinesische Chilisauce**

Ob man eine zarte Wachtel oder einen kapitalen Truthahn grillen oder braten will – eine der effektvollsten Zubereitungsmethoden besteht darin, die Marinade direkt zwischen Haut und Fleisch einzuarbeiten, so daß die aromatischen Ingredienzen – wie in einem Sandwich eingeschlossen – während des Garens in das Fleisch eindringen können. Die restliche, außen auf das Huhn gestrichene Marinade tut ein übriges, um jeden Bissen zu einem besonderen Geschmackserlebnis werden zu lassen. Dieses Grillhuhn ergibt, zusammen mit einem leckeren Salat, eine leicht zu bereitende Vorspeise oder, in Stücke geschnitten, einen leckeren Picknick-Imbiß. In Verbindung mit den anderen Grill-Saucen in diesem Buch oder durch eine Eigenkreation aus frischen Gartenkräutern, Öl und orientalischen Gewürzen können Sie dieses Gericht unbegrenzt variieren.

### Vorbereitung

Die Haut an der Oberseite der Brust lösen, indem man mit dem Zeigefinger vorsichtig an Brust und Keulen entlangfährt. Darauf achten, daß dabei nicht die Haut vom Rückgrat getrennt wird.
Die restlichen Zutaten gut miteinander verrühren. Etwa ein Viertel der Marinade unter die Haut geben und durch Massieren der Außenseite der Haut über Brust und Keulen verteilen. Mit einem weiteren Viertel der Marinade die gesamte Außenfläche des halben Huhns bestreichen. Beiseitestellen. Mit der anderen Hälfte in gleicher Weise verfahren. Das Huhn dann für mindestens 2 Stunden im Kühlschrank marinieren lassen.

### Zubereitung

Ein Holzkohlenfeuer vorbereiten. Wenn sich ein weißer Aschenbelag auf der Glut gebildet hat, die beiden Huhnhälften etwa 30 Minuten grillen, bis das Fleischthermometer 75° anzeigt. Wenn Sie mit der Gabel hereinstechen, sollte der austretende Fleischsaft hell und durchsichtig sein. Man kann die beiden Hälften auch mit der Fleischseite nach oben bei 220° etwa 30 Minuten im Ofen braten.
Das Huhn kann heiß, auf Zimmertemperatur oder auch kalt serviert werden. Wenn Sie gut mit einem chinesischen Hackmesser umzugehen verstehen, können Sie das Huhn auch in mundgerechte Bissen zerteilen und kalt als Teil eines Picknicks verwenden.

**Für 2 Personen als Entrée.**

# GEBRATENES HUHN MIT CHINESISCHEN KRÄUTERN

- **2 ca. 1½ kg schwere Hühner, zerlegt Salz frisch gemahlener, schwarzer Pfeffer**
- **3 EL Butter, in Flöckchen**

*Sauce*

- **2 EL Stärkemehl**
- **4 Knoblauchzehen, feingewiegt**
- **1 EL feingewiegter, frischer Ingwer**
- **1 Schalotte, gewiegt**
- **2 Frühlingszwiebeln, gewiegt**
- **¼ Tasse gewiegter, frischer Koriander**
- **225 ml Hühnerbrühe**
- **60 ml trockener Sherry**
- **60 ml Hoisin-Sauce**
- **2 EL Sesamöl**
- **1 EL dunkle Sojasauce**
- **1 TL Zucker**
- **½ TL chinesische Chilisauce**

Gebratene oder gegrillte Huhnstückchen mit einer pikanten Sauce ergeben, begleitet von einem großen, frischen Salat und einem Reisgericht (Kapitel 7) eine sättigende, herzhafte Mahlzeit, zu der dunkles Bier besonders gut paßt.

## Zubereitung

Den Ofen auf 220° vorheizen.

Das Huhn in einen Bräter legen, salzen und pfeffern, mit Butterflöckchen belegen und etwa 30 bis 40 Minuten braten.

Alle 10 Minuten mit dem Bratensaft begießen. Das Huhn ist gar, wenn der austretende Fleischsaft hell und durchsichtig ist.

Während das Huhn brät, das Stärkemehl mit der gleichen Menge kalten Wassers anrühren.

Knoblauch, Ingwer, Schalotte, Frühlingszwiebeln und Koriander in einer Schüssel miteinander vermengen.

Die restlichen Zutaten in einer weiteren Schüssel vermischen. Beiseitestellen.

Das Huhn, sobald es gar ist, vorübergehend aus dem Bräter nehmen.

Alles Fett bis auf 2 Eßlöffel aus dem Bräter abgießen.

Den Bräter dann bei großer Flamme erhitzen, die Knoblauch-Frühlingszwiebel-Mischung hinzufügen und etwa 1 Minute, bis die Frühlingszwiebeln glasig zu werden beginnen, sautieren.

Die Mischung mit der Brühe dazugießen, langsam zum Kochen bringen und den Bratensatz vom Boden des Bräter kratzen und loskochen.

Die Sauce mit dem angerührten Stärkemehl leicht andicken, abschmecken und gegebenenfalls nachwürzen.

Das Huhn in den Bräter zurücklegen und gleichmäßig mit Sauce überziehen, dann auf vorgewärmte Teller geben und sofort auftragen.

**Für 6 Personen als Entrée.**

**Anmerkungen: Diese Sauce macht sich auch gut zu neuen Kartoffeln oder frischer Pasta. Exzellent passen zu diesem gebratenen Huhn Peking-Fleischsauce, würzige Schwarze-Bohnen-Sauce sowie Zitronensauce.**

Gebratenes Huhn mit chinesischen Kräutern;
Ananas-Curry-Reis

# GEBRATENES ZITRUS-HUHN

- **2 ca. 1½ kg schwere Hühner, zerlegt frisch gemahlener, schwarzer Pfeffer**
- **3 EL Butter, in Flöckchen**
- **2 EL weiße Sesamkörner**
- **2 EL Stärkemehl**

*Sauce*

- **1 EL feingewiegter, frischer Ingwer**
- **3 Frühlingszwiebeln, gewiegt**
- **1½ EL geriebene oder gewiegte Orangenschale**
- **175 ml Hühnerbrühe**
- **1 EL helle Sojasauce**
- **3 EL trockener Sherry**
- **1½ EL Sesamöl**
- **1½ EL Austernsauce**
- **1 TL Zucker**
- **½ TL chinesische Chilisauce**
- **¼ TL gestoßene Szechuan-Pfefferkörner**

Zartes Huhn mit krosser Haut, gewürzt mit Orangenschale, Ingwer und Chili ist falls Sie ein schnell zu bere tendes Mahl suchen, eine gute Wahl.

## Zubereitung

Den Ofen auf 220° vorheizen. Das Huhn in einen Bräter geben und pfeffern, mit Butterflocken belegen und 30 bis 40 Minuten braten. Etwa alle 10 Minuten mit dem Bratensaft begießen. Das Huhn ist gar, sobald das Fleischthermometer 75° anzeigt und der austretende Saft hell und durchsichtig ist.

Während das Huhn brät, die Sesamkörner in einer ungefetteten Pfanne goldgelb rösten und beiseitestellen. Das Stärkemehl mit der gleichen Menge kalten Wassers anrühren.

Die Sauce zubereiten: Ingwer, Frühlingszwiebeln und Orangenschale vermischen. In einer kleinen Schüssel die restlichen Saucenzutaten verrühren.

Das Huhn, sobald es gar ist, aus dem Bräter nehmen. Alles Fett bis auf 2 Eßlöffel abgießen. Die Ingwermischung bei starker Hitze in den Bräter geben. Etwa 1 Minute sautieren, bis die Frühlingszwiebeln glasig werden. Die Hühnerbrühen-Mixtur hinzugießen. Langsam zum Kochen bringen und dabei den Bratensatz lösen. Etwas angerührtes Stärkemehl hineingeben und die Sauce leicht andicken. Abschmecken und gegebenenfalls nachwürzen. Das Huhn in den Bräter zurücklegen und gleichmäßig mit Sauce überziehen. Mit Sesamkörnern bestreuen. Auf vorgewärmten Tellern anrichten und sofort auftragen.

**Für 6 Personen als Entrée.**

**Menüvorschlag für 10 Personen, im voraus zuzubereiten: Geeiste, große Garnelen (ca. 900 g) mit Dips, Chinesische Gewürzgurken (doppelte Rezeptmenge), Würziger Schwertfischsalat (doppelte Rezeptmenge), Gebratenes Zitrus-Huhn (doppelte Rezeptmenge), Chinesische Spaghetti »Primavera« (dreifache Rezeptmenge) und hausgemachter Apfelkuchen.**

# HUHN »BANGKOK«

- **1 ca. 1½ kg schweres Huhn, zerlegt**
- **frisch gemahlener, schwarzer Pfeffer**
- **3 EL Butter, in Flöckchen**
- **1 EL Stärkemehl**

*Sauce*

- **3 Knoblauchzehen, feingewiegt**
- **1 EL feingewiegter, frischer Ingwer**
- **¼ Tasse gewiegte Frühlingszwiebeln**
- **¼ Tasse gewiegtes, frisches Basilikum**
- **225 ml ungesüßte Kokosmilch**
- **2 EL helle Sojasauce**
- **½ TL Kurkuma**
- **½ TL chinesische Chilisauce**
- **¼ TL Salz**
- **frische Minzstengel, zum Garnieren**

Bangkok: In dieser Stadt der goldenen Pagoden und modernen Geschäftshäuser, der Massagesalons und altertümlichen Pfahlbauten, vollbringen talentierte Küchenchefs wahre kulinarische Wunderwerke. Unvergeßlich bleibt mir jene abendliche Taxifahrt, bei der wir uns in den von Mopeds, qualmenden Lastwagen und rußgeschwärzten Autos verstopften Straßen zentimeterweise vorwärtsboxen mußten, um dann, als es plötzlich weiterging, wie von einer Tarantel gestochen an der verdutzten Polizei und einer Gruppe von Mönchen vorbeizuschießen, die uns nur noch wie ein großer, safrangelber Fleck erschien. Unser Ziel war ein draußen vor der Stadt gelegenes Restaurant, und hier ist nun meine eigene Version von einer der dort genossenen Speisen, einem Grillhuhn in Kokosmilch-Kräuter-Sauce.

## Zubereitung

Den Ofen auf 220° vorheizen. Das Huhn in einen Bräter geben, pfeffern, mit Butterflocken belegen und 30 bis 40 Minuten braten. Etwa alle 10 Minuten mit dem Bratensaft begießen. Das Huhn ist gar, sobald das Fleischthermometer 75° anzeigt und der austretende Saft hell und durchsichtig ist.

Während das Huhn brät, das Stärkemehl mit der gleichen Menge kalten Wassers anrühren. Knoblauch, Ingwer, Frühlingszwiebeln, Basilikum und Minze vermengen. In einer anderen Schüssel die übrigen Saucenzutaten verrühren. Beiseitestellen.

Das Huhn, sobald es gar ist, aus dem Bräter nehmen. Alles Fett bis auf 2 Eßlöffel abgießen. Die Knoblauchmischung bei starker Hitze hinzufügen und etwa 1 Minute sautieren, bis die Frühlingszwiebeln glasig werden. Die Kokosmilch-Mischung hineingießen. Langsam zum Kochen bringen und dabei den Bratensatz lösen. Zum leichten Andicken der Sauce etwas angerührtes Stärkemehl hinzugießen. Abschmecken und gegebenenfalls nachwürzen. Das Huhn in den Bräter zurücklegen und gleichmäßig mit Sauce überziehen. Auf vorgewärmten Tellern anrichten und sofort auftragen.

**Für 4 Personen als Entrée.**

**Menüvorschlag für ein thailändisches Dinner für 10 Personen: Rindfleisch Satay (doppelte Rezeptmenge), Thai-Salat von Garnelen und Papaya (doppelte Rezeptmenge), Huhn »Bangkok« (vierfache Rezeptmenge), Würzige Thai-Nudeln (dreifache Rezeptmenge), Kokosnußeis.**

Folgende Doppelseite:
Grillhuhn mit Gurken-Relish;
Zuckererbsen auf Rübenbett

# GEGRILLTES HUHN MIT GURKEN-RELISH

**4 Hühnerbrust-Hälften, entbeint und enthäutet**
**2 EL helle Sojasauce**
**1 EL trockener Sherry**
**1 EL Distelöl**
**1 TL geriebene oder gewiegte Limonenschale**
**1 EL Limonensaft**
**¼ TL gemahlener Zimt**
**1 Knoblauchzehe, feingewiegt**

*Relish*
**½ Tasse entkernte und gewürfelte Treibhausgurken**
**1 entkernte und gewürfelte italienische Salattomate**
**¼ Tasse gehackter, frischer Koriander**
**1 jalapeño-Chili, entkernt und feingewiegt**
**1 Knoblauchzehe, feingewiegt**
**1 TL geriebene oder gewiegte Limonenschale**
**2 EL Limonensaft**
**2 EL Fischsauce**
**1 EL Pflanzenöl**
**2 TL Zucker**

Dieses Rezept gehört zu den unkompliziertesten des ganzen Buches: Die Hühnerfilets können den ganzen Tag über im Kühlschrank marinieren, werden dann gegrillt und mit einem würzigen Gurken-Relish serviert.

## Vorbereitung

Das Huhn waschen und trockentupfen. Sojasauce, Sherry, Öl, Limonenschale und -saft, Zimt und Knoblauch verrühren. Das Huhn in dieser Marinade mindestens 1 Stunde ziehen lassen.
Das Relish vorbereiten: Gurke, Tomate, Koriander, Chili und Knoblauch vermengen. Die restlichen Zutaten hinzufügen und alles gut verrühren.

## Zubereitung

Ein Holzkohlenfeuer vorbereiten. Wenn sich weißer Aschenbelag auf der Glut gebildet hat, das Huhn etwa 2 Minuten von jeder Seite grillen. Das Huhn ist gar, wenn es sich bei Fingerdruck fest anfühlt. Als Beilage das Relish servieren.

**Für 2 Personen als Entrée mit Reis und Salat.**

# GEBRATENE WILDHÜHNER IN WÜRZIGER ORANGENGLACE

**2 Wildhühner, der Länge nach halbiert**
**2 EL Butter**

*Sauce*
**2 EL feingewiegter, frischer Ingwer**
**1 Frühlingszwiebel, gewiegt**
**1 EL geriebene oder gewiegte Orangenschale**
**¼ Tasse weiße Sesamkörner**
**3 EL Hoisin-Sauce**
**2 EL Orangenmarmelade**
**2 EL trockener Sherry**
**2 EL Rotweinessig**
**1 EL Pflaumensauce**
**1 TL chinesische Chilisauce**

Diese würzige, mit Orangen und Sesamkörnern bereitete Sauce eignet sich auch vorzüglich als Marinade zum Grillen von Kalbssteaks. In diesem Rezept werden die Wildhühner mit der zuvor im Bräter reduzierten Sauce glasiert.

## Vorbereitung

Die Sauce: Ingwer, Frühlingszwiebel und Orangenschale in einer kleinen Schüssel verrühren. Die Sesamkörner in einer ungefetteten Pfanne bei starker Hitze goldgelb rösten und zusammen mit den verbleibenden Zutaten in die Ingwer-Mischung geben.
Die Haut der Wildhühner lösen (siehe Seite 121). Einen Teil der Marinade unter die Haut geben und gut in Brustfleisch und Keulen einmassieren. Die Hühner auch von außen bestreichen und mindestens 2 Stunden im Kühlschrank ziehen lassen.

## Zubereitung

Den Ofen auf 220° vorheizen. Überschüssige Marinade in ein kleines Schüsselchen abgießen. Die Wildhühner mit der Fleischseite nach oben in einen Bräter geben, mit Butterflocken belegen und goldgelb rösten. Etwa alle 10 Minuten mit Bratensaft begießen. Die Wildhühner sind gar, sobald das Fleischthermometer 75° anzeigt und der austretende Saft hell und durchsichtig ist, nach etwa 30 Minuten.
Die Wildhühner auf 2 vorgewärmte Teller legen. Das Fett im Bräter weggießen. Die in der kleinen Schüssel aufbewahrte Marinade bei größter Flamme in den Bräter gießen, aufkochen lassen und dabei den Bratensatz lösen, bis die Sauce leicht andickt. Über die Wildhühner schöpfen und sofort auftragen.

**Für 2 bis 4 Personen als Entrée.**

**Menüvorschlag für 2 Personen: Geröstetes Wildhuhn in würziger Orangenglace, gedämpfte Spargel, selbstgebackene Brötchen und frisches Obst.**

# KLASSISCHES MU-SHU-HUHN

**3 Hühnerbrust-Hälften, entbeint und enthäutet**
**1 EL trockener Sherry**
**2 TL dunkle Sojasauce**
**1 EL plus 2 TL Stärkemehl**
**3 EL plus 2 TL Erdnußöl**
**6 schwarze chinesische Trockenpilze**
**⅓ Tasse getrocknete Wolkenohren (Morcheln), nach Wunsch**
**2 Tassen in Streifen geschnittener Grünkohl**
**3 Frühlingszwiebeln, in Streifen geschnitten**
**4 Eier**
**12 Peking-Pfannkuchen (siehe Glossar)**
**2 Knoblauchzehen, feingewiegt**
**2 TL feingewiegter, frischer Ingwer**
**175 ml Hoisin-Sauce**

*Sauce*
**3 EL Hühnerbrühe**
**2 EL trockener Sherry**
**1 EL dunkle Sojasauce**
**1 EL Sesamöl**
**½ TL Zucker**
**½ TL Salz**
**¼ TL frisch gemahlener, schwarzer Pfeffer**

Ein altes chinesisches Sprichwort lautet: »Im Himmel das Paradies, auf Erden Mu-Shu-Huhn.« Und dazu muß man nur Pilze, Kohl, Eier und geschnetzeltes Huhn in zarte, gedämpfte Peking-Pfannkuchen rollen!

## Vorbereitung

Das Huhn der Länge nach in Scheiben schneiden, sie sollen so dünn wie möglich sein. Die Scheiben aufeinanderlegen und quer in 2,5 cm lange Streifen schneiden. Die Streifen in einer Schüssel mit Sherry, Sojasauce, 2 Teelöffeln Stärkemehl und 2 Teelöffeln Erdnußöl vermengen. Bis zur weiteren Verwendung in den Kühlschrank stellen.
Die getrockneten Pilze etwa 20 Minuten in heißem Wasser einweichen, dann die Stiele abschneiden und die Hüte übereinanderlegen und in Streifen schneiden.
Die Wolkenohren etwa 20 Minuten in heißem Wasser einweichen, bis sie weich geworden und aufgequollen sind. In ein Sieb geben und mit kaltem Wasser abspülen, überschüssige Flüssigkeit herausdrücken. Die Wolkenohren aufeinanderlegen und schnitzeln. Pilze, Wolkenohren, Kohl und Frühlingszwiebeln vermengen. (Falls keine Wolkenohren verwendet werden, eine weitere Tasse Kohl hinzufügen.)
Die Eier über einer kleinen Schüssel aufschlagen. Beiseitestellen. Die Saucenzutaten vermengen und beiseitestellen.

## Zubereitung

Die Eier gründlich schlagen.
Den restlichen Eßlöffel Stärkemehl mit der gleichen Menge kalten Wassers anrühren und beiseitestellen.
Die Pfannkuchen zu Vierteln falten und in den Einsatz eines chinesischen Dampftopfes legen; damit alle auf einmal Platz finden, dürfen sie sich ruhig überlappen. Den Dampftopf zudecken. Über sprudelnd kochendem Wasser 2 Minuten dämpfen. Warmstellen.
Den Wok über größter Flamme sehr heiß werden lassen, dann 1 Eßlöffel Erdnußöl in die Mitte des Woks geben. Das Öl durch Schwenken des Woks über die Seitenwände verteilen. Wenn das Öl gerade eben zu rauchen beginnt, die Eier hineingießen und unter Rühren etwa 1 Minute braten, bis sie fest zu werden beginnen. In eine Schüssel umfüllen.

Den Wok sofort wieder auf stärkste Hitze bringen. 1 Eßlöffel Erdnußöl in die Mitte des Woks gießen und durch Schwenken über die Seitenwände verteilen. Das Huhn hineingeben und unter Rühren etwa 2 Minuten braten, bis das Fleisch außen nicht mehr roh wirkt. Das Huhn in die Schüssel mit den Eiern schütten.

Den Wok wiederum auf größte Hitze bringen. Den restlichen Eßlöffel Erdnußöl in die Mitte gießen, Knoblauch und Ingwer hinzufügen, einige Sekunden sautieren, dann die Gemüse dazugeben und unter Rühren braten, bis der Kohl nach etwa 2 Minuten glasig zu werden beginnt.

Eier und Huhn in den Wok zurückschütten und die Sauce darübergießen. Wenn die Sauce leicht zu kochen beginnt, etwas von dem angerührten Stärkemehl beigeben, so daß der Wokinhalt mit einer Glasur überzogen wird. Abschmecken, eventuell nachwürzen und auf eine vorgewärmte Platte geben.

Mit den heißen Pfannkuchen und einer Schale Hoisin-Sauce servieren. Die Pfannkuchen werden mit den Fingern gegessen, nachdem man sie folgendermaßen gefüllt hat: Etwas Hoison-Sauce in der Mitte des Pfannkuchens verteilen, dann etwa ½ Tasse der Huhn-Gemüse-Mischung

auf die Sauce geben, den Pfannkuchen aufrollen und das untere Ende nach oben falten, damit die Füllung nicht herausfallen kann.

**Für 4 Personen als Entrée; für 6 bis 8 Personen als Teil eines fernöstlichen Menüs.**

**Menüvorschlag für 4 Personen: Mu-Shu-Huhn mit gedämpftem oder pochiertem Brokkoli in Kräuter-Butter-Sauce, Gartensalat und ein reichhaltiger Nachtisch.**

**Anmerkungen: Anstelle des Huhns kann man auch sehr gut ca. 750 g in Würfel oder Streifen geschnittene Schweine- oder Rinderlende, Lammfleisch (aus der Keule) oder mittelgroße Garnelen (geschält, von den Darmsträngen befreit und längs geteilt) verwenden.**
**Wenn man den Wok mit der doppelten Rezeptmenge füllt, so hat dies geschmacklich normalerweise fatale Konsequenzen; Mu-Shu-Huhn jedoch ist die große Ausnahme! Sie können die hier angegebene Zutatenmenge verdoppeln und für eine Dinnerparty für 8 Personen als Vorspeise zubereiten.**

# IN DER PFANNE GEBRATENES SZECHUAN-HUHN

**8 Hühnerbrust-Hälften, entbeint und enthäutet**
**2 Orangen, zum Garnieren**
**3 Frühlingszwiebeln, zum Garnieren**
**Salz**
**frisch gemahlener, schwarzer Pfeffer**
**ca. 60 g plus 2 EL Stärkemehl**
**5 EL Butter**
**60 ml Erdnußöl**

*Sauce*
**4 Knoblauchzehen, feingewiegt**
**1 EL feingewiegter, frischer Ingwer**
**300 ml Hühnerbrühe**
**60 ml trockener Sherry**
**3 EL Hoisin-Sauce**
**1½ EL Austernsauce**
**1 EL Braune-Bohnen-Sauce (siehe Glossar)**
**1 EL Rotweinessig**
**½ TL Zucker**
**½ TL chinesische Chilisauce**
**¼ TL zerstoßener Szechuan-Pfeffer**

Für dieses elegante Mahl werden Hühnerbrust-Filets mit dem Fleischklopfer oder Mangelholz leicht flachgedrückt, in der Pfanne gebraten und von einer aromaintensiven Sauce gekrönt. Beilagen: Gedämpfte Karotten in einer Petersilien-Butter-Sauce, Reis »Pilaf« und Gurkensalat, als Nachtisch ein Melonensorbet.

## Vorbereitung

Eine Brusthälfte auf ein Stück Plastikfolie legen und mit einem weiteren Stück Folie abdecken. Mit dem Fleischklopfer, Mangelholz oder dem Boden eines schweren Topfes die Hühnerfilets etwas flachdrücken, so daß sie um etwa ein Drittel größer werden. Die Plastikfolie entfernen und die Fleischränder so zurechtschneiden, daß die Filets eine ovale Form bekommen. Mit den übrigen Brusthälften genauso verfahren. Bis zur weiteren Verwendung in den Kühlschrank stellen.
Die Orangen zur Garnierung in sehr feine Scheiben schneiden oder spiralförmig aufdrehen. Frühlingszwiebeln zur Garnierung der Länge nach aufschneiden. Beiseitestellen.
In einer kleinen Schüssel Knoblauch und Ingwer vermischen. In einer anderen kleinen Schüssel die restlichen Saucenzutaten verrühren.

## Zubereitung

Den Ofen auf 80° vorheizen. 4 Teller in den Ofen stellen. Die Brustfilets auf beiden Seiten leicht salzen und pfeffern. 60 g Stärkemehl auf einen Teller oder eine Lage Wachspapier schütten, das Huhn von beiden Seiten darin wälzen und überschüssiges Stärkemehl abschütteln. Eine Pfanne von ca. 30 cm Durchmesser über großer Flamme erhitzen und 4 Eßlöffel Butter und Öl hineingeben. Sobald die Butter Bläschen zu werfen und zu bräunen beginnt, 4 Brustfilets einlegen und sie auf jeder Seite etwa 1 Minute braten, bis sie weiß zu werden beginnen. Sie dürfen in der Mitte jedoch noch nicht ganz durch sein. Das Fleisch auf die vorgewärmten Teller legen und in den warmen Ofen zurückstellen. Mit den restlichen Brusthälften genauso verfahren.
Alles Fett bis auf 2 Eßlöffel aus der Pfanne abgießen. Ingwer und Knoblauch zufügen und über größter Flamme etwa 10 Sekunden sautieren. Die Mischung mit der Brühe zugießen und heftig aufkochen lassen, bis die Sauce in etwa 5 Minuten um ungefähr ein Drittel reduziert ist.
Die restlichen 2 Eßlöffel Stärkemehl mit der gleichen Menge kalten Wassers anrühren. Auf mittlere Hitze zurückschalten und die Sauce mit etwas angerührtem Stärkemehl leicht andicken. Von der Flamme nehmen und den restlichen Eßlöffel Butter unterrühren.
Die Teller aus dem Ofen holen. Die Sauce über das Huhn schöpfen, und die Teller mit Orangenscheiben oder -spiralen sowie mit den Frühlingszwiebeln garnieren. Sofort auftragen.

**Für 4 Personen als Vorspeise.**

# KOKOS-CURRY-HUHN

**4 Hühnerbrust-Hälften, entbeint und enthäutet**
**1 EL trockener Sherry**
**1 EL helle Sojasauce**
**1 EL plus 2 TL Stärkemehl**
**2 EL plus 2 TL Erdnußöl**
**1 rote Zwiebel**
**1 große, grüne Paprika**
**3 Knoblauchzehen, feingewiegt**
**1 EL feingewiegter, frischer Ingwer**

*Sauce*
**120 ml ungesüßte Kokosmilch**
**2 EL trockener Sherry**
**1 EL helle Sojasauce**
**1½ EL Curry**
**2 TL Sesamöl**
**½ TL Zucker**
**½ TL chinesische Chilisauce**
**¼ TL Salz**

Diese marinierten Hühnerbrustfilets, im glühendheißen Wok unter Rühren gebraten, sind äußerst schmackhaft und unglaublich zart. Problemlos zuzubereiten, eignen sie sich mit einem der Reisgerichte aus Kapitel 7 sehr gut für ein ostasiatisches Dinner.

## Vorbereitung

Das Huhn in Würfel von gut ½ cm schneiden, dann mit Sherry, Sojasauce, 2 Teelöffeln Stärkemehl und 2 Teelöffeln Erdnußöl vermengen. Bis zur weiteren Verwendung in den Kühlschrank stellen.
Die Zwiebel schälen und in gut 1 cm große Würfel schneiden oder hacken. Die Paprikaschote vom Stielansatz und den Samenkörnern befreien und in gut 1 cm große Würfel schneiden. Zwiebel und Paprika vermengen und bis zur weiteren Verwendung in den Kühlschrank stellen.
In einer kleinen Schüssel die Saucenzutaten verrühren.

## Zubereitung

Den restlichen Löffel Stärkemehl mit der gleichen Menge kalten Wassers anrühren und beiseitestellen.
Den Wok über stärkster Flamme heiß werden lassen und einen Eßlöffel Erdnußöl hineingeben. Das Öl durch Schwenken des Woks auch an den Seitenwänden verteilen. Wenn das Öl eben gerade zu rauchen beginnt, das Huhn zufügen und etwa 2 Minuten unter Rühren braten, bis das Fleisch außen nicht mehr roh wirkt. Auf eine Arbeitsplatte umfüllen.
Den Wok sofort wieder auf größte Hitze bringen, den restlichen Eßlöffel Erdnußöl in die Mitte geben, Knoblauch und Ingwer zufügen, einige Sekunden sautieren, dann Zwiebel und Paprika hineingeben und etwa 2 Minuten unter Rühren braten, bis die Zwiebelstücke auseinanderfallen und die Paprika glasig wird.
Das Huhn in den Wok zurücklegen und die Sauce hineinfüllen. Wenn die Sauce langsam zu kochen beginnt, etwas angerührtes Stärkemehl zugeben und die Sauce soweit andicken, daß sie das Gericht mit einer Glasur überzieht. Abschmecken und eventuell nachwürzen. Auf einzelne Teller oder eine vorgewärmte Servierplatte geben. Sofort auftragen.

**Für 4 Personen als Entrée; für 6–8 Personen als Teil eines asiatischen Essens.**

**Menüvorschlag für 6 Personen: Zwiebelbrot (am Morgen herzustellen), Orientalischer Gazpacho (einen Tag vorher zuzubereiten), Kokos-Curry-Huhn mit Feuerwerk-Reis (der Reis kann köcheln, während Sie das Huhn unter Rühren braten) und Ingwereis (einige Tage im voraus zuzubereiten).**

Gebratenes Wildhuhn in würziger Zitronensauce;
Gedämpfte Hai-Steaks in Schwarzer-Bohnen-Sauce

Gegrilltes Szechuan-Wildhuhn;
Ingwer-Nudel-Salat

# GEBRATENES WILDHUHN IN WÜRZIGER ZITRONENSAUCE

**4 Wildhühner**
**4 Zitronen**
**Salz**
**frisch gemahlener, schwarzer Pfeffer**
**100 g Butter, in Flöckchen**
**2 EL Stärkemehl**
**2 Knoblauchzehen, feingewiegt**
**1 EL feingewiegter, frischer Ingwer**
**frische Dillzweige, zum Garnieren**

*Sauce*
**120 ml Hühnerbrühe**
**2 TL geriebene oder feingewiegte Zitronenschale**
**80 ml Zitronensaft**
**80 g Zucker**
**60 ml trockener Sherry**
**2 EL helle Sojasauce**
**½ TL chinesische Chilisauce**
**¼ TL zerstoßener Szechuan-Pfeffer**
**¼ TL Salz**

Die einfachsten Gerichte schmecken häufig am besten! In diesem Rezept werden die mit Zitronensaft und delikaten Gewürzen eingeriebenen Wildhühner im Ofen gebraten. Einen besonders konzentrierten Geschmack verleiht ihnen die im Bräter reduzierte Sauce.

## Zubereitung

Den Ofen auf 220° vorheizen. Die Wildhühner im Inneren von Fett befreien und in einen Bräter legen. Die Zitronen halbieren und über jedem Wildhuhn eine Hälfte ausdrücken, sodann je eine unausgedrückte Zitronenhälfte in die Bauchhöhle legen. Von außen etwas salzen und pfeffern. Die Wildhühner mit den Butterflocken belegen und etwa 30 Minuten im Ofen braten, dabei alle 10 Minuten mit Bratensaft begießen. Sie sind gar, sobald das Fleischthermometer 75° anzeigt und der austretende Saft hell und durchsichtig ist.
Die Saucenzutaten in einer kleinen Schüssel verrühren und beiseitestellen. In einer anderen Schüssel das Stärkemehl mit der gleichen Menge kalten Wassers anrühren und beiseitestellen.
Die Wildhühner, sobald sie gar sind, auf vorgewärmte Teller legen.
Alles Fett bis auf 1 Eßlöffel aus dem Bräter abgießen. Knoblauch und Ingwer im Bräter auf mittlerer Flamme kurz sautieren. Die Sauce zugeben und zum Kochen bringen, dabei den Bratensatz lösen. Mit dem angerührten Stärkemehl die Sauce leicht andikken. Abschmecken, eventuell nachwürzen und die Sauce über die Wildhühner schöpfen. Mit Dillzweigen garnieren und sofort auftragen.

**Für 4 bis 6 Personen als Entrée.**

**Menüvorschlag: Die Mengen lassen sich leicht verdoppeln, so daß sie eine Vorspeise für 8 Personen ergeben. Beilagen: Spargel in Schwarzer-Bohnen-Sauce (dreifache Rezeptmenge), Reis »Pilaf« (doppelte Rezeptmenge) und Salat »Jade« (die Zutatenmenge um die Hälfte erhöhen). Sie könnten Ihre Party im Wohnraum oder auf der Terrasse mit Rippenspeer und Chinesischer Grill-Sauce beginnen und den Abend damit ausklingen lassen, daß Sie zu den Digestifs ein erfrischendes Mango-Sorbet reichen.**

# GEGRILLTES SZECHUAN-WILDHUHN

**2 Wildhühner, der Länge nach halbiert oder 1 ca. 1½ kg schweres Huhn, der Länge nach halbiert**
**2 Frühlingszwiebeln, gewiegt**
**2 EL gewiegter, frischer Koriander**
**1 EL feingewiegter Knoblauch**
**1 EL feingewiegter, frischer Ingwer**
**3 EL trockener Sherry**
**2 EL Hoisin-Sauce**
**2 EL helle Sojasauce**
**1½ EL Rotweinessig**
**1 EL dunkle Soja-Sauce**
**1 EL Sesamöl**
**2 TL Zucker**
**1 TL chinesische Chilisauce**

Leiten Sie ein Picknick einmal mit diesen Wildhühnern ein, unter deren krosser Haut sich eine köstliche Marinade verbirgt! Dazu zaubern Sie dann Chinesische Gewürzgurken, Zwiebelbrot, Ingwer-Nudel-Salat, Garnelen »Neue Welle« und Schoko-Mandel-Makronen aus Ihrem Picknickkorb.

## Vorbereitung

Lösen Sie die Haut an der Oberseite der Brust, indem Sie vorsichtig mit dem Zeigefinger unter der Haut an Brust und Keulen entlangfahren. Achten Sie darauf, dabei nicht die Haut vom Rückgrat zu trennen.

Die restlichen Zutaten vermischen und gut umrühren. Etwas Marinade unter die Haut geben. Die Außenseite der Haut kräftig massieren, um die Marinade über Brust und Keulen zu verteilen. Die Hühner auch von außen mit der Marinade einstreichen. Für mindestens 2 Stunden im Kühlschrank marinieren lassen.

## Zubereitung

Überschüssige Marinade in einen kleinen Topf laufen lassen. Ein Holzkohlenfeuer vorbereiten. Wenn sich weißer Aschenbelag auf der Glut gebildet hat, die Wildhühner mit der Fleischseite nach oben auf den Rost legen, abdecken und die Wildhühner 20 Minuten (das Huhn 30 Minuten) grillen. Das Fleisch ist gar, sobald das Fleischthermometer 75° anzeigt und der austretende Saft hell und durchsichtig ist.

In der Zwischenzeit die Marinade 5 Minuten köcheln lassen. Die Wildhühner können heiß, auf Zimmertemperatur oder kalt mit der Marinade gereicht werden, die dann über das Fleisch geschöpft wird. Falls gewünscht, lassen sich die Wildhühner mit einem schweren Messer oder Küchenbeil in mundgerechte Happen zerlegen.

**Für 2 bis 4 Personen als Entrée.**

# ZITRUS-HUHN

- **4 Hühnerbrust-Hälften, entbeint und gehäutet**
- **125 g Mehl**
- **ca. 300 ml Sodawasser**
- **120 ml plus 1 EL Zitronensaft**
- **60 g plus 2 EL Zucker**
- **60 ml Hühnerbrühe**
- **2 EL helle Sojasauce**
- **¾ TL Salz**
- **2 TL geriebene oder feingewiegte Zitronenschale**
- **2 TL feingewiegter, frischer Ingwer**
- **2 EL Stärkemehl**
- **2 Zitronen, in dünne Scheiben geschnitten, zur Garnierung**
- **Petersilienstengel, zur Garnierung**
- **ca. 1 l Erdnußöl**
- **¼ rote Paprika, von Stielansätzen und Samenkörnern befreit und in Streifen geschnitten**

Diese Hühnerbrust-Streifen, die in einen leichten Pfannkuchenteig getaucht und dann goldgelb fritiert werden, sind ein wahres Geschmackswunder. Da dieses Gericht in der letzten Zubereitungsphase besondere Aufmerksamkeit erfordert, sollten Sie es als Vorspeise für 2 bis höchstens 4 Personen servieren.

## Vorbereitung

Die Hühnerbrüste in 2,5 cm breite Streifen schneiden und bis zur weiteren Verwendung im Kühlschrank aufbewahren.
Das Mehl in eine schwere Rührschüssel geben und in das Gefrierfach stellen. Das Sodawasser im Kühlschrank eiskalt werden lassen.
In einem kleinen Topf 60 ml Zitronensaft, Zucker, Hühnerbrühe, Sojasauce, ½ Teelöffel Salz, Zitronenschale und Ingwer verrühren. Beiseitestellen.

## Zubereitung

Das Stärkemehl mit der gleichen Menge kalten Wassers anrühren.
Beiseitestellen.
Eine Servierplatte oder einzelne Teller mit Zitronenscheiben umlegen.
Zwischen jede Scheibe einen Stengel Petersilie legen.
Beiseitestellen. Den Rost auf ein tiefes Backblech setzen und direkt neben dem Ofen abstellen.
Die Zitronensauce langsam zum Kochen bringen und den Zucker dabei auflösen. Etwas von dem angerührten Stärkemehl zugießen, um die Sauce leicht anzudicken.
Auf kleiner Flamme warmhalten.
In der Zwischenzeit die Hühnerfleisch-Streifen mit dem restlichen Eßlöffel Zitronensauce vermischen.
Die Schüssel mit dem Mehl aus dem Gefrierfach nehmen und langsam das eiskalte Sodawasser hineingießen.
Den restlichen ¼ Teelöffel Salz zugeben und die Mischung mit einem Löffel so durchrühren, daß noch kleine Klümpchen bleiben; der Teig sollte so dünn sein, daß er kaum an dem Fleisch haften bleibt. (Bei Bedarf mit etwas Sodawasser verdünnen.)
Eine große, schwere Bratpfanne über starker Flamme sehr heiß werden lassen.
Das Öl zugießen und auf 190° erhitzen; es hat die richtige Temperatur, wenn eine dünne Scheibe Ingwer über die Oberfläche hüpft.
Einen Streifen Hühnerbrust in den Teig tauchen und wieder herausnehmen.
Alle Streifen mit dem Pfannkuchenteig überziehen.
Jeweils rund ein Drittel der Fleischstreifen einzeln nacheinander in das heiße Öl geben und etwa 2 Minuten fritieren, bis sie goldgelb sind.
Die Streifen nach 1 Minute wenden.
Als Garprobe einen Streifen aus der Pfanne nehmen und durchschneiden; er sollte innen weiß sein.
Die Hühnerstreifen auf dem Rost abtropfen lassen.
Vor dem Fritieren der nächsten Charge muß das Öl wieder seine Temperatur von 190° erreicht haben.
Den Boden einer Servierplatte oder einzelner Teller mit einem Drittel der Sauce überziehen.
Die Hühnerstreifen in 2,5 cm starke Würfel schneiden, diese dann behutsam auf die Platte oder die Teller umfüllen.
Etwas von dem restlichen Zitronensaft über das Huhn träufeln.
Sie werden vielleicht nicht die ganze Saucenmenge benötigen, denn jedes Fleischstück sollte halb kross, halb mit Sauce überzogen sein.
Die Mitte der Platte oder der Teller mit roten Paprikaschnitzeln garnieren und sofort anrichten.

**Für 2 Personen als Entrée; für 4 Personen als Teil eines leichten Essens.**

**Menüvorschlag für 4 Personen:** Reichen Sie einen trockenen Weißwein zu Spargelcremesuppe, Zitrus-Huhn, Feuerwerk-Reis, Spinatsalat und Mango-Sorbet.

**Anmerkungen:** Sie können für dieses Gericht eine schwere Pfanne oder eine solche mit Antihaft-Beschichtung nehmen, niemals aber einen Elektro-Bräter, da dieser nicht genug Hitze entwickelt, um das Fritieröl heiß zu halten. Das Sodawasser macht die Teighülle noch knuspriger, und auch der eiskalte Pfannkuchenteig mit den Klümpchen trägt mit zu einer krossen, goldgelben Hülle bei. Um abzuwechseln, können Sie das Huhn auch durch ca. 600 g Garnelen ersetzen. Dazu die Garnelen außer an den Schwanzenden von der Schale befreien, entlang dem Rükken tief einschneiden, den Darmstrang entfernen, die beiden Hälften auseinanderspreizen und trockentupfen. Je eine Garnele am Schwanz fassen, in den Teig tauchen und behutsam in das heiße Öl legen. Fritieren, bis der Teig goldgelb wird und die Garnele in der Mitte weiß ist. (Zur Probe eine Garnele in der Mitte aufschneiden.) Mit Sauce überziehen und sofort servieren.

# WILDHUHN IN EINER SAUCE AUS SCHWARZEN BOHNEN UND TOMATEN

**2 Wildhühner, der Länge nach halbiert**
**frisch gemahlener, schwarzer Pfeffer**
**60 g Mehl**
**3 EL Olivenöl**
**3 EL Butter**
**1 EL Stärkemehl**

*Sauce*
**120 ml Tomatenpüree**
**225 ml Hühnerbrühe**
**60 ml trockener Sherry**
**1 EL Austernsauce**
**1 EL Sesamöl**
**2 EL scharfe Schwarze-Bohnen-Sauce (siehe Glossar)**
**½ TL Zucker**
**3 Knoblauchzehen, feingewiegt**
**1 EL feingewiegter, frischer Ingwer**
**3 EL gehackter, frischer Koriander**

Dieses einfache Gericht habe ich zum erstenmal anläßlich eines Silvesteressens in einem direkt am Strand gelegenen Haus in Santa Barbara gekocht. Es wurde ein Abend mit phantastischem Essen und interessanten Gesprächen, untermalt vom sanften Donnern der Wellen, die sich vor der Küste brachen.

## Zubereitung

Alle Saucenzutaten in einer Schüssel verrühren. Die Wildhühner leicht salzen und pfeffern. Das Mehl auf eine Lage Wachspapier geben und die Hühner leicht damit einstäuben; überschüssiges Mehl abschütteln.

Eine Pfanne von ca. 30 cm Durchmesser auf mittelhohe Flamme setzen, Olivenöl und Butter zugeben. Sobald die Butter schäumt, die Hühner mit der Fleischseite nach oben hineinlegen und auf beiden Seiten etwa 8 Minuten goldbraun braten. Dabei die Hitze so regulieren, daß das Fett zischt, aber nie raucht. Wenn die Hühner gebräunt sind, alles Fett abgießen. Die Sauce zugeben und langsam zum Kochen bringen. Die Pfanne zudecken, die Hitze reduzieren und 15 Minuten köcheln lassen.

Die Hühner auf große Teller legen. Das Stärkemehl mit der gleichen Menge kalten Wassers anrühren und etwas davon unter die köchelnde Sauce ziehen, um sie ein wenig anzudicken, sodann über die Wildhühner schöpfen und sofort servieren.

**Für 2 bis 4 Personen als Entrée; in kleinere Stücke geschnitten für 8 Personen im Rahmen eines exotischen Menüs.**
**Menüvorschlag für ein Silvesteressen für 10 Personen: Rippenspeer mit Chinesischer Grill-Sauce (doppelte Rezeptmenge), mit Lachs gefüllte Teigtaschen, Ingwer-Nudel-Salat (doppelte Rezeptmenge), Wildhuhn in einer Sauce aus Schwarzen Bohnen und Tomaten (doppelte Rezeptmenge), Reis »Pilaf« (doppelte Rezeptmenge) und Tropische Obsttorte.**

**Anmerkungen: Sie können die Wildhühner auch durch kleine, halbierte, gut 1 kg schwere Hühner ersetzen; sie brauchen aber eine längere Garzeit (20 bis 25 Minuten). Auch gewürfeltes Rippenspeer- oder Lammragoutfleisch (ca. 750 g) kann phantastisch mit dieser Sauce zubereitet werden. Hierzu das Fleisch in je 2 Eßlöffel Butter und Olivenöl bräunen, das Fett dann abgießen und in der Sauce garen lassen. Es kann dann beiseitegestellt und später wieder aufgewärmt werden. Unmittelbar vor dem Servieren 3 Tassen gewürfelte Zucchini, Brokkoliröschen oder mundgerechte Spargelstücke unterrühren und köcheln, bis die Gemüse glasig werden, dann mit der Stärkemehlflüssigkeit leicht andicken und sofort auftragen.**

## KANINCHEN À LA CHINOISE

**1 Tasse halbierte Walnußkerne**
**12 schwarze chinesische Trockenpilze**
**6 Frühlingszwiebeln**
**1 Kaninchen von etwa 1,8 kg, in 12 Stücke geschnitten, die Leber separat**
**Salz**
**frisch gemahlener, schwarzer Pfeffer**
**60 g plus 1 EL Stärkemehl**
**100 g Butter**
**60 ml Olivenöl**
**Brunnenkresse oder frischer Koriander, zum Garnieren**

*Sauce*
**2 Knoblauchzehen, feingewiegt**
**1 EL feingewiegter, frischer Ingwer**
**350 ml Hühnerbrühe**
**60 ml trockener Sherry**
**1 EL Sesamöl**
**1 EL Austernsauce**
**½ TL Zucker**
**¼ TL gemahlener, weißer Pfeffer**

Dieses Kaninchenragout gewinnt noch an Aroma, wenn es einige Stunden im voraus zubereitet und unmittelbar vor dem Servieren aufgewärmt wird. Unerläßlich ist die Leber, denn sie verleiht der Sauce ein charakteristisches Aroma, ohne sie jedoch direkt nach Leber schmecken zu lassen.

### Vorbereitung

Den Ofen auf 160° vorheizen. Die Walnüsse in eine kleine Pfanne geben und mit kaltem Wasser bedecken. Bei starker Hitze zum Kochen bringen und 5 Minuten garen. Abgießen, mit heißem Wasser abspülen und erneut abgießen. Die Walnüsse auf einem Backblech verteilen und 30 Minuten im Ofen rösten; nach 15 Minuten wenden. Mindestens 1 Stunde ab kühlen lassen. Luftdicht verschlossen sind diese Nüsse praktisch unbegrenzt haltbar.
Die Pilze etwa 20 Minuten in heißem Wasser einweichen. Die Stiele abschneiden und die Hütchen halbieren oder vierteln. Beiseitestellen.
Die Frühlingszwiebeln durch stark diagonale Schnitte in etwa 5 cm lange Stücke schneiden. Beiseitestellen.
Die Kaninchenleber feinwiegen und in die Schüssel mit den Saucenzutaten geben. Beiseitestellen.

### Zubereitung

Die Kaninchenstücke auf einer Lage Wachspapier ausbreiten und leicht salzen und pfeffern. Mit Stärkemehl bestäuben, überschüssiges Mehl gründlich abschütteln.
In einer Bratpfanne von ca. 30 cm Durchmesser Butter und Öl bei mittelhoher Hitze auf Temperatur bringen. Sobald die Butter Blasen zu werfen beginnt, das Kaninchen zugeben und auf beiden Seiten bräunen, etwa 8 Minuten. Die Hitze dabei so regulieren, daß das Fett ständig brutzelt, aber niemals raucht. Das Kaninchen aus der Pfanne nehmen und das Fett abgießen. Das Kaninchen in die Pfanne zurückfüllen und Pilze sowie die Sauce zufügen. Die Sauce langsam zum Kochen bringen, abdecken und auf kleinste Flamme stellen. Das Kaninchen köcheln lassen, bis das Fleisch einer eingestochenen Gabel keinen Widerstand mehr bietet, etwa 40 Minuten. Die Stücke nach der Hälfte der Garzeit wenden. Das Fleisch abkühlen lassen und in den Kühlschrank stellen.
Vor dem Servieren am nächsten Tag das Kaninchen und die Sauce erhitzen. Den restlichen Eßlöffel Stärkemehl mit der gleichen Menge kalten Wassers anrühren. Die Frühlingszwiebeln in das Ragout geben. Wenn sie nach etwa 1 Minute glasig werden, etwas von der Stärkemehlflüssigkeit unterziehen und die Sauce sämig machen. Walnüsse zugeben und auf eine vorgewärmte Platte oder separate Teller schöpfen. Mit Brunnenkresse oder Koriander garnieren und sofort auftragen.

**Für 4 Personen als leichtes Entrée; für 6 bis 8 Personen als Gang in einem exotischen Menü.**

Lachs in Ingwer-Butter;
In Orangensauce karamelisierte Ente

## IN ORANGENSAUCE KARAMELISIERTE ENTE

In einem Kochseminar habe ich dieses Gericht einmal für dreißig Studenten zubereitet – es gab keine Probleme, als ich die Zutatenmengen vervierfachte!
Die Entenstücke werden zunächst angebräunt, dann in einer süß-sauren Orangen-Anis-Sauce geköchelt und schließlich mit der reduzierten Sauce karamelisiert.

# IN ORANGENSAUCE KARAMELISIERTE ENTE

**1 knapp 2,5 kg schwere Ente**
**2 Frühlingszwiebeln, in Streifen geschnitten, zum Garnieren**
**2 Orangen, in dünne Scheiben geschnitten, zum Garnieren**

*Sauce*
**225 ml frischer Orangensaft**
**225 ml Hühnerbrühe**
**75 ml Rotweinessig**
**60 g Zucker**
**60 ml trockener Sherry**
**1 EL helle Sojasauce**
**¼ TL gestoßener Szechuan-Pfeffer**
**½ TL Salz**
**¼ TL gemahlener, weißer Pfeffer**
**½ Sternanis**
**2 Knoblauchzehen, feingewiegt**
**1 EL feingewiegter, frischer Ingwer**

## Vorbereitung

Bitten Sie Ihren Metzger, die Ente in 6 Teile zu zerlegen (2 Brust-Hälften, 2 Ober- und 2 Unterschenkel) und das Rückgrat herauszulösen. Rückgrat und Flügel zum Anreichern einer späteren Geflügelbrühe einfrieren. Überschüssiges Fett von allen Teilen, besonders den Oberschenkeln, abschneiden. Die Haut mit einem scharfen Messer gitterförmig einritzen. Die Saucenzutaten in einer Schüssel vermengen.

## Zubereitung

Eine Bratpfanne von ca. 30 cm Durchmesser auf mittelhohe Flamme stellen, sehr heiß werden lassen, die Entenstücke mit der Hautseite nach unten einlegen; gelegentlich umwenden, bis die Haut nach etwa 12 Minuten dunkelbraun ist und das Fleisch außen nicht mehr roh wirkt. (Das sich ansammelnde Fett zwischendurch nicht abgießen, da es hilft, der Haut noch mehr Fett zu entziehen). Die Entenstücke aus der Pfanne holen und erst jetzt alles Fett abgießen. Die Bratpfanne auf die Flamme zurückstellen, stark erhitzen und die Ente mit der Hautseite nach oben hineingeben. Leicht zum Kochen bringen, zudecken, auf kleinste Flamme zurückdrehen und die Ente 30 Minuten köcheln lassen. Den Ofen auf 65° vorheizen.
Die Ente aus der Pfanne nehmen und im Ofen warmhalten. Den Anis herausnehmen. Das Fett von der Oberfläche der Sauce mit Küchenkreppstreifen aufsaugen. Die Sauce bei starker Hitze etwa 15 Minuten kräftig durchkochen, bis sie auf ca. 120 ml reduziert ist. Während der letzten Minuten gelegentlich rühren, damit die Sauce nicht ansetzt.
Die Ente in die Bratpfanne zurückgeben und die Stücke wenden, um sie von der Sauce glasieren zu lassen. Auf vorgewärmte separate Teller legen und mit in Streifen geschnittenen Frühlingszwiebeln garnieren. Jeden Teller mit Orangenscheiben oder -stückchen versehen und sofort auftragen.

**Für 2 Personen als Entrée; für 6 bis 8 Personen als Bestandteil eines größeren exotischen Menüs. (In diesem Fall die Ente, während die Sauce einkocht, in kleinere Stücke schneiden.)**

**Anmerkungen: Ersetzt man die Ente durch Huhn, so ist das Ergebnis enttäuschend. Eine gute Variationsmöglichkeit bietet indessen Rippenspeer, den man zu diesem Zweck in gut 1 cm starke Stücke würfelt. Die Bratpfanne heiß werden lassen, 2 Eßlöffel Öl zufügen und das Fleisch (ca. 750 g) darin bräunen. Das Öl abgießen, die Sauce zugeben und das Fleisch in etwa 1 Stunde weichgaren. Das Fleisch aus der Pfanne nehmen, die Sauce reduzieren und das Fleisch damit glasieren.**

# KNUSPRIGE WACHTELN

**4 Wachteln**
**120 ml trockener Sherry**
**3 EL helle Sojasauce**
**2 EL Hoisin-Sauce**
**1 EL Sesamöl**
**½ TL chinesische Chilisauce**
**4 Knoblauchzehen, feingewiegt**
**1 EL feingewiegter, frischer Ingwer**
**2 Frühlingszwiebeln, gewiegt**
**ca. 750 ml Erdnußöl**
**½ TL Salz**
**½ TL gemahlene chinesische Pfeffermischung (siehe Glossar)**

Für dieses Gericht dämpft man die marinierten Wachteln und läßt sie zunächst abkühlen. Um sie wieder aufzuwärmen und die Haut knusprig zu bekommen, werden sie dann schnell noch einmal angebraten. Servieren Sie sie in Stücke geschnitten als Appetit- und Picknick-Häppchen oder, falls Sie ein idyllisches Abendessen zu zweit planen, zu einem Reisgericht aus Kapitel 7 mit grünem Salat, begleitet von Champagner.

## Vorbereitung (8 Stunden vor der Zubereitung)

Aus den Wachteln die Fettpolster in der Bauchhöhle lösen. Sherry, Sojasauce, Hoisin-Sauce, Sesamöl, Chilisauce, Knoblauch, Ingwer und Frühlingszwiebeln in einer Schüssel vermengen. Die Wachteln in einen großen Plastikbeutel geben, die Marinade zugießen, den Beutel fest verschließen und 8 Stunden oder über Nacht marinieren lassen.

## Zubereitung

Das Wasser in einem chinesischen Dampftopf schnell zum Kochen bringen. Die Marinade von den Wachteln abtropfen lassen und die Wachteln in den Einsatz des Dampftopfs geben, über das kochende Wasser stellen, zudecken und die Wachteln 8 Minuten dämpfen. Danach aus dem Dampftopf nehmen und etwa 30 Minuten auf Zimmertemperatur abkühlen lassen.
Die Wachteln, vor allem von innen, gründlich mit Küchenkrepp trockentupfen.

Den Wok über stärkster Flamme sehr heiß werden lassen und das Erdnußöl zugießen. Wenn es 185° heiß ist, so daß sich um einen eingetauchten Holzlöffel Bläschen bilden, die Wachteln in 15 bis 30 Sekunden goldgelb fritieren, dabei mit Stäbchen oder einer Zange wenden. Sofort auf einem Rost abtropfen lassen und mit Salz sowie der chinesischen Pfeffermischung würzen. Auf vorgewärmte Teller legen und sofort auftragen.

**Für 2 Personen als Entrée.**

**Anmerkungen: In chinesischen Restaurants fritiert man nach dieser Methode auch Tauben. Da diese aber größer sind und ihr Fleisch mehr Feuchtigkeit enthält, spritzt das Öl dabei sehr stark, so daß Sie diesen Leckerbissen besser im Restaurant essen sollten! Schwarze-Bohnen-, Zitronen- und pikante Mandarinensauce passen ebenfalls vorzüglich zu diesen Wachteln.**

Tauben und Garnelen im Salatkelch

# PIKANTE BRATENTE

- **1 knapp 2½ kg schwere Ente**
- **1 EL helle Sojasauce**
- **1 EL trockener Sherry**
- **2 TL Hoisin-Sauce**
- **2 EL plus 2 TL Stärkemehl**
- **2 EL plus 2 TL Erdnußöl**
- **1 Strunk Brokkoli**
- **2 mittelgroße Karotten**
- **2 Frühlingszwiebeln**
- **3 Knoblauchzehen, feingewiegt**
- **1 EL geriebene oder feingewiegte Mandarinen- oder Orangenschale**

*Sauce*

- **3 EL trockener Sherry**
- **1 EL helle Sojasauce**
- **1 EL Sesamöl**
- **1 EL heller Weinessig**
- **2 TL dunkle Sojasauce**
- **½ TL chinesische Chilisauce**
- **½ TL Salz**
- **¼ TL gestoßener Szechuan-Pfeffer**

Dies ist ein Gericht, das wir im Freundeskreise in dem renommierten Restaurant »The Moon in View« in Sutschou zu kosten bekamen.

## Vorbereitung

Das Entenfleisch in große Stücke zerlegen. Alles Fett abschneiden. Das Fleisch dann in gut ½ cm dicke, 2,5 cm lange und gut 1 cm breite Stücke schneiden. Im Beinfleisch befinden sich reichlich Sehnen, es ist aber nicht erforderlich, diese zu entfernen. Sojasauce, Sherry, Hoisin-Sauce, 2 Eßlöffel Stärkemehl und 2 Teelöffel Erdnußöl zu dem Entenfleisch geben und bis zur weiteren Verwendung in den Kühlschrank stellen.

1 ½ Tassen Brokkoliröschen beiseitestellen. Die Karotten quer in gut ½ cm dünne Scheiben schneiden. Knapp 2 l Wasser heftig aufkochen lassen und die Brokkoli hinzufügen. Wenn diese nach etwa 2 Minuten hellgrün geworden sind, mit einem Schaumlöffel herausnehmen und in eine Schüssel Eiswasser geben. Die Karotten im gleichen Wasser etwa 3 Minuten kochen, bis auch sie heller werden. Sofort zu den Bockoli legen. Die Gemüse, sobald sie eiskalt sind, abgießen und trockentupfen Die Frühlingszwiebeln diagonal in 2,5 cm lange Stücke schneiden. Zu den Brokkoli und Karotten geben und bis zur weiteren Verwendung in den Kühlschrank stellen.

Die Saucenzutaten vermengen und beiseitestellen.

## Zubereitung

Die restlichen 2 Eßlöffel Stärkemehl mit der gleichen Menge kalten Wassers anrühren. Beiseitestellen. Den Wok über stärkster Flamme sehr heiß werden lassen, 1 Eßlöffel Erdnußöl in die Mitte geben und durch Schwenken des Woks auch über die Seitenwände verteilen. Sobald das Öl eben zu rauchen beginnt, die Ente hinzufügen und etwa 2 Minuten unter Rühren braten, bis das Fleisch außen nicht mehr roh wirkt. Die Ente auf eine Arbeitsplatte legen.

Den Wok sofort wieder auf stärkste Hitze bringen, den zweiten Eßlöffel Erdnußöl in die Mitte geben, Knoblauch und Mandarinenschale zufügen und einige Sekunden sautieren. Gemüse zugeben und etwa 2 Minuten unter Rühren braten, bis die Frühlingszwiebeln glasig und die Brokkoli durcherhitzt sind.

Die Entenstücke in den Wok zurücklegen und die Sauce hinzufügen. Sobald die Sauce eben zu kochen beginnt, etwas von der Stärkemehlflüssigkeit einrühren, damit die Sauce das Bratgut glasiert. Abschmecken und eventuell nachwürzen. Auf eine vorgewärmte Platte oder separate Teller geben und sofort auftragen.

**Für 2 bis 4 Personen als Entrée; für 6 bis 8 Personen als Bestandteil eines fernöstlichen Dinners.**
**Menüvorschlag: Pikante Bratente, Spinatsalat, heiße Brötchen mit Butter und ein guter Rotwein ergeben ein köstliches Essen für 2 Personen.**

**Anmerkungen: Die Ente kann durch 4 Hühnerbrust-Hälften ersetzt werden, obwohl das Gericht dabei an Geschmack verliert.**

# TAUBEN UND GARNELEN IM SALATKELCH

**8 schwarze chinesische Trockenpilze**
**10 frische Wasserkastanien oder eine mittelgroße Karotte, gewürfelt**
**1 große, rote Paprika, von Samenkörnern und Rippen befreit, gewürfelt**
**2 Frühlingszwiebeln, gewürfelt**
**½ Tasse Pinienkerne**
**1 große Taube oder 3 Hühnerschenkel**
**2 TL trockener Sherry**
**1 TL dunkle Sojasauce**
**1 TL feingewiegter, frischer Ingwer**
**1 EL plus ½ TL Stärkemehl**
**700 ml plus 2 EL und ½ TL Erdnußöl**
**250 g rohe Garnelen**
**3 Köpfe Eisbergsalat**
**60 g Reis-Stabnudeln**

*Sauce*

**2 EL trockener Sherry**
**1 EL helle Sojasauce**
**1 EL Austernsauce**
**1 EL Sesamöl**
**½ TL Zucker**
**¼ TL chinesische Chilisauce**

Gewürfeltes Taubenfleisch, in dekorativen Salatkelchen präsentiert, gehört im Fernen Osten, wo es an billigen Arbeitskräften nicht mangelt, zu den Standardessen. Um ein komplexeres Geschmacksbild zu erhalten und die Vorbereitungszeit zu verkürzen, werden die Tauben in dieser Version um gewürfeltes Garnelenfleisch ergänzt. Besonders ansprechend ist dieses Gericht als zu Hause präsentierter Appetithappen, bevor man mit Freunden ins nächste Restaurant aufbricht.

## Vorbereitung

Die getrockneten Pilze in heißem Wasser etwa 20 Minuten einweichen. Die Stiele fortwerfen und die Hütchen würfeln. Mit den Wasserkastanien oder der Karotte, der Paprika und den Frühlingszwiebeln vermengen. Bis zur weiteren Verwendung in den Kühlschrank stellen.

Den Ofen auf 160° vorheizen. Die Pinienkerne etwa 8 Minuten goldgelb rösten. Beiseitestellen.

Das Fleisch von den Tauben oder den Hühnerschenkeln lösen, grob würfeln und Sherry, Sojasauce, Ingwer, ½ Teelöffel Stärkemehl und ½ Teelöffel Erdnußöl zugeben und mischen. Garnelen schälen, vom Darmstrang befreien und quer in hauchdünne Scheibchen schneiden. Alles gut vermengen und bis zur weiteren Verwendung in den Kühlschrank stellen.

Von den Salatköpfen das obere Drittel abschneiden und dessen Blätter behutsam voneinander lösen; das sollte etwa 18 Blattkelche von 8 bis 12 cm Durchmesser ergeben. Die Blätter in den Kühlschrank stellen. (Den Rest der Blätter hebe ich immer für Salat auf).

Die Reis-Stabnudeln in einer Papiertüte zu kleinen Bündeln auseinanderziehen, wie auf Seite 69 beschrieben garen und dann in einer Papiertüte bei Zimmertemperatur aufbewahren.

Die Saucenzutaten in einer kleinen Schüssel vermengen. Beiseitestellen.

## Zubereitung

Das restliche Stärkemehl mit der gleichen Menge kalten Wassers anrühren. Beiseitestellen. Die Reis-Stabnudeln in kleine Stücke brechen und eine runde Servierplatte gleichmäßig damit auslegen.

Den Wok über stärkster Flamme sehr heiß werden lassen, 2 Eßlöffel Erdnußöl in die Mitte geben und durch Schwenken des Woks an den Seitenwänden verteilen. Sobald das Öl zu rauchen beginnt, die Tauben-Garnelen-Mischung zufügen. Unter Rühren etwa 2 Minuten braten, bis die Garnelen weiß werden.

Sofort die Gemüse zufügen und etwa 1 Minute unter Rühren glasig braten.

Pinienkerne und Sauce beigeben. Wenn die Sauce leicht zu kochen beginnt, etwas von der Stärkemehlflüssigkeit einrühren, so daß die Sauce das Bratgut glasiert. Über die Reis-Stabnudeln schöpfen.

Sofort mit den Salatkelchen servieren. Jeder gibt nun etwas von der Füllung in einen Salatkelch, wölbt behutsam die Ränder darüber – und beginnt sofort zu essen!

**Für 2 Personen als Entrée; für 6 bis 8 Personen als appetitanregende Vorspeise.**

■ KAPITEL 6

Dieses Kapitel zeigt neue Zubereitungsmethoden für Fleischsorten, die man üblicherweise nicht mit der chinesischen Küche in Verbindung bringt, die jedoch hier, von exotischen Gewürzen belebt, zu ganz überraschenden und köstlichen Aroma-Effekten kombiniert werden.
Rohe Rindfleischscheiben, in pikante Limonensauce gedippt, und in Salatblätter gehüllte Fleischbällchen mit frischgemahlener Muskatnuß stimulieren den Gaumen; holzkohlengegrillte Rinderlende, feingeschnitten und mit geschnetzelten grünen Salaten in Peking-Pfannkuchen eingerollt, dienen einer Sommer-Party als vielversprechendes Entrée; saftige, dicke Kalbskoteletts in Szechuan-Zitronensauce oder ein mit Hoisin-Sauce, Curry und Orange getränkter Lammsattel leiten eine festliche Mahlzeit ein, und die deftigen Schmorbraten, von kernigem Brot und einem guten Cabernet Sauvignon begleitet, bilden ein herzhaftes Hauptgericht.

**Einfach und schnell zuzubereitende Rezepte in diesem Kapitel sind: Thailändisches Schweinefleisch mit Gemüsen; Pikante Fleischbällchen im Salatkelch; Osso Buco auf chinesische Art, Scaloppine in Schiitake-Sahnesauce, Szechuan-Kalbskoteletts mit Zitronen-Pfeffersauce, Lammcurry in Kokosmilch und Lammsattel in Hunan-Grillsauce.**

Grill-Lende in Peking-Pfannkuchen

# GRILL-LENDE IN PEKING-PFANNKUCHEN

**ca. 1,3 kg Rinderlende**
**Chinesische Grill-Sauce (Seite 20)**
**8 Tassen in Streifen geschnittene, grüne Blattsalate**
**200 g Enoki-Pilze**
**2 Sträuße frischer Koriander**
**225 ml Hoisin-Sauce**
**30 Peking-Pfannkuchen (siehe Glossar)**

Wenn kochkundige Freunde mit eigenen Gerichten eingeladen werden, gestalten sich exotische Mahlzeiten besonders amüsant. Ein Sommermenü könnte beispielsweise aus dünnen Scheiben gegrillter Rinderlende in einer chinesischen Sauce und dampfenden Peking-Pfannkuchen bestehen, die jeder Tischgast dann mit Salatstreifen, Enoki-Pilzen, Koriander, einer Scheibe Fleisch und Hoisin-Sauce füllt und aufrollt. Wenn jeder dann noch leicht im voraus zu bereitende Gerichte wie Würzigen Schwertfischsalat, Orientalischen Gazpacho oder geeiste Chinesische Ratatouille mitbringt, kann auch der Gastgeber sich, da letzte Vorbereitungen praktisch entfallen, ganz und gar der Party widmen.

## Vorbereitung

Vor dem Fleisch das Fett abschneiden und 1 Stunde in der Grill-Sauce marinieren. Die grünen Blattsalate in einen Plastikbeutel geben und bis zum Servieren in den Kühlschrank legen. Von den Enoki-Pilzen die schmutzigen Enden abschneiden und die Stiele auseinanderziehen. In einen anderen Plastikbeutel geben und in den Kühlschrank stellen.

## Zubereitung

Ein Holzkohlenfeuer vorbereiten. Sobald sich auf der Glut ein weißer Aschenbelag gebildet hat, das Fleisch unter gelegentlichem Wenden grillen und dabei hin und wieder mit der Sauce bestreichen. Das Fleisch ist gar, sobald das Fleischthermometer 60° anzeigt.
Salatblätter, Pilze und Koriander auf einer Servierplatte ausbreiten, eine kleine Schale mit Hoisin-Sauce danebenstellen.
Die Pfannkuchen zu Vierteln falten und in den Einsatz eines chinesischen Dampftopfes geben, wobei sie sich ruhig überlappen dürfen. Über heftig kochendes Wasser stellen, zudecken und 2 Minuten dämpfen. Die Pfannkuchen in einen mit Tuch ausgeschlagenen Korb legen, die Tuchenden über den Pfannkuchen übereinanderlegen und auf den Tisch bringen. (Wenn Sie einen Bambus-Dampftopf verwenden, so können Sie diesen direkt auf den Tisch stellen).
Das Fleisch vom Grill nehmen, auftragen und in dünne Scheiben schneiden. Jeder Gast öffnet einen gefalteten Pfannkuchen, verteilt auf dessen Oberfläche etwas Hoisin-Sauce, fügt Salatblätter, Pilze, einen Korianderstengel und eine Scheibe Fleisch hinzu und rollt den Pfannkuchen dann auf.

**Für 6 bis 8 Personen als Vorspeise.**

**Anmerkungen: Bei diesem Gericht gibt es viele Variationsmöglichkeiten. So können Sie anstelle des Fleisches einen Spieß mit Garnelen grillen. Avocado-Scheiben und andere geschnitzelte Gemüse bieten sich alternativ als Füllung an. Außer der Hoisin-Sauce können Sie auch kleine Schälchen mit Chutney, Pflaumensauce, Dijon-Senf und Orientalischer Sauce reichen.**

# THAILÄNDISCHES SCHWEINEFLEISCH MIT GEMÜSEN

**500 g Schweineschulter, -endstück oder Rippenspeer-Fleisch**
**225 ml Hühnerbrühe**
**60 ml trockener Sherry**
**1 EL Sesamöl**
**1 EL weiche Erdnußbutter**
**1 EL dunkle Sojasauce**
**1 EL Hoisin-Sauce**
**½ TL chinesische Chilisauce**
**3 EL Erdnußöl**
**1 EL feingewiegter Knoblauch**
**1 EL feingewiegter, frischer Ingwer**
**2 Schalotten, gewiegt**
**¼ Tasse gehackter, frischer Koriander**
**½ Tasse gehackte Frühlingszwiebeln**
**2 Freilandgurken oder ½ Treibhausgurke**
**1 EL Stärkemehl**
**Saft von 1 Limone**
**500 g Kirschtomaten**

Hier köcheln knackige Gurken, Kirschtomaten und Schweinefleisch-Würfel in einer pikanten Sauce zu einem deliziösen Ragout. Weitere empfehlenswerte Gemüsekombinationen für dieses Rezept sind Spargel und rote Paprika, Zucchini und Karotten oder Zuckererbsen und gelbe Paprika. Die Gemüse werden erst zum Ende der Kochzeit zugegeben und nur kurz gegart. Kartoffelbrei, gedämpfter Reis oder gebutterte Nudeln passen hierzu besonders gut.

## Vorbereitung

Das Fleisch in gut 1 cm große Würfel schneiden, dabei alles Fett entfernen. Bis zur weiteren Verwendung in den Kühlschrank stellen.
Brühe, Sherry, Sesamöl, Erdnußbutter, Sojasauce, Hoisin-Sauce und Chilisauce in einer kleinen Schüssel verrühren und beiseitestellen. Einen Wok oder eine Bratpfanne von ca. 30 cm Durchmesser über starker Flamme sehr heiß werden lassen und Öl zugeben. Sobald das Öl zu rauchen beginnt, das Fleisch hinzufügen und etwa 5 Minuten unter Rühren braten, bis es außen nicht mehr roh wirkt. Das Fett abgießen und Knoblauch, Ingwer, Schalotten, Koriander und Frühlingszwiebeln zu dem Fleisch geben und 2 Minuten unter Rühren braten. Dann die separierte Mischung mit der Brühe zugießen. Langsam zum Kochen bringen, zudecken, auf kleinste Flamme stellen und etwa 1 Stunde weichköcheln. (Bis hierher kann das Rezept einen Tag im voraus zubereitet werden.)

## Zubereitung

Werden Freilandgurken verwendet, diese der Länge nach halbieren. Die Hälften zusammenlegen und quer zu gut 1 cm dicken Halbmonden schneiden. Treibhausgurken der Länge nach halbieren, die Samen ausschaben und die Gurke in Halbmonde schneiden; diese übereinanderlegen und quer so viele gut 1 cm starke Würfel schneiden, daß man eine Tasse erhält.
Die Stielansätze von den Kirschtomaten entfernen. Zusammen mit den Gurken beiseitestellen. Das Stärkemehl mit der gleichen Menge kalten Wassers anrühren.
Wird das Ragout wieder aufgewärmt, so muß es zunächst 5 Minuten behutsam erhitzt und dann langsam zum Kochen gebracht werden. Gurken und Tomaten einrühren. Sobald das Ragout leicht kocht, die Sauce, falls erforderlich, mit etwas angerührtem Stärkemehl andicken. Vom Feuer nehmen, Limonensaft unterziehen und sofort auftragen.

**Für 2 bis 3 Personen als Entrée.**

# THAI-CARPACCIO

**500 g Rinderfilet bester Qualität**
**1 Tasse feingeschnetzelter Eiszapfenrettich**
**1 Tasse feingeschnetzelte Karotten**
**1 Tasse feingeschnetzelte rote Bete**
**2 EL geröstete, ungesalzene Erdnüsse, gewiegt**
**2 TL geriebene oder feingewiegte Limonenschale**
**½ TL frisch geriebene Muskatnuß**
**¼ Tasse gewiegter, frischer Koriander**

*Dip*

**2 EL Thailändische Fischsauce**
**2 EL Limonensaft**
**2 TL Zucker**
**½ TL chinesische Chilisauce**
**1 Knoblauchzehe, feingewiegt**

In Bangkok bekam ich vor einigen Jahren ein Gericht zu kosten, dessen Eßritual ein gutes Mittel ist, um einen anregenden Gesprächsabend einzuleiten: Es bestand aus papierdünn geschnittenen Rindfleisch-Scheiben, die mit gehackten Erdnüssen, frischem Koriander und roten Chilis bestreut waren. Jeder Gast dippte sein Fleisch in eine pikante Limonensauce und verzehrte es dann zusammen mit rohen Gemüseschnetzeln. Hier ist das Rezept!

## Vorbereitung

Bitten Sie den Metzger, alles Fett vom Fleisch abzuschneiden. Das Fleisch ins Tiefkühlfach legen, bis es angefroren ist, sodann in hauchdünne Scheiben schneiden, die Scheiben sich überlappend auf einer großen Platte arrangieren und mit Plastikfolie abdecken. Die Folie so fest auf das Fleisch drücken, daß sie luftdicht abschließt. (Das verhindert, daß das Fleisch dunkel wird.) Bis zur weiteren Verwendung in den Kühlschrank stellen.
Die geschnetzelten Karotten, rote Bete und Rettich in separaten Plastikbeuteln bis zur weiteren Verwendung in den Kühlschrank legen.
Die Zutaten für den Dip in einer kleinen Schüssel verrühren. 2½ Eßlöffel Wasser zufügen und in den Kühlschrank stellen.

## Zubereitung

Die Plastikfolie vom Fleisch nehmen. Das Fleisch gleichmäßig auf der Servierplatte arrangieren oder jede einzelne Scheibe aufrollen, bevor sie auf die Servierplatte gelegt wird.
In jedem Fall in der Mitte der Platte etwas Platz für die Dip-Schüssel lassen.
Erdnüsse, Limonenschale, Muskatnuß und Koriander über das Fleisch streuen. Die Dip-Schüssel in die Mitte der Platte setzen und den äußeren Rand der Platte mit den geschnetzelten Gemüsen verzieren. Innerhalb von einer Stunde servieren. Das Fleisch wird mit Stäbchen oder einer kleinen Gabel scheibchenweise in die Sauce getaucht und zusammen mit den geschnetzelten Gemüsen gegessen.

**Für 6 bis 8 Personen als Appetithappen; für 3 bis 4 Personen als Entrée.**

**Menüvorschlag für 2 bis 3 Personen: als Entrée zusammen mit einer hausgemachten Gemüsesuppe, grünem Salat und Obsttörtchen.**

**Anmerkungen: Zu diesem Rezept gibt es eine ganze Reihe von Variationsmöglichkeiten. Als Dip könnten Sie auch Satay-Sauce und statt des Fleischs rohen Thunfisch oder einen anderen, festfleischigen Fisch einsetzen. Arrangieren Sie die Scheiben rohen Fischs kunstvoll auf einer großen, geeisten Platte und servieren Sie als Augenschmaus gleich mehrere Dips.**

# LÖWENKÖPFE

**6 schwarze chinesische Trockenpilze**
**450 g Schweinehack**
**3 Frühlingszwiebeln, gewiegt**
**6 vorzugsweise frische Wasserkastanien, gewiegt**
**3 Knoblauchzehen, feingewiegt**
**1 EL feingewiegter, frischer Ingwer**
**3 EL Stärkemehl plus etwas zusätzlichem Stärkemehl zum Bestäuben**
**2 EL trockener Sherry**
**1 EL helle Sojasauce**
**1 EL Austernsauce**
**½ TL Zucker**
**¼ TL frisch gemahlener, schwarzer Pfeffer**
**6 EL Erdnußöl**
**1 kleiner Kopf Grünkohl**

*Sauce*
**350 ml Hühnerbrühe**
**60 ml trockener Sherry**
**2 EL Austernsauce**
**1 EL helle Sojasauce**
**1 TL dunkle Sojasauce**
**1 TL Sesamöl**
**½ TL Zucker**
**¼ TL frisch gemahlener, schwarzer Pfeffer**

Die kulinarische Terminologie der Chinesen steht unter unverwechselbar romantischen Vorzeichen. Man ist ob so prosaischer Benennungen wie »Sojabohnenquark«, »Morcheln« oder »Teigklöße« entsetzt und zieht es vor, solche Leckerbissen als »Fleisch ohne Knochen«, »Wolkenohren« oder »Verschlingung der Wolken« zu umschreiben. Vielleicht geschah es einst nach zu vielen Trinkspielen, daß der Erfinder dieses Gerichts, ein Küchenchef aus Schanghai, in diesen in der Tat imponierenden Fleischklößen auf ihrem Bett von Kohl Löwenköpfe mit langen Mähnen zu erkennen glaubte.

## Vorbereitung

Die Mischung für die Fleischklöße vorbereiten. Die Pilze in heißem Wasser etwa 20 Minuten einweichen; die Stiele abtrennen und wegwerfen, die Hütchen in feine Streifen schneiden. Die Pilze in eine große Schüssel geben und Schweinehack, Frühlingszwiebeln, Wasserkastanien, Knoblauch, Ingwer, 1 Eßlöffel Stärkemehl, Sherry, Sojasauce, Austernsauce, Zucker und Pfeffer hinzufügen. Gründlich miteinander vermengen. Sodann die Handflächen etwas einölen und aus der Mischung 3 riesige Fleischbälle formen. Auf eine leicht geölte Platte legen und bis zur weiteren Verwendung in den Kühlschrank stellen.
Von dem Kohl so viel in Streifen schneiden, daß die erhaltene Menge 6 Tassen füllt. Beiseitestellen. Die Saucenzutaten in einer separaten Schüssel verrühren. Beiseitestellen.

## Zubereitung

Die Fleischbälle leicht mit Stärkemehl bestäuben. Eine Pfanne von ca. 25 cm Durchmesser über mittelhoher Flamme heiß werden lassen; dann 60 ml Erdnußöl zugießen. Sobald das Öl den ersten Hauch von Rauch zeigt, die Fleischbälle zugeben und von allen Seiten etwa 8 Minuten goldgelb anbraten.
Die Fleischbälle vorsichtig in einen Bräter legen, der so groß sein muß, daß sie gerade eben hineinpassen. Auf große Flamme drehen und die Sauce hinzugießen. Behutsam zum Kochen bringen, zudekken und auf kleinste Flamme schalten. Die Fleischbälle 20 Minuten köcheln lassen. Unmittelbar bevor die Fleischbälle gar sind, den Wok über stärkster Flamme heiß werden lassen, dann die restlichen 2 Eßlöffel Erdnußöl zugeben. Sobald das Öl gerade eben zu rauchen beginnt, den Kohl hinzufügen und unter Rühren und Umwälzen in etwa 1 Minute leuchtend grün werden lassen.
Den Kohl auf einer vorgewärmten Servierplatte ausbreiten und die Fleischbälle in die Mitte setzen. Die restlichen 2 Eßlöffel Stärkemehl mit der gleichen Menge kalten Wassers anrühren. Beiseitestellen. Die Sauce behutsam zum Kochen bringen und mit der Stärkemehlflüssigkeit leicht andicken. Die Sauce über die Fleischbälle gießen und sofort auftragen. Zum Essen nimmt jeder etwas Kohl, schneidet sich eine Scheibe von den Fleischbällen ab und überzieht das Ganze mit einem Löffel (oder mehr) Sauce.

**Für 2 bis 3 Personen als Entrée; für 6 bis 8 Personen als Gang einer exotischen Mahlzeit.**

# GEBRATENES SCHWEINEFLEISCH MIT PINIENKERNEN UND ZWIEBELN

**450 g Schweinefilet oder entbeinte und zurechtgeschnittene Schweinekoteletts**
**1 EL dunkle Sojasauce**
**1 EL trockener Sherry**
**1 EL plus 2 TL Stärkemehl**
**2 EL plus 2 TL Erdnußöl**
**1 Tasse Pinienkerne**
**1 große, rote Zwiebel**
**4 Knoblauchzehen, feingewiegt**
**2 TL feingewiegter, frischer Ingwer**
**2 TL geriebene oder gewiegte Mandarinen- oder Orangenschale**

*Sauce*
**2 EL trockener Sherry**
**2 EL helle Sojasauce**
**2 TL Hoisin-Sauce**
**2 TL Sesamöl**
**2 TL Rotweinessig**
**1 TL chinesische Chilisauce**
**½ TL Zucker**
**½ TL zerstoßener Szechuan-Pfeffer**
**¼ TL Salz**

Dieses einfache, im Wok gebratene Gericht ergibt, mit gedämpftem Reis und Melonenscheiben serviert, eine gute Mahlzeit für zwei bis vier Personen. Um das Ganze etwas zu variieren, würfle ich oft alle Zutaten klein, bevor ich sie brate und in Salatkelchen (siehe Seite 149) auf den Tisch bringe.

## Vorbereitung

Alles Fett vom Fleisch entfernen. Das Fleisch in sehr dünne Scheiben und diese in etwa 2,5 cm lange und gut 1 cm breite Stücke schneiden. In eine Schüssel geben und Sojasauce, Sherry, 2 Teelöffel Stärkemehl und 2 Teelöffel Erdnußöl hinzufügen. Gründlich durchmischen und bis zur weiteren Verwendung beiseitestellen.

Die Pinienkerne im 160° heißen Ofen etwa 10 Minuten rösten, bis sie eine ganz leicht goldene Färbung annehmen. In eine kleine Schüssel schütten und beiseitestellen.

Die Zwiebel schälen und in gut 1 cm dicke Würfel schneiden. Beiseitestellen.

Die Saucenzutaten in einer kleinen Schüssel miteinander verrühren und beiseitestellen.

## Zubereitung

Den restlichen Eßlöffel Stärkemehl mit der gleichen Menge kalten Wassers anrühren und beiseitestellen.

Den Wok über stärkster Flamme sehr heiß werden lassen, 1 Eßlöffel Erdnußöl in die Mitte geben und durch Schwenken des Woks auch über die Seitenwände verteilen. Sobald das Öl gerade eben zu rauchen beginnt, das Schweinefleisch hineingeben und etwa 2 Minuten unter Rühren braten, bis es außen nicht mehr roh wirkt. Das Schweinefleisch auf eine Platte umfüllen.

Den Wok sofort auf stärkster Flamme wieder sehr heiß werden lassen, den letzten Eßlöffel Erdnußöl sowie Knoblauch, Ingwer und Mandarinen- bzw. Orangenschale hinzufügen. Ein paar Sekunden sautieren, dann die Zwiebelwürfel hineingeben und etwa 2 Minuten unter Rühren braten, bis sie auseinanderfallen.

Das Schweinefleisch in den Wok zurückschütten und die Sauce darübergießen. Sobald diese leicht zu kochen beginnt, die restliche Stärkemehlflüssigkeit hineinrühren, so daß die Sauce die Zutaten glasiert. Pinienkerne hinzufügen und abschmecken. Auf einer vorgeheizten Platte oder einzelnen Tellern sofort servieren.

**Für 2 Personen als Entrée; für 6 bis 8 Personen als ein Gang eines exotischen Menüs.**

# GEBRATENES RINDERFILET MIT WILDPILZEN

**320 g Rinderfilet**
**1 EL dunkle Sojasauce**
**2 TL trockener Sherry**
**1 EL plus 2 TL Stärkemehl**
**2 EL plus 2 TL Erdnußöl**
**125 g Wildpilze (siehe Anmerkungen)**
**3 Frühlingszwiebeln**
**3 mittelgroße Stangen bok choy (oder Mangold)**
**3 EL Butter**
**3 Knoblauchzehen, feingewiegt**
**2 TL feingewiegter, frischer Ingwer**

*Sauce*
**60 ml kräftige Geflügelbrühe**
**2 EL trockener Sherry**
**1 EL helle Sojasauce**
**1 EL Austernsauce**
**1 EL Sesamöl**
**½ TL Zucker**
**¼ TL frisch gemahlener, schwarzer Pfeffer**

Wenn auf heftige Regenschauer sonnige Tage folgen, dann bedeutet das frühmorgendliche Märsche durch nasses Gras hin zu den Eichen- und Fichtenwäldchen, in deren Schutz ganze Kolonien von Hallimasch und goldgerippten Pfifferlingen sprießen und violette Ritterlinge sich wie Märchenkronen im Moos ausbreiten. Diese Wildpilze, in Butter und Knoblauch sautiert, passen mit ihrem fleischigen Aroma wundervoll zu den zarten Scheiben des Filet Mignon und der kräftigen Austernsauce.

## Vorbereitung

Das Fleisch von allem Fett befreien; in sehr dünne Scheiben und diese wiederum in 2,5 cm lange und gut 1 cm breite Streifen schneiden und in eine Schüssel geben.
Die dunkle Sojasauce, Sherry, 2 Teelöffel Stärkemehl und 2 Teelöffel Erdnußöl hinzufügen, alles gut durchmischen und bis zur weiteren Verwendung in den Kühlschrank stellen.
Die zähen Stiele von den Pilzen abschneiden, die Köpfe in mundgerechte Stücke schneiden.
Beiseitestellen.
Die Frühlingszwiebeln diagonal in 2,5 cm lange Stücke schneiden.
Beiseitestellen.
Den bok choy oder Mangold betont schräg in Stücke schneiden.
Beiseitestellen.
Die Saucenzutaten in einer kleinen Schüssel miteinander verrühren. Beiseitestellen.

## Zubereitung

Den restlichen Eßlöffel Stärkemehl mit der gleichen Menge kalten Wassers anrühren und beiseitestellen.
Den Wok über stärkster Flamme heiß werden lassen, 1 Eßlöffel Erdnußöl hineingeben und durch Schwenken des Woks über die Seitenwände verteilen.
Wenn das Öl gerade eben zu rauchen beginnt, das Rindfleisch zugeben und unter Rühren etwa 2 Minuten braten, bis es außen nicht mehr roh wirkt. Auf eine Platte umfüllen.
Den Wok über stärkster Flamme sofort wieder sehr heiß werden lassen, den restlichen Eßlöffel Erdnußöl zusammen mit 2 Eßlöffel Butter hineingeben, dann Knoblauch und Ingwer hinzufügen und einige Sekunden sautieren.
Die Gemüse dazugeben und unter Rühren etwa 1 Minute braten, bis der bok choy glasig wird und die Pilze gar sind.
Das Rindfleisch in den Wok zurückschütten und die Sauce zugießen. Wenn sie leise zu kochen beginnt, etwas von der Stärkemehlflüssigkeit hinzugießen, so daß die Sauce die Zutaten glasiert. Den restlichen Eßlöffel Butter unterziehen, auf eine vorgewärmte Platte oder separate Teller geben und auftragen.

**Für 2 Personen als Entrée; für 8 Personen als Teil eines ostasiatischen Essens. Menüvorschlag für 10 Personen: Hühnerflügel »Mahagoni« (am Vortag mariniert); Klöße »Marco Polo«, Pikanter Nudelsalat mit Erdnuß-Dressing (die Zutaten erst unmittelbar vor dem Essen mit dem Dressing mischen; nicht in den Kühlschrank stellen), Scharf-saure Meeresfrüchtesuppe (doppelte Zutatenmenge; die Suppe nachmittags fertigstellen und vor dem Servieren nur erhitzen), Gebratenes Rinderfilet mit Wildpilzen, Feuerwerk-Reis (doppelte Zutatenmenge), Gefüllte Knallbonbons, Eis.**

**Anmerkungen: Als Ersatz für Wildpilze lassen sich auch gut 125 g entstielte, geviertelte Schiitake-Pilze oder 8 in heißem Wasser eingeweichte, schwarze chinesische Trockenpilze verwenden. Auch 125 g frische Jungpilze mit kleinen Hütchen eignen sich vorzüglich.**

Gebratenes Rinderfilet mit Wildpilzen;
Krebssuppe mit Spargel

# GARNELEN UND SCHWEINEFILET IN TOMATEN-KOKOSMILCH-SAUCE

**250 g Schweinefilet oder entbeinte und zurechtgeschnittene Schweinekoteletts**
**1 EL dunkle Sojasauce**
**1 EL plus 1 TL Stärkemehl**
**2 EL plus 1 TL Erdnußöl**
**250 g rohe Garnelen**
**1 rote Paprika, von Rippen und Samenkörnern befreit**
**1 Tasse gepalte, frische Erbsen (etwa 450 g Erbsen in den Schoten)**
**1 Tasse kleine Jungpilze, dünn geschnitten**
**3 Knoblauchzehen, feingewiegt**
**1 EL feingewiegter, frischer Ingwer**
**trockener Sherry oder Wasser (nach Wunsch)**

*Sauce*
**120 ml ungesüßte Kokosmilch**
**3 EL Tomatensauce**
**2 EL trockener Sherry**
**1 EL Austernsauce**
**1 EL Curry**
**½ TL chinesische Chilisauce**
**¼ TL gestoßener Szechuan-Pfeffer**

Bei einem chinesischen Bankett ist es durchaus üblich, Fleisch und Meeresfrüchte zu einem Entrée zu verbinden. Gute Kombinationen dieser Art ergeben – neben Schweinefleisch und Garnelen – auch Filet Mignon und Kammuscheln oder Huhn und frisches Krebsfleisch. Einer meiner einfallsreichsten Koch-Eleven, David Black, ist für die folgende schmackhafte Kombination verantwortlich.

## Vorbereitung

Das Fleisch von allem Fett befreien; in sehr dünne Scheiben und diese wiederum in etwa 2,5 cm lange und gut 1 cm breite Stücke schneiden und in eine Schüssel geben. Sojasauce, 1 Teelöffel Stärkemehl und 1 Teelöffel Öl hinzufügen. Gründlich durchmischen und beiseitestellen.
Die Garnelen schälen, vom Darmstrang befreien und am Rücken entlang halbieren. Abspülen, trockentupfen und beiseitestellen.
Die Paprika in dünne Scheiben und diese wiederum quer schneiden, so daß Stükke von etwa 2,5 cm Länge entstehen. Mit den Erbsen und Pilzen in eine Schüssel geben und beiseitestellen.
Die Saucenzutaten in einer kleinen Schüssel miteinander verrühren. Beiseitestellen.

## Zubereitung

Den restlichen Eßlöffel Stärkemehl mit der gleichen Menge kalten Wassers anrühren. Beiseitestellen.
Den Wok über größter Flamme sehr heiß werden lassen, 1 Eßlöffel Öl zugeben und durch Schwenken des Woks über die Seitenwände verteilen.
Sobald das Öl gerade eben zu rauchen beginnt, Schweinefleisch und Garnelen zugeben und etwa 2 Minuten unter Rühren braten, bis das Schweinefleisch außen nicht mehr roh wirkt und die Garnelen weiß werden. Auf eine Platte umfüllen.
Den Wok sofort wieder auf stärkste Hitze bringen. Den restlichen Eßlöffel Öl zugeben, Knoblauch und Ingwer hinzufügen und einige Sekunden sautieren. Die Gemüse beigeben und in etwa 2 Minuten unter Rühren glasig braten. Falls nötig, einen Spritzer Sherry oder Wasser hinzufügen, damit die Erbsen nicht zu trocken werden und verschrumpeln.
Das Schweinefleisch mit den Garnelen wieder in den Wok schütten und die Sauce dazugießen. Sobald die Sauce leicht zu kochen beginnt, etwas von der Stärkemehlflüssigkeit unterrühren, damit die Sauce die Zutaten überzieht. Abschmecken und gegebenenfalls nachwürzen. Auf eine vorgewärmte Platte oder separate Teller schöpfen und sofort auftragen.

**Für 2 Personen als Entrée; für 6 bis 8 Personen als Gang eines thailändischen Menüs. Menüvorschlag für 10 Personen: Rindfleisch Satay (doppelte Zutatenmenge), Thai-Salat von Garnelen und Papaya (die Garnelen durch Kammuscheln ersetzen und die doppelte Zutatenmenge nehmen), Garnelen und Schweinefilet in Tomaten-Kokosmilch-Sauce (doppelte Zutatenmenge; das Braten im Wok müssen in diesem Fall zwei Personen gleichzeitig besorgen), Pikante Thai-Nudeln (doppelte Zutatenmenge), Flambierte Thai-Bananen (doppelte Zutatenmenge).**

# PIKANTE FLEISCHBÄLLCHEN IM SALATKELCH

**250 g Rinderhack**
**250 g Schweinehack**
**2 Frühlingszwiebeln, gewiegt**
**2 EL gewiegter, frischer Koriander**
**2 EL helle Sojasauce**
**1 Ei**
**1 TL geriebene oder feingewiegte Orangenschale**
**¾ TL frisch geriebene Muskatnuß**
**½ TL chinesische Chilisauce**
**½ TL frisch gemahlener, schwarzer Pfeffer**
**4 Knoblauchzehen, feingewiegt**
**1 EL feingewiegter, frischer Ingwer**
**120 ml Erdnußöl**
**1 Kopfsalat**
**1 Bund frischer Koriander**
**20 Minzblätter**
**Stärkemehl zum Bestäuben**
**Pikanter Limonen-Dip (siehe Seite 155)**

Eine in Südostasien sehr beliebte Eßmethode besteht darin, Fleischbällchen, Garnelen und krosse Frühlingsrollen zusammen mit Minzstengeln und Korianderblättern in ein Salatblatt einzuschlagen und das Päckchen in eine würzige Sauce zu tunken. Bei diesem Rezept sollte man Salat und Kräuter sowie die Sauce vorher in einer flachen Schale bereitstellen und die Fleischbällchen erst unmittelbar vor dem Servieren grillen oder fritieren. Genießen Sie das Gericht als appetitanregende Vorspeise, als leichten ersten Gang oder, von Muschelfäden-Suppe, knusprigem Brot und einem trockenen Weißwein begleitet, auch als Hauptspeise.

## Vorbereitung

Schweine- und Rinderhack, Frühlingszwiebeln, Koriander, Sojasauce, Ei, Mandarinen- oder Orangenschale, Muskatnuß, Chilisauce, Pfeffer, Knoblauch und Ingwer in einer Schüssel gründlich durchmischen; dann die Hände leicht einölen und 20 Fleischbällchen von etwa 2,5 cm Durchmesser formen. Auf eine ebenfalls leicht geölte Platte setzen und bis zur weiteren Verwendung in den Kühlschrank stellen. Die Blätter des Kopfsalats putzen und 20 quadratische Stücke von etwa 8 cm Seitenlänge daraus schneiden. Je einen Korianderstengel und ein Minzblatt auf die Salatquadrate legen, diese auf einer Servierplatte arrangieren und bis zur weiteren Verwendung in den Kühlschrank stellen.

## Zubereitung

Den Ofen zum Grillen der Fleischbällchen auf 290° vorheizen. Die Fleischbällchen auf ein Backblech setzen. Den Ofen auf Grillen einstellen, das Backblech etwa 10 cm unter die Hitzequelle schieben und die Fleischbällchen 3 bis 4 Minuten grillen, bis sie innen nicht mehr rosa sind. (Bei Elektroöfen muß die Tür leicht geöffnet bleiben.)

Wenn die Fleischbällchen gebraten werden sollen, leicht mit Stärkemehl bestäuben. Eine Pfanne von ca. 30 cm Durchmesser bei mittelhoher Flamme heiß werden lassen und Öl hinzufügen. Sobald das Öl ganz leicht zu rauchen beginnt, die Fleischbällchen hineingeben und etwa 4 Minuten unter häufigem Wenden goldbraun braten, bis sie innen nicht mehr rosa sind. Die Fleischbällchen neben die Salatquadrate legen und sofort zusammen mit dem Dip auftragen. Zum Essen wickelt jeder ein Salatquadrat um ein Fleischbällchen und tunkt das Ende des Päckchens in die Sauce.

**Für 6 bis 8 Personen als Appetizer; für 2 Personen als Entrée.**

**Anmerkungen: Wenn diese Fleischbällchen aus Schweinehack oder Halb-und-Halb-Hackfleisch gemacht werden, sind sie am zartesten, denn das im Schweinefleisch enthaltene Fett verhindert, daß die Fleischbällchen zu trocken werden. Lamm-Hack ist ebenfalls exzellent, nicht geeignet hingegen sind Hühner-, Truthahn- oder Kalbfleisch, da sie zu wenig Fett enthalten.**

# OSSO BUCO AUF CHINESISCHE ART

**12 schwarze chinesische Trockenpilze**
**12 Zwergkarotten**
**5 Frühlingszwiebeln**
**3 EL Erdnußöl**
**ca. 1,4 kg Kalbshachse, in 6 Scheiben von je 2,5 cm Dicke zersägt**
**2 EL Stärkemehl**

*Sauce*
**4 Knoblauchzehen, feingewiegt**
**1 EL feingewiegter, frischer Ingwer**
**120 ml Rotwein**
**120 ml Hühnerbrühe**
**2 EL Austernsauce**
**1 EL Sesamöl**
**1 TL dunkle Sojasauce**
**1 TL Zucker**
**½ TL frisch gemahlener, schwarzer Pfeffer**

Freunde der italienischen Kochkunst, hier ist die chinesische Version des Osso Buco mit Ingwer, Austernsauce und schwarzen chinesischen Pilzen!
Schon allein von einem reichhaltigen grünen Salat und warmen Brötchen begleitet, schmecken das zarte Fleisch und das buttrige Mark der Kalbshachse großartig, falls man es nicht gar vorzieht, dieses Gericht als gesonderten Gang in eine im voraus zuzubereitende chinesische Mahlzeit einzubauen.

## Vorbereitung

Die getrockneten Pilze in heißem Wasser etwa 20 Minuten einweichen. Das Einweich-Wasser durch ein feinmaschiges Sieb passieren und aufheben. Die Stengel wegwerfen und die Hütchen halbieren oder vierteln. Beiseitestellen.
Karotten putzen und schaben. Beiseitestellen. Die Frühlingszwiebeln diagonal in Stücke von knapp 4 cm Länge schneiden. Bis unmittelbar vor dem Servieren beiseitestellen.

## Weitere Vorarbeiten

Den Wok oder eine Bratpfanne, die gerade groß genug sein muß, daß die Kalbshachsenteile hineinpassen, bei mittelhoher Hitze heiß werden lassen. Das Erdnußöl hinzufügen. Sobald es leicht zu rauchen beginnt, die Hachsenstücke hineingeben und etwa 8 Minuten von beiden Seiten goldbraun braten.
Das Fett abgießen. Pilze und Sauce hinzufügen. Nötigenfalls soviel von dem Pilz-Einweichwasser zugießen, daß die Hachsen zu zwei Dritteln bedeckt sind. Behutsam zum Kochen bringen, zudecken, auf kleinste Flamme drehen und das Fleisch in etwa 1½ Stunden weichköcheln, dabei gelegentlich umrühren. Wenn die Hachsen gar sind, entweder die Gemüse zugeben und das Gericht nun wie unter »Zubereitung« beschrieben zu Ende kochen oder aber das Fleisch auf Zimmertemperatur abkühlen lassen. Werden die Hachsen mehr als 3 Stunden vor dem Servieren gegart, müssen sie anschließend in eine Schüssel umgefüllt und bis zur weiteren Verwendung in den Kühlschrank gestellt werden.

## Zubereitung

Das Stärkemehl mit der gleichen Menge kalten Wassers anrühren. Beiseitestellen.
Die Kalbshachsen über mittlerer Flamme zum Köcheln bringen, die Karotten hinzufügen und zugedeckt 10 Minuten garen lassen.
Die Kalbshachsen mit einem Schaumlöffel aus der Flüssigkeit heben und auf vorgewärmte Teller verteilen. Die Frühlingszwiebeln in die Sauce geben und diese bei mittlerer Hitze vorsichtig zum Kochen bringen. Mit der Stärkemehlflüssigkeit die Sauce leicht andicken und über die Hachsen schöpfen. Sofort auftragen.

**Für 3 Personen als Entrée; für 6 Personen als Teil eines exotischen Essens.**

**Anmerkungen: Für eine größere Anzahl von Gästen kann dieses Rezept leicht verdoppelt oder verdreifacht werden.**
**Eine andere Zubereitungsart besteht darin, die Hachsen im Ofen in einer feuerfesten Form zu garen, in der sie dann serviert werden: Die Hachsen anbraten, in die feuerfeste Form füllen, Pilze und die Sauce hinzufügen, zudecken und im 160° heißen Ofen etwa 1½ Stunden schmoren. Die Karotten und Zwiebeln während der letzten 15 Minuten zugeben. Anschließend aus dem Ofen nehmen, den größten Teil der Sauce in eine Pfanne gießen und langsam zum Kochen bringen. Mit der Stärkemehlflüssigkeit leicht andicken und die Sauce zurück über die Hachsen gießen. Sofort auftragen.**

# KALBSSCHNITZEL IN SCHIITAKE-SAHNESAUCE

**120 g Schiitake-Pilze**
**1 mittelgroße Karotte**
**1 Frühlingszwiebel**
**frisch gemahlener, schwarzer Pfeffer**
**4 geklopfte Kalbsschnitzel (Gesamtgewicht etwa 250 g)**
**Mehl zum Bestäuben**
**60 ml Olivenöl**
**50 g Butter**

*Sauce*
**120 ml fettreiche Schlagsahne**
**60 ml trockener Sherry**
**1 EL helle Sojasauce**
**1 EL Sesamöl**
**½ TL geriebene oder feingewiegte Orangenschale**
**¼ TL gestoßener Szechuan-Pfeffer**
**⅛ TL chinesische Chilisauce**
**1 EL feingewiegter, frischer Ingwer**

Der Waldgeruch der Schiitake-Pilze gibt dieser Sahnesauce ihr besonderes Aroma. Auch auf ofengegrillter Seezunge, auf holzkohlengegrillter Hühnerbrust, zu selbstgemachten Nudeln oder zu gebrühten Wan-tans macht sie sich hervorragend.

## Vorbereitung

Die Stiele von den Pilzen abtrennen und wegwerfen. Die Pilzhüte in etwa 3 mm dünne Streifen schneiden. Beiseitestellen.

Die Karotten in hauchdünne Scheiben schneiden; diese übereinanderlegen und schnitzeln, in ein Sieb geben und mit 1 Liter kochendem Wasser überbrühen. Mit kaltem Wasser nachspülen und trockentupfen. Die Frühlingszwiebel schnetzeln. Frühlingszwiebel und Karotte als spätere Garnierung beiseitestellen. Die Saucenzutaten in einer kleinen Schüssel verrühren. Beiseitestellen.

## Zubereitung

Eßteller in einen 60° heißen Ofen stellen.

Die Kalbsschnitzel auf beiden Seiten pfeffern, leicht mit Mehl bestäuben und überschüssiges Mehl abschütteln. Eine Pfanne von ca. 30 cm Durchmesser auf großer Flamme heiß werden lassen, dann Olivenöl und Butter hinzufügen. Wenn die Butter zu schäumen beginnt, zwei Kalbsschnitzel einlegen. Auf jeder Seite etwa 20 Sekunden braten – sie sollten an der Oberfläche nicht rosig werden, auch darf kein Saft austreten – und auf die vorgewärmten Teller in den Ofen legen. Mit den anderen beiden Kalbsschnitzeln genauso verfahren.

Das Öl aus der Pfanne abgießen und die Pfanne wieder auf größte Hitze bringen. Pilze und Sauce dazurühren und heftig aufkochen lassen. Unter Rühren etwa 4 Minuten kochen, bis die Sauce hellbraun und sämig zu werden beginnt. Die Sauce über die Kalbsschnitzel schöpfen, mit etwas geschnitzelter Karotte und Frühlingszwiebel garnieren und sofort auftragen.

**Für 4 Personen als Entrée. Menüvorschlag: Dieses Gericht ist besonders sättigend. Beginnen Sie also den Abend mit einem der in Kapitel 7 beschriebenen Appetithappen, servieren Sie anschließend die Kalbsschnitzel und ein frisches, mit einer einfachen Sauce bereitetes Gemüse, danach einen Gartensalat. Beschließen Sie den Abend mit einem leichten Zitronenkuchen und einem guten Kaffee.**

**Anmerkungen: Dieses Gericht läßt sich problemlos auch für 8 Personen zubereiten, wenn Sie eine größere Pfanne verwenden, die ohne weiteres 4 Kalbsschnitzel auf einmal aufnimmt. Das Fleisch in dem Fall in 2 Arbeitsgängen garen.**

# LAMMCURRY IN KOKOSMILCH

**700 g Lammgulasch ohne Knochen**
**1 große Yamswurzel**
**2 Kochäpfel**
**Saft einer halben Zitrone**
**½ Tasse ungesüßte Kokosraspeln**
**3 EL Erdnußöl**
**½ Tasse Korinthen**
**1 EL Stärkemehl**

*Sauce*
**4 Knoblauchzehen, feingewiegt**
**1 EL feingewiegter, frischer Ingwer**
**⅓ Tasse frisches, gehacktes Basilikum**
**2 TL geriebene oder feingewiegte Orangenschale**
**1 TL frisch geriebene Muskatnuß**
**1 Zimtstange**
**350 ml ungesüßte Kokosmilch**
**2 EL trockener Sherry**
**2 EL Curry**
**1 TL chinesische Chilisauce**
**½ TL Salz**

Zartes Lamm, orangefarbene Yamswurzeln, festfleischige Äpfel und pralle Korinthen in einer Sauce aus Kokosnuß und Curry – das alles harmoniert vorzüglich mit Reis »Pilaf« und frischem, grünem Salat!

## Vorbereitung

Das Fleisch in mundgerechte Bissen schneiden. Die Yamswurzel schälen und in Würfel von gut 1 cm schneiden, etwa 1 Tasse voll. Die Würfel in kaltes Wasser legen. Die Äpfel von den Gehäusen befreien, aber nicht schälen, sodann in Würfel von gut 1 cm schneiden und in dem Zitronensaft wälzen. Beiseitestellen. (Wird das Fleisch einen Tag im voraus zubereitet, die Äpfel jetzt noch nicht verarbeiten!)
Die Kokosraspeln in einer Pfanne von ca. 25 cm Durchmesser über mittelhoher Hitze etwa 2 Minuten leicht goldgelb rösten. Beiseitestellen. Die Saucenzutaten in einer Schüssel miteinander vermischen. Beiseitestellen.

## Weitere Vorarbeiten

Einen Wok oder eine Pfanne von ca. 30 cm Durchmesser bei mittelhoher Hitze heiß werden lassen, dann das Öl zugießen. Sobald das Öl zu rauchen beginnt, das Fleisch beigeben und etwa 4 Minuten unter Rühren braten, bis es außen nicht mehr roh wirkt. Die Sauce dazugießen, leicht zum Kochen bringen, zudekken und auf kleinste Hitzestufe stellen. Unter gelegentlichem Rühren 1½ Stunden kochen, bis das Lamm weich ist. (Diese Arbeit kann am Vortag erledigt werden.) Sollte die Sauce ein wenig fettig wirken, das Fett mit Küchenkrepp aufsaugen.

## Zubereitung

Das Lamm wieder zum Köcheln bringen und Yamswurzel sowie Rosinen unterrühren. Zudecken und 15 Minuten garen lassen. Sollten die Äpfel noch nicht vorbereitet sein, so müssen sie jetzt von den Kerngehäusen befreit und gewürfelt werden. Zu dem Fleisch geben, zudecken und weitere 5 Minuten köcheln lassen.
Die Zimtstange aus der Sauce nehmen. Das Stärkemehl mit der gleichen Menge kalten Wassers anrühren und bei mittlerer Hitze einrühren, damit die Sauce leicht sämig wird. Abschmecken, gegebenenfalls nachwürzen und auf eine vorgewärmte Platte oder einzelne Teller schöpfen. Mit den gerösteten Kokosraspeln bestreuen und sofort auftragen.

**Für 4 Personen als Entrée; für 6 bis 8 Personen als Teil eines exotischen Essens. Menüvorschlag für 12 Personen, im voraus zuzubereiten: Garnelen »Neue Welle« (dreifache Zutatenmenge) mit entsprechenden Dips, Chinesische Gewürzgurken (doppelte Zutatenmenge), Hühnerflügel »Mahagoni« (doppelte Zutatenmenge), Garnelensalat mit grünem Spargel (doppelte Zutatenmenge), Lammcurry in Kokosmilch (dreifache Zutatenmenge), Feuerwerk-Reis (dreifache Zutatenmenge) und Tropische Obsttorte. Planen Sie dieses Essen mindestens eine Woche im voraus und lassen Sie sich bei den letzten Vorbereitungen von einem Freund helfen.**

# SZECHUAN-KALBSKOTELETTS MIT ZITRONEN-PFEFFER-SAUCE

**1 EL weiße Sesamkörner**
**4 Kalbskoteletts, je 2,5 cm dick**
**Salz**
**frisch gemahlener, schwarzer Pfeffer**
**75 g Mehl**
**3 EL Erdnußöl**
**4 EL Butter**
**1 EL Stärkemehl**
**1 Bund Schnittlauch, gehackt**

*Sauce*
**2 Knoblauchzehen, feingewiegt**
**1 EL feingewiegter, frischer Ingwer**
**60 ml trockener Wermut**
**60 ml Hühnerbrühe**
**1 EL geriebene oder feingewiegte Zitronenschale**
**2 EL frischer Zitronensaft**
**2 EL helle Sojasauce**
**1 EL Zucker**
**1 TL scharfer Senf**
**½ TL frisch gemahlener, schwarzer Pfeffer**
**¼ TL gestoßener Szechuan-Pfeffer**

Ein schmackhaftes und doch rasch zu bereitendes Mahl für vielbeschäftigte Manager, überarbeitete Mütter und alle anderen, die Tag für Tag gegen die Uhr ankämpfen!
Man braucht nur die dicken Kalbskoteletts in der Pfanne und dann im Ofen rosa zu braten und kann unterdessen schon die Zitronen-Pfeffer-Sauce anrichten.
Die zum Schluß untergezogene Butter rundet den Geschmack elegant ab.
Die Sesamkörner in einer kleinen, ungefetteten Pfanne unter Rühren etwa 2 Minuten bei starker Hitze goldgelb rösten. Sofort herausschütten und beiseitestellen.
Die Sauce vorbereiten: Knoblauch und Ingwer in einer kleinen Schüssel vermengen.
Die restlichen Saucenzutaten in einer weiteren kleinen Schüssel verrühren. Beiseitestellen.

## Zubereitung

Den Ofen auf 200° vorheizen. Die Kalbskoteletts etwas salzen und pfeffern, leicht mit Mehl bestäuben und überschüssiges Mehl abschütteln.
Eine Edelstahlpfanne (keine Gußeisen- oder Aluminiumpfanne verwenden) bei mittelhoher Hitze heiß werden lassen, sodann Öl und 3 Eßlöffel Butter zufügen. Sobald die Butter zu schäumen beginnt, die Koteletts einlegen und in etwa 6 bis 8 Minuten goldgelb braten.
Die Hitze so regulieren, daß das Fett ständig brutzelt, aber nicht raucht.
Die Koteletts in einen kleinen Bräter umfüllen und in den Ofen stellen. Das Öl aus der Pfanne abgießen.
Die Koteletts in etwa 15 Minuten so braten, daß sie innen noch etwas rosa sind (dabei sollte das Fleischthermometer 70° anzeigen).
Das Stärkemehl mit der gleichen Menge kalten Wassers anrühren und beiseitestellen.
Wenn die Koteletts fast den gewünschten Garungsgrad erreicht haben, die Pfanne bei mittelhoher Hitze wieder heiß werden lassen und Knoblauch und Ingwer zugeben. Kurz sautieren, dann den Rest der Saucenzutaten einfüllen.
Zum Kochen bringen und den Bratensatz dabei vom Pfannenboden lösen. Während die Sauce leicht kocht, zum Andicken etwas von der Stärkemehlflüssigkeit unterrühren.
Vom Feuer nehmen und den restlichen Eßlöffel Butter unterziehen.
Die Koteletts auf vorgeheizte Teller heben und die Sauce darüber schöpfen. Mit gehacktem Schnittlauch und gerösteten Sesamkörnern garnieren. Sofort auftragen.

**Für 4 Personen als Entrée. Menüvorschlag für ein schnell vorzubereitendes Essen für 4 Personen: Szechuan-Kalbskoteletts mit Zitronen-Pfeffer-Sauce, ein Nudelsalat, zum Nachtisch Äpfel, Birnen und eine Käseauswahl.**

**Anmerkungen: Die Kalbskoteletts können auch mit Salz und Pfeffer gewürzt und dann gegrillt werden. In diesem Fall werden Knoblauch und Ingwer, kurz bevor die Kalbskoteletts gar sind, in einer kleinen Pfanne mit 1 Eßlöffel Butter sautiert. Die Saucenmischung zugießen und mit etwas Stärkemehlflüssigkeit andicken. Den restlichen Eßlöffel Butter unterziehen, die Koteletts mit etwas Sauce bestreichen und, mit Schnittlauch und gerösteten Sesamkörnern garniert, sofort auftragen.**

Lachs im Backpapier;
Szechuan-Kalbskoteletts mit Zitronen-Pfeffer-Sauce

# CHINESISCHER CHILI MIT PAPRIKA

**350 g Lammhack**
**1 EL dunkle Sojasauce**
**1 EL trockener Sherry**
**1 EL Hoisin-Sauce**
**1 grüne Paprika**
**1 rote Paprika**
**1 gelbe Paprika**
**1 kleine Zwiebel**
**2 EL Stärkemehl**
**2 EL Erdnußöl**
**1 EL feingewiegter, frischer Ingwer**
**4 Knoblauchzehen, feingewiegt**

*Sauce*
**120 ml Hühnerbrühe**
**2 EL trockener Sherry**
**2 EL Hoisin-Sauce**
**2 EL Austernsauce**
**1 EL Braune-Bohnen-Sauce (siehe Glossar)**
**1 EL Sesamöl**
**1 EL heller Weinessig**
**1½ TL chinesische Chilisauce**

Hackfleisch und Gemüsewürfel, im Wok gebraten und mit einer pikanten Sauce kombiniert, ergeben einen ›Chili‹ fernöstlicher Prägung, der auf einem Berg Butter-Nudeln oder Reis eine schnell zubereitete, sättigende Speise abgibt.

## Vorbereitung

Lammhack, Sojasauce, Sherry und die Hoisin-Sauce in einer Schüssel gründlich miteinander vermengen. Bis zur weiteren Verwendung beiseitestellen.
Die Paprika von Samen und Rippen befreien, dann in gut 1 cm dicke Würfel schneiden. Die Zwiebel schälen und grob hacken. Paprika und Zwiebel beiseitestellen.
Die Saucenzutaten in einer kleinen Schüssel verrühren. Beiseitestellen.

## Zubereitung

Das Stärkemehl mit der gleichen Menge kalten Wassers anrühren. Beiseitestellen.
Den Wok über größter Flamme heiß werden lassen, 1 Eßlöffel Erdnußöl zugeben und durch Schwenken des Woks auch über die Seitenwände verteilen. Sobald das Öl gerade eben zu rauchen beginnt, das Lammfleisch einfüllen und unter Rühren braten, indem man es gegen die Seitenwände des Woks preßt, bis es nicht mehr roh wirkt und in kleine Stückchen zerfällt, etwa 3 Minuten. Auf eine Platte umfüllen.
Den Wok sofort wieder auf größte Hitze bringen, den restlichen Eßlöffel Erdnußöl zugeben, Ingwer und Knoblauch hinzufügen und einige Sekunden sautieren. Die Gemüse beigeben und in etwa 2 Minuten unter Rühren glasig braten.
Das Lammhack in den Wok zurückschütten und die Sauce dazugießen; diese leicht zum Kochen bringen und dann mit etwas Stärkemehlflüssigkeit ein wenig andicken. Auf kleinste Flamme schalten und 2 Minuten köcheln lassen.
Auf eine vorgewärmte Platte oder einzelne Teller schöpfen und sofort mit gedämpftem Reis, Nudeln oder Brot auftragen.

**Für 2 Personen als Entrée; für 6 bis 8 Personen als Teil eines chinesischen Essens.**
**Menüvorschlag für ein schnell zu kochendes Gericht für 4 Personen: Chinesischer Chili mit Paprika (doppelte Zutatenmenge), Zwiebelbrot (doppelte Zutatenmenge; vor Ankunft der Gäste backen und im Ofen aufwärmen), Gedämpfter Mais mit chinesischer Kräutersauce, Eis und Kaffee.**

**Anmerkungen: Dieses Gericht läßt sich gut mit Schweine- oder Rinderhack machen, nicht jedoch mit durchgedrehtem Kalb-, Hühner- oder Truthahnfleisch.**
**Die Zubereitungszeit aller unter Rühren gebratenen Gerichte läßt sich – bei gleich gutem Ergebnis – abkürzen, wenn statt gewürfeltem oder in Scheiben geschnittenem Fleisch 350 g Schweine-, Rinder- oder Lammhack eingesetzt werden!**

# FEURIGES KNOBLAUCH-LAMM MIT BROCCOLI

**450 g Lammfleisch aus Keule oder Lende, entbeint und zurechtgeschnitten**
**1 EL dunkle Sojasauce**
**1 EL trockener Sherry**
**2 TL Hoisin-Sauce**
**2 EL plus 2 TL Stärkemehl**
**2 EL plus 2 TL Erdnußöl**
**1 Strunk Broccoli**
**3 Knoblauchzehen, feingewiegt**

*Sauce*
**60 ml trockener Sherry**
**2 EL helle Sojasauce**
**1½ EL heller Weinessig**
**1 EL Sesamöl**
**1 EL Honig**
**1 TL chinesische Chilisauce**
**¼ TL Salz**
**2 EL feingewiegter, frischer Koriander**

Für den Unterricht im Kochseminar benutze ich dieses Rezept besonders gerne, weil sich hierbei das eindringliche Aroma des Lammfleisches auf ideale Weise mit dem würzigen Geschmack der Sauce verbindet.

## Vorbereitung

Das Lamm in sehr feine Scheiben von gut 1 cm Breite und etwa 2,5 cm Länge schneiden. In eine Schüssel geben und dunkle Sojasauce, Sherry, Hoisin-Sauce, 2 Teelöffel Stärkemehl und 2 Teelöffel Erdnußöl hinzufügen. Gut miteinander verrühren.
2 Liter Wasser rasch zum Kochen bringen. Neben den Ofen eine große Schüssel mit Eiswasser stellen. Von den Broccoli die Röschen abschneiden und in das kochende Wasser werfen. Wenn sie nach etwa 2 Minuten leuchtend grün werden, sofort mit dem Schaumlöffel herausnehmen und in das Eiswasser gleiten lassen. Die Broccoli nach 5 Minuten trockentupfen und bis zur weiteren Verwendung in den Kühlschrank stellen.
Die Saucenzutaten in einer kleinen Schüssel miteinander verrühren.

## Zubereitung

Die restlichen 2 Eßlöffel Stärkemehl mit der gleichen Menge kalten Wassers anrühren. Beiseitestellen.
Den Wok über größter Flamme sehr heiß werden lassen, 1 Eßlöffel Erdnußöl hineingeben und durch Schwenken des Woks über die Seitenwände verteilen. Sobald das Öl gerade eben zu rauchen beginnt, das Lamm hinzufügen und unter Rühren braten. Das Fleisch dabei gegen die Seitenwände des Woks pressen, bis es nach etwa 2 Minuten außen nicht mehr roh wirkt. Auf eine Platte umfüllen.
Den Wok sofort wieder auf größte Hitze bringen und den restlichen Eßlöffel Erdnußöl hineingeben, den Knoblauch hinzufügen und einige Sekunden sautieren. Die Broccoli dazugeben und etwa 1 Minute unter Rühren braten, bis sie durcherhitzt sind.
Das Lammfleisch in den Wok zurückfüllen und die Sauce dazugießen. Leicht aufkochen lassen und mit der Stärkemehlflüssigkeit etwas andikken. Abschmecken und gegebenenfalls nachwürzen. Auf eine vorgewärmte Platte oder einzelne Teller schöpfen und sofort auftragen.

**Für 2 bis 3 Personen als Entrée; für 6 bis 8 Personen als Teil eines fernöstlichen Essens.**
**Menüvorschlag für ein Essen zu zweit nach dem Kinobesuch: Feuriges Knoblauch-Lamm mit Broccoli, Nudeln »Marco Polo« und Javanisches Mokka-Eis.**



Folgende Doppelseite:
Lammrücken in Hunan-Grillsauce; Rosenkohl

# LAMMRÜCKEN IN HUNAN-GRILLSAUCE

- **1 Lammrücken von knapp 1 kg**

*Grillsauce*

- **5 EL Hoisin-Sauce**
- **3 EL Honig**
- **2 EL dunkle Sojasauce**
- **2 EL trockener Sherry**
- **1 EL Sesamöl**
- **1 EL Curry**
- **1 TL chinesische Chilisauce**
- **4 Knoblauchzehen, feingewiegt**
- **1 EL geriebene oder feingewiegte Orangenschale**
- **1 EL gepökelte schwarze Bohnen, abgespült und gehackt**
- **¼ Tasse weiße Sesamkörner**

Beinahe jedermann assoziiert chinesische Kochkunst mit der Vorstellung von stundenlanger Fronarbeit in der Küche. Nichts geht indessen schneller, als einen Lammrücken (oder auch einfach eine Kalbslende oder ein Rindersteak) mit einer chinesischen Grillsauce zu bestreichen und über Holzkohle beziehungsweise im Ofen zu rösten. Das mit der würzigen Sauce überzogene Fleisch macht sich besonders gut mit gebutterten Petersilienkartoffeln, Kaisersalat und einer Obsttorte.

## Vorbereitung

Sollte der Metzger den Lammrücken, um die äußere Fettschicht zu schützen, in ein Netz eingebunden haben, so sollte dieses aufgeschnürt und der Fettmantel entfernt und aufgehoben werden.
Alle Saucenzutaten mit Ausnahme der Sesamkörner in einer Schüssel miteinander vermengen. Die Sesamkörner in einer kleinen, ungefetteten Pfanne etwa 2 Minuten bei starker Hitze goldgelb rösten, sofort vom Feuer nehmen, kurz abkühlen lassen und dann zu den Saucenzutaten schütten. Gut umrühren.
Das Fleisch in einen Edelstahltopf oder eine Glasschüssel legen und die Sauce dazugießen. 2 Stunden marinieren lassen. Die Marinade abgießen und aufbewahren. Den Fettmantel wieder sorgfältig um das Fleisch legen und mit einer Schnur umwickeln, damit es während des Grillens nicht anbrennt oder austrocknet.

## Zubereitung

Ein Holzkohlenfeuer vorbereiten. Wenn sich auf der Glut ein weißer Aschenbelag gebildet hat, das Fleisch unter gelegentlichem Wenden grillen. Hin und wieder mit der Grillsauce bestreichen. Das Fleisch sollte nach 30 bis 40 Minuten saignant sein. Eine weitere Möglichkeit besteht darin, das Fleisch im 200° heißen Ofen zu braten, bis das Fleischthermometer 65° anzeigt.
Den Lammrücken in Koteletts aufschneiden und diese sich überlappend auf einzelnen vorgewärmten Tellern anordnen. Sofort auftragen.

**Für 4 Personen als Entrée.**

# KALBSBRIES MIT LIMONEN-KORIANDER-SAUCE

**700 g Kalbsbries**
**1 TL Salz**
**1 EL frischer Zitronensaft**
**½ Tasse Pinienkerne**
**120 g frische Schiitake-Pilze**
**3 Frühlingszwiebeln**
**2 EL Stärkemehl**
**3 EL Butter**
**3 Knoblauchzehen, feingewiegt**
**2 Limonen, zur Garnierung in Keile aufgeschnitten**

*Sauce*
**175 ml Hühnerbrühe**
**1 EL Sesamöl**
**2 TL dunkle Sojasauce**
**½ TL chinesische Chilisauce**
**½ TL leicht zerstoßener Szechuan-Pfeffer**
**½ TL Salz**
**3 EL gehackter, frischer Koriander**
**2 TL geriebene oder feingewiegte Limonenschale**

Sich bei einem chinesischen Mahl einer Zutat zu bedienen, die, wie Kalbsbries, in der traditionellen Küche Chinas eigentlich keinen Platz hat, muß geradezu verwegen erscheinen. Dennoch harmoniert das zarte Kalbsbries auf das angenehmste mit einer großen Anzahl von exotischen Saucen.

## Vorbereitung (7–9 Stunden vor dem Servieren)

Das Bries in eine tiefe Kasserolle legen und mit kaltem Wasser bedecken. Eine Stunde weichen lassen, abgießen und erneut mit Wasser bedecken. Salz und Zitronensaft hinzufügen. Bei mäßiger Hitze leicht zum Kochen bringen, die Hitze reduzieren und 10 Minuten köcheln lassen. Das Bries unverzüglich mit kaltem Wasser abschrekken und in eine flache Pfanne legen. Mit Wachspapier abdecken und einen großen, mit kaltem Wasser gefüllten Topf auf das Bries stellen, um es zu beschweren. 6 bis 8 Stunden in den Kühlschrank stellen. Das Gewicht verleiht dem Bries mehr Festigkeit, so daß es beim Garen nicht auseinanderfällt.
Die dicken Partien der äußeren Haut entfernen, das Bries in mundgerechte Bissen aufteilen und bis zum Garen beiseitestellen.
Die Pinienkerne im 160° heißen Ofen etwa 8 Minuten goldgelb rösten. Beiseitestellen.
Die Stiele von den Pilzen entfernen und die Hüte vierteln. Die Frühlingszwiebeln diagonal in 2,5 cm lange Stücke schneiden, mit den Pilzen vermengen und beiseitestellen.
Die Saucenzutaten in einer kleinen Schüssel miteinander verrühren. Beiseitestellen.

## Zubereitung

Das Stärkemehl mit der gleichen Menge kalten Wassers anrühren und beiseitestellen. Eine Pfanne von ca. 30 cm Durchmesser bei mittelhoher Hitze heiß werden lassen und 2 Eßlöffel Butter hineingeben. Sobald die Butter zu schäumen beginnt, den Knoblauch hinzufügen und einige Sekunden sautieren. Bries, Pilze und Frühlingszwiebeln beigeben und etwa 3 Minuten sautieren, bis die Pilze weich und die Frühlingszwiebeln glasig sind. Die Sauce zugießen, leicht zum Kochen bringen und dann mit etwas Stärkemehlflüssigkeit andicken. Die Pinienkerne unterrühren. Abschmecken und gegebenenfalls nachwürzen. Vom Feuer nehmen und den restlichen Eßlöffel Butter unterziehen. Auf eine vorgewärmte Platte oder einzelne Teller schöpfen. Sofort mit den Limonenkeilen garniert auftragen, die über dem Bries ausgedrückt werden sollten.

**Für 4 Personen als Entrée; für 6 bis 8 Personen als Teil eines exotischen Essens.**

**Menüvorschlag für ein chinesisches *New-Wave-Menü* für 8 Personen: Kalifornische Wan-tan-Suppe, Würziger Schwertfischsalat, Kalbsbries mit Limonen-Koriander-Sauce, Reis »Pilaf«, Schoko-Mandel-Makronen und frisches Obst.**

■ KAPITEL 7

Mit immer wieder neuen, überraschenden Resultaten lassen sich traditionelle chinesische Teigfüllungen, Nudel- und Reisspeisen schier unendlich abwandeln. So gehört es seit jeher zu den Eßgewohnheiten der Chinesen, gedämpfte, gekochte, in der Pfanne gebratene oder im Wok fritierte Teigtaschen in die verschiedensten Würzsaucen, in scharfes Chiliöl, Essig oder Senf zu tunken, die Speisen also im nachhinein zusätzlich zu würzen. Im vorliegenden Kapitel nun gehen wir dieses Thema auf andere Weise an. Die Teigtaschen – die ja auch oft schon mit nicht unbedingt traditionell chinesischen Füllungen wie Schwertfisch oder Lachs versehen sind – werden, bevor sie auf den Tisch kommen, in einer Sauce sautiert oder mit einem Dressing glasiert. Bestreut mit Koriander, Ingwer und Sesamkörnern, in würziger Orangensauce in der Pfanne gebraten oder mit China-Sauce serviert, wird das spezielle Aroma der Teigtaschen von der jeweiligen Sauce bestimmt. Alle diese Teighüllen, die man ruhig mehrere Stunden vor der Zubereitung falten darf, können hervorragend als Appetitmacher oder als leichte, einer substantielleren Mahlzeit vorausgehende Entrées eingesetzt werden.

Bei den herkömmlichen, von chinesischen Restaurants angebotenen Nudeltellern werden in der Pfanne oder im Wok gebratene Pasta mit Fleisch, Fisch oder Meeresfrüchten kombiniert. Die meisten dieser klassischen Gerichte erfordern hinsichtlich Vor- und Zubereitung einen nicht unerheblichen Arbeitsaufwand und sind daher eher im Restaurant zu genießen als zu Hause. Wir

Teigtaschen »Marco Polo«; Curryhuhn-Wan-tans

gehen hier bewußt einen anderen Weg und bieten in diesem Kapitel fünf Nudelrezepte an, bei denen die gekochten Nudeln einfach in einer mit Orientwürzen gesättigten Sauce gewälzt werden. Als einleitender Pasta-Gang alla italiana oder als Beilage eines Zwischengerichtes aus Fleisch oder Meeresfrüchten stellen diese Nudelspeisen ein perfektes ›Schnellgericht‹ bei unverhofften Essen und Impromptu-Einladungen dar. Steht Ihnen dagegen der Sinn eher nach einer gehaltvollen Nudelspeise, dann bieten sich beispielsweise Meeresfrüchte auf gebratenen Nudeln als eindrucksvolles Entrée bei einer kleinen Dinner-Party an.

Was den Reis anbelangt, so stellt sich generell die Frage, ob man in der häuslichen Küche überhaupt jenen in chinesischen Restaurants bis zum Überdruß servierten, einfachen gedämpften Reis übernehmen sollte; wird er nämlich nicht überaus sorgfältig gewaschen, in genau der richtigen Wassermenge gegart und während der gesamten Mahlzeit warmgehalten, so kann er auf ein ausgesuchtes Menü sogar recht nachteilig wirken. In diesem Kapitel bieten wir Ihnen gaumenfreundlichere Alternativen an: Bei den hier offerierten Reisspeisen wertet man den sautierten Reis durch Hühnerbrühe und orientalische Würzstoffe geschmacklich auf und erhält dadurch eine Art von »Pilaf« pazifischen Stils. Solche etwa mit Curry, Safran, Mandarinenschale und Chili kondimentierten Gerichte erfordern nur wenige Minuten Arbeitszeit und passen zu jedem Entrée dieses Buches.

**Schnell und einfach zuzubereitende Gerichte in diesem Kapitel sind: Nudeln »Marco Polo«, Scharfe Zitrus-Nudeln, Pikante Thai-Nudeln, Chinesische Spaghetti »Primavera«, Nudeln in Jade-Sauce, Reis »Pilaf«, Feuerwerk-Reis sowie Ananas-Curry-Reis.**

## TEIGTASCHEN »MARCO POLO«

**4 schwarze chinesische Trockenpilze**
**6 Wasserkastanien, vorzugsweise frisch**
**2 Frühlingszwiebeln**
**450 g rohe Garnelen**
**1 Eiweiß**
**1 EL Stärkemehl**
**1 EL helle Sojasauce**
**2 TL trockener Sherry**
**1 TL Sesamöl**
**½ TL chinesische Chilisauce**
**¼ TL Salz**
**30 Wan-tan-Teighüllen**
**Stärkemehl zum Bestäuben**

*Dressing*
**2 EL helle Sojasauce**
**2 EL trockener Sherry**
**60 ml Rotweinessig**
**2 EL Sesamöl**
**2 TL Hoisin-Sauce**
**2 TL Zucker**
**1 TL chinesische Chilisauce**
**2 Knoblauchzehen, feingewiegt**
**1 EL feingewiegter, frischer Ingwer**
**1 EL geriebene oder feingewiegte Mandarinen- oder Orangenschale**
**3 EL feingewiegter, frischer Koriander**
**4 EL feingewiegte Frühlingszwiebeln**
**2 EL weiße Sesamkörner**

Eines Tages, als ich ›dringend‹ auf der Suche nach einem neuen Leckerbissen war, kam ich auf die Idee, einfach tiefgefrorene, gefüllte Teigtaschen in sprudelnd heißem Wasser zu kochen, bis sie zur Oberfläche aufschwammen, und sie dann kurz in einem Rest chinesischer Salatsauce zu wälzen. Die Farce dieser Teigtaschen ist zwar original chinesisch, doch die Methode, sie zusammen mit einer Sauce zu servieren, ist eher italienischer Provenienz: daher auch der Name für dieses Rezept.

### Vorbereitung

Die Füllung vorbereiten: Die Pilze in heißem Wasser etwa 20 Minuten einweichen, die Stiele abschneiden und wegwerfen. Die frischen Wasserkastanien schälen. Die Frühlingszwiebeln in kleine Stücke schneiden. Pilze, Wasserkastanien und Frühlingszwiebeln mit der Hand oder im Mixer wiegen.
Die Garnelen schälen und vom Darmstrang befreien, dann zusammen mit dem Eiweiß grob hacken. (Nicht so sehr zerkleinern, daß die einzelnen Zutaten nicht mehr als solche zu erkennen sind.) Die Garnelen mit der Pilzmischung vermengen, Stärkemehl, Sojasauce, Sherry, Sesamöl, Chilisauce und Salz hinzufügen und gründlich durchmischen.
5 Stunden vor dem Garen die Teigtaschen falten. Die quadratischen Wan-tans kreisförmig zurechtschneiden. 2 Teelöffel der Füllung auf jede Teigplatte setzen. Die Ränder mit Wasser befeuchten, eine Hälfte über die Füllung schlagen (die Füllung dabei nicht flachdrücken) und die Ränder zusammenpressen. Von den nunmehr halbmondförmigen Teigtaschen die beiden äußeren Ecken befeuchten und aneinanderdrücken: Die Teigtaschen sollten wie kleine Hütchen aussehen. Auf leicht mit Stärkemehl bestäubtes Backpapier legen und unbedeckt bis zur weiteren Verwendung in den Kühlschrank stellen.
Alle Dressing-Zutaten mit Ausnahme der Sesamkörner miteinander verrühren; im Mixer pürieren und in eine kleine Schüssel gießen. Die Sesamkörner bei starker Hitze in einer kleinen, ungefetteten Pfanne goldgelb rösten. Sofort herausnehmen und beiseitestellen.

### Zubereitung

4 Liter Wasser rasch aufkochen lassen. Die Teigtaschen einlegen und behutsam rühren. Wenn sie nach etwa 3 Minuten zur Oberfläche aufschwimmen, vorsichtig zum Abtropfen in ein Sieb setzen. Sodann die Teigtaschen in einer Schüssel mit der Sauce überziehen. Auf eine vorgewärmte Platte füllen, mit Sesamkörnern bestreuen und sofort auftragen.

**Für 6 bis 8 Personen als Appetithappen; für 2 Personen als Entrée.**

# SCHWERTFISCH-WAN-TANS MIT CHINA-SAUCE

**4 schwarze chinesische Trockenpilze**
**4 Wasserkastanien, vorzugsweise frisch**
**2 Frühlingszwiebeln**
**350 g Blattspinat, entstielt**
**350 g Schwertfisch**
**1 Eiweiß**
**1 EL helle Sojasauce**
**1 EL trockener Sherry**
**¼ TL weißer Pfeffer**
**¼ TL Salz**
**1 EL feingewiegter, frischer Ingwer**
**30 Wan-tan-Teighüllen**
**Stärkemehl zum Bestäuben**
**China-Sauce (Seite 37)**

*Dressing*
**2 EL Distelöl**
**2 EL Reisessig**
**1 EL helle Sojasauce**
**¼ TL chinesische Chilisauce**
**¼ TL Salz**
**2 EL gewiegter, frischer Koriander**

Das von zarten Teighüllen umgebene feste Fischfleisch kontrastiert auf reizvolle Weise mit der scharfen China-Sauce.
Stellen Sie diese Wan-tans mit Gebratenem Zitrus-Huhn, Gedämpftem Broccoli in indonesischer Sauce Hollandaise, frischem Obst und einem trockenen Weißwein zu einer leckeren kleinen Mahlzeit für sechs Personen zusammen!

## Vorbereitung

Die Füllung herstellen:
Die Pilze etwa 20 Minuten in heißem Wasser einweichen, die Stiele abschneiden und wegwerfen.
Die frischen Wasserkastanien schälen.
Die Frühlingszwiebeln in kleine Stücke schneiden.
Pilzhüte, Wasserkastanien und Frühlingszwiebeln mit der Hand oder im Mixer kleinhacken.
Die Spinatblätter in 1 Liter sprudelnd kochendes Wasser werfen und etwa 10 Sekunden wellen, dann abgießen und mit kaltem Wasser abschrecken.
Alles Wasser aus dem Spinat herausdrücken und diesen mit der Hand feinwiegen. In die Pilzmischung rühren.
Den Schwertfisch und das Eiweiß mit der Hand oder im Mixer grob hacken und zu der Spinatmischung geben.
Sojasauce, Sherry, weißen Pfeffer, Salz und Ingwer hinzufügen. Gründlich durchmischen.
Die Teighüllen 5 Stunden vor dem Kochen wie auf Seite 181 beschrieben zurechtschneiden und falten.
Die Dressing-Zutaten miteinander verrühren. Beiseitestellen.

## Zubereitung

4 Liter Wasser heftig sprudelnd aufkochen lassen.
Die Teigtaschen einlegen und behutsam rühren.
Wenn sie nach etwa 3 Minuten zur Oberfläche aufschwimmen, vorsichtig zum Abtropfen in ein Sieb setzen.
Die Teigtaschen in eine große Schüssel umfüllen, das Dressing zugießen und durchmischen.
Auf eine vorgewärmte Platte geben und sofort auftragen.
Dazu wird die China-Sauce gereicht, die jeder Gast über seine Teigtaschen schöpft.

**Für 6 bis 8 Personen als Appetithappen; für 2 Personen als Entrée.**



Schwertfisch-Wan-tans ▷
mit China-Sauce

# LACHS-WAN-TANS MIT GURKEN-RELISH

*Gurken-Relish*

- ½ **Treibhausgurke**
- 1 **TL Salz**
- 120 **ml Reisessig**
- 60 **g Zucker**
- ¼ **TL chinesische Chilisauce**

*Wan-tan-Füllung*

- 4 **schwarze chinesische Trockenpilze**
- 1 **Bund Schnittlauch**
- 1 **mittelgroße Karotte**
- 450 **g entgräteter und gehäuteter Lachs**
- 1 **Eiweiß**
- 1 **EL feingewiegter, frischer Ingwer**
- 1 **EL Austernsauce**
- 2 **TL trockener Sherry**
- 1 **TL Sesamöl**
- ¼ **TL Zucker**
- ⅛ **TL weißer Pfeffer**
- 30 **Wan-tan-Teighüllen**
- **Stärkemehl zum Bestäuben**
- 30 **kleine Erbsen, zum Garnieren**

Das Tablett mit den fertigen Wan-tans begann in meinen Händen zu zittern, als ich eines Abends Julia Child, die berüchtigte Gesellschaftsreporterin, in meine Küche eintreten sah. Doch ihre Freundlichkeit und Natürlichkeit ließen meine Befürchtungen schnell verfliegen. An jenem Abend standen auch diese Lachs-Wan-tans auf der Speisekarte. Wenn Sie Gefallen an diesem Rezept finden, sollten Sie nur den besten und frischsten Lachs dafür kaufen. Dämpfen Sie die Teigtaschen kurz und geben Sie ihnen einen scharf-süßen Relish bei, der die schmackhafte Füllung um so mehr hervorhebt.

## Vorbereitung

Das Gurkenrelish vorbereiten (das kann am Vortag geschehen): Die Gurke halbieren und die Kerne herauskratzen. Quer in 1–2 mm dünne Scheiben schneiden. Gleichmäßig salzen und 1 Stunde beiseitestellen. In der Zwischenzeit Essig, Zucker, und Chilisauce in einem kleinen Topf miteinander verrühren, leicht zum Kochen bringen, die Hitze reduzieren und 5 Minuten köcheln lassen. Auf Zimmertemperatur abkühlen lassen. Die Gurken mit kaltem Wasser abspülen, mit Küchenkrepp trockentupfen, in die Marinade geben und mindestens 1 Stunde ziehen lassen.

Die Füllung vorbereiten: Die Pilze etwa 20 Minuten in heißem Wasser einweichen, die Stiele abschneiden und wegwerfen. Die Hüte sowie den Schnittlauch hacken. Die Karotte hacken oder schnetzeln. (Wird ein Mixer benutzt, sollten Pilze, Schnittlauch und Karotten zuerst in kleine Stücke geschnitten und dann gemeinsam in den Mixer gegeben werden.)
Den Lachs in kleine Würfel schneiden und in eine Schüssel geben. Das Eiweiß hinzufügen und gut miteinander vermengen (dies kann auch im Mixer geschehen, der Lachs darf dabei allerdings nicht so weit zerkleinert werden, daß er nicht mehr als solcher zu erkennen ist). Lachs- und Pilzmischung miteinander kombinieren, dann Ingwer, Austernsauce, Sherry, Sesamöl, Zucker und weißen Pfeffer dazurühren und gründlich mischen.
5 Stunden vor dem Garen die Teigtaschen falten: Die quadratischen Wan-tans kreisförmig zurechtschneiden. 1 Eßlöffel der Füllung in die Mitte jeder Teigplatte setzen. Die Ränder um die Füllung herum nach oben ziehen. Einen Wan-tan vorsichtig zwischen Daumen und Zeigefinger nehmen. Die Mitte des Wan-tans behutsam mit dem Zeigefinger eindrücken und mit Zeigefinger und Daumen der anderen Hand Ober- und Unterseite der Teigtasche pressen. Diese sollten dann wie dünne, runde Zylinder mit abgeflachter Ober- und Unterseite aussehen. Die Wan-tans auf leicht mit Stärkemehl bestäubtes Backpapier legen. Auf jede Teigtasche eine Erbse setzen. Bis zum Garen unbedeckt in den Kühlschrank stellen.

## Zubereitung

Die Gurken abgießen und in eine dekorative Schüssel füllen.
In einem chinesischen Dampftopf Wasser heftig sprudelnd aufkochen lassen. Den Einsatz des Dampftopfes mit einer Lage Folie auslegen; dabei ringsherum einen 2,5 cm breiten Rand freilassen, damit der Dampf zirkulieren kann. Die Folie etwas mit Pflanzenöl einfetten, die Teigtaschen auf die Folie geben. Den Einsatz über das kochende Wasser stellen, zudecken und die Teigtaschen etwa 5 Minuten dämpfen, bis sie sich bei Fingerdruck fest anfühlen. Die Wan-tans dürfen nicht zu lange gegart werden, da der Lachs sonst austrocknet.
Den Dampftopf vom Feuer nehmen. Die Folie herausheben und die Wan-tans auf eine vorgewärmte Platte gleiten lassen. Mit dem Gurken-Relish servieren.

**Für 6 bis 10 Personen als Appetithappen.**

**Anmerkungen: Diese Wan-tans können auch gut in der Pfanne gebraten werden. Dazu eine Pfanne von ca. 30 cm Durchmesser mit Antihaft-Beschichtung auf starke Flamme stellen, 2 Eßlöffel Erdnußöl zugeben und dann die Wan-tans einfüllen. In etwa 2 Minuten die Unterseiten goldbraun braten. 120 ml Wasser dazugießen und sofort zudecken. Die Wan-tans noch etwa 2 Minuten garen, bis sie fest sind. Den Deckel abnehmen und die Wan-tans so lange weitergaren, bis alles Wasser verdampft und ihre Unterseite dunkelbraun ist. Auf eine Platte geben und auftragen.**

# WÜRZIGE ZITRUS-NUDELN

**Salz**
**250 g spaghettiähnliche Trockennudeln, vorzugsweise chinesische**

*Sauce*
**1 EL feingewiegter Knoblauch**
**2 EL Olivenöl**
**3 EL helle Sojasauce**
**2 EL trockener Sherry**
**2 EL Reisessig**
**2 EL Sesamöl**
**1 EL hellbrauner Zucker**
**½ TL chinesische Chilisauce**
**¼ TL gemahlener Szechuan-Pfeffer**
**1 TL geriebene oder feingewiegte Orangenschale**
**½ Tasse gehackte Frühlingszwiebeln**
**¼ Tasse weiße Sesamkörner**

An der Landstraße nach Kueilin, inmitten einer überwältigenden Kulisse von Kalksteinfelsen, liegt ein kleines Restaurant, wo ich zusammen mit ein paar Freunden zum ersten Mal diese Zitrus-Nudeln aß. Wir waren davon so angetan, daß unser kleiner Nachmittags-Imbiß sich zu einem frühen Abendessen mit sautierten Froschschenkeln in Knoblauchsauce, flockigen Omeletts mit süß-scharfer Glasur, Schlangensuppe mit frischen Strohpilzen und eben dieser köstlichen Nudelspeise entwickelte. Nach diesem unverhofften kulinarischen Abenteuer absolvierten wir einen flotten Marsch durch die von Fahrrädern verstopften Straßen, um uns für das feierliche Bankett an diesem Abend wieder fit zu machen!

## Vorbereitung

Die Sauce vorbereiten: Knoblauch und Olivenöl miteinander verrühren und beiseitestellen. Alle Saucenzutaten mit Ausnahme der Sesamkörner in einer kleinen Schüssel vermengen. Die Sesamkörner etwa 2 Minuten in einer kleinen, ungefetteten Pfanne bei stärkster Hitze goldgelb rösten. Sofort vom Feuer nehmen und in die Sauce schütten.

## Zubereitung

Mindestens 4 Liter Wasser sprudelnd aufkochen lassen, leicht salzen, die Nudeln hineinschütten und etwa 5 Minuten kochen lassen; sie sollten nicht mehr roh schmecken, aber auch nicht zu weich sein. Sofort über einem Sieb abgießen, alles Wasser herausschütteln und die Nudeln in eine große Schüssel füllen.

In der Zwischenzeit die Knoblauchmischung bei mittelhoher Hitze in einer kleinen Pfanne sautieren. Nach etwa 30 Sekunden die restlichen Saucenzutaten hinzufügen und leicht zum Kochen bringen. Vom Feuer nehmen.

Die Sauce zu den Nudeln geben, gut umrühren, auf eine vorgewärmte Platte oder einzelne Teller füllen und sofort auftragen.

**Für 4 Personen als Beilage zu jedem beliebigen Entrée; für 6 bis 8 Personen als Bestandteil eines exotischen Essens. Menüvorschlag für ein schnelles ostasiatisches Essen für 6 Personen: Rippenspeer mit Chinesischer Grill-Sauce (beide Seiten der Rippen), Muschelfäden-Suppe, Würzige Zitrus-Nudeln (doppelte Zutatenmenge) und Zitronen-Meringue.**

Würzige Zitrus-Nudeln

# GARNELEN-TEIGTASCHEN IN ZITRONENSAUCE

**4 Wasserkastanien, vorzugsweise frisch**
**2 Frühlingszwiebeln**
**350 g Blattspinat, entstielt**
**450 g rohe Garnelen**
**1 Eiweiß**
**1 EL helle Sojasauce**
**¼ TL chinesische Chilisauce**
**1 EL feingewiegter, frischer Ingwer**
**2 TL geriebene oder feingewiegte Zitronenschale**
**30 Wan-tan-Teighüllen**
**Stärkemehl zum Bestäuben**
**2 EL Erdnußöl**

*Sauce*
**1 TL geriebene oder feingewiegte Zitronenschale**
**60 ml Zitronensaft**
**3 EL Zucker**
**2 EL trockener Sherry**
**1 EL helle Sojasauce**
**¼ TL chinesische Chilisauce**
**¼ TL Salz**
**1 EL feingewiegter, frischer Ingwer**

Nordchinas berühmte würzige Teigtaschen werden gedämpft oder in der Pfanne knusprig gebraten. Traditionell aus selbstgemachtem Teig zu Hause hergestellt, erfordert das halbmondförmige Falten der Hüllen doch sehr viel Geduld. Deshalb empfiehlt es sich, fertige Wan-tans zu kaufen und nach dem Füllen einfach zylinderförmig einzurollen. In jedem Fall sollte man die Taschen in einer aromatischen Sauce und nicht im Wasserdampf garen. Zum Braten verwendet man eine Pfanne mit Antihaft-Beschichtung, an deren Boden die Teighüllen nicht ansetzen können. Während der letzten Bratminuten schwenkt man die Pfanne zweckmäßigerweise, um die Taschen von allen Seiten mit der köstlichen Sauce zu überziehen.

## Vorbereitung

Die Füllung vorbereiten: Die frischen Wasserkastanien schälen. Frühlingszwiebeln in kleine Stücke schneiden. Wasserkastanien und Frühlingszwiebeln mit der Hand wiegen oder im Mixer zerkleinern. Die Spinatblätter in 1 Liter sprudelnd kochendes Wasser werfen und etwa 10 Sekunden wellen. Sofort abgießen, den Spinat abschrecken und das Wasser aus den Blättern pressen. Den Spinat mit der Hand kleinhacken.
Die Garnelen schälen, vom Darmstrang befreien, grob hacken und mit der Hand oder im Mixer mit dem Eiweiß vermengen. Die Garnelen mit der Wasserkastanien-Mischung vermengen, dann Sojasauce, Chilisauce, Ingwer und Zitronenschale zugeben. Gründlich durchmischen.
Nicht länger als 5 Stunden vor dem Garen die Teigtaschen zurechtschneiden und falten, wie auf Seite 185 beschrieben.
Die Sauce vorbereiten: Die Zutaten in einer kleinen Schüssel miteinander verrühren. Beiseitestellen.

## Zubereitung

Eine Pfanne von ca. 30 cm Durchmesser mit Antihaft-Beschichtung über starker Flamme heiß werden lassen. Das Öl und dann sogleich die Wan-tans zugeben. Etwa 2 Minuten braten, bis die Böden goldbraun sind.
Die Zitronensauce dazugießen und die Pfanne sofort zudecken. Auf mittlere Hitze reduzieren und die Wan-tans etwa 2 Minuten dämpfen, bis sie sich bei Fingerdruck fest anfühlen.
Den Deckel abnehmen und so lange bei großer Hitze weiterbraten, bis die Sauce nach etwa 1 Minute vollkommen reduziert ist. Die Pfanne dabei schwenken, so daß die Sauce die Wan-tans glasiert. Auf eine vorgewärmte Platte geben und sofort auftragen.
Zu diesem Gericht sollte wegen der Zitronensauce nicht die übliche Essig-Chili-Öl-Mixtur gereicht werden.

**Für 6 bis 10 Personen als Appetithappen.**

**Anmerkungen: Rohe Teigtaschen können eingefroren werden, sie sind allerdings nicht ganz so köstlich wie frische. Zum Garen werden die tiefgefrorenen Taschen bei mittlerer Hitze in der Pfanne goldbraun gebraten. Da sie länger brauchen um durchzugaren, könnte es erforderlich sein, während des Bratens etwas Wasser zuzugeben.**

# TEIGTASCHEN »SANTA BARBARA«

**350 g Blattspinat, entstielt**
**2 Frühlingszwiebeln**
**300 g Schweinehack**
**2 TL feingewiegter, frischer Ingwer**
**½ TL geriebene oder feingewiegte Orangenschale**
**1 Ei**
**1 EL helle Sojasauce**
**¼ TL chinesische Chilisauce**
**½ TL Salz**
**24 Wan-tan-Teighüllen**
**Stärkemehl zum Bestäuben**
**2 EL Erdnußöl**

*Sauce*
**120 ml Hühnerbrühe**
**2 EL trockener Sherry**
**2 TL Austernsauce**
**1 TL Hoisin-Sauce**
**½ TL chinesische Chilisauce**
**¼ TL Zucker**
**2 TL geriebene oder feingewiegte Orangenschale**

Die hier empfohlene Zubereitungsart, die auch in meiner Kochschule in Santa Barbara praktiziert wird, hält sich in bezug auf die Füllung an das Originalrezept für *Santa Barbara Pot-Stickers,* weicht jedoch insofern von der klassischen Herstellungsweise ab, als die Teigtaschen hier nicht gedämpft, sondern in einer pikanten Orangensauce gegart werden.

## Vorbereitung

Die Füllung vorbereiten: Die Spinatblätter in 1 Liter sprudelnd kochendes Wasser werfen und etwa 10 Sekunden wellen, dann abgießen und abschrecken. Das Wasser aus den Blättern pressen und den Spinat mit der Hand hacken. Die Frühlingszwiebeln wiegen. Spinat, Frühlingszwiebeln, Schweinehack, Ingwer, Orangenschale, Ei, Sojasauce, Chilisauce und Salz vermengen und gründlich durchmischen.
Nicht länger als 5 Stunden vor dem Garen die Teigtaschen zu Kreisen zurechtschneiden und wie auf Seite 185 beschrieben falten.
Die Sauce zubereiten: Die Zutaten in einer kleinen Schüssel verrühren. Beiseitestellen.

## Zubereitung

Eine Pfanne von ca. 30 cm Durchmesser mit Antihaft-Beschichtung über starker Flamme heiß werden lassen. Das Öl hinzufügen und sofort die Wan-tans beigeben. Etwa 2 Minuten braten, bis die Böden goldbraun sind. Die Orangensauce hineingießen. Die Pfanne sofort zudecken, auf mittlere Hitze zurückschalten und die Teigtaschen etwa 2 Minuten dämpfen, bis sie sich bei Fingerdruck fest anfühlen.
Den Deckel abnehmen und so lange weiterbraten, bis die Sauce nach etwa 1 Minute vollkommen reduziert ist. Die Pfanne dabei schwenken, so daß die Sauce die Teigtaschen glasiert. Auf eine vorgewärmte Platte geben und sofort auftragen.

**Für 4 bis 8 Personen als Appetithappen.**

**Anmerkungen: Auch diese Teigtaschen können tiefgefroren werden. Siehe Anmerkungen Seite 188.**

# CHINESISCHE SPAGHETTI »PRIMAVERA«

**Salz**

**250 g spaghettiähnliche Trockennudeln, vorzugsweise chinesische**

**1 EL Erdnußöl**

**1 rote Paprika, von Rippen und Samen befreit**

**1 gelbe Paprika, von Rippen und Samen befreit**

**10 mittelgroße Jungpilze**

**3 Frühlingszwiebeln**

**2 EL Stärkemehl**

*Sauce*

**3 Knoblauchzehen, feingewiegt**

**1 EL Olivenöl**

**175 ml Hühnerbrühe**

**3 EL trockener Sherry**

**2 EL Sesamöl**

**1 EL helle Sojasauce**

**1 EL Austernsauce**

**1 EL heller Weinessig**

**1 TL chinesische Chilisauce**

**½ TL grob zerstoßener Szechuan-Pfeffer**

**½ TL Zucker**

**½ TL Salz**

**1½ TL geriebene oder feingewiegte Orangen- oder Mandarinenschale**

In einer geräumigen Pfanne werden Frühlingsgemüse und Nudeln in einer reich gewürzten Sauce gewälzt, kurz sautiert, und schon kommt die Primavera auf den Tisch!
Ich bevorzuge solche unkomplizierten Methoden, vor allem wenn es darum geht, rasch ein Essen auf den Tisch zu zaubern oder bei einer Dinner-Party den Streß zu minimieren.

## Vorbereitung

Mindestens 4 Liter Wasser sprudelnd aufkochen lassen, leicht salzen und die Nudeln hineingeben.
Etwa 5 Minuten kochen, so daß sie nicht mehr roh schmecken, aber auch nicht zu weich sind. Sofort über einem Sieb abgießen, kurz abschrecken, überschüssiges Wasser abschütteln und die Spaghetti in eine Schüssel schütten. Das Öl untermischen.
Die Paprika in Julienne-Streifen und die Pilze in sehr dünne Scheiben schneiden. Die Frühlingszwiebeln schnitzeln.
Das Gemüse unter die Spaghetti mischen. Beiseitestellen.
Die Sauce vorbereiten: Knoblauch und Olivenöl miteinander verrühren. Die restlichen Saucenzutaten in einer zweiten kleinen Schüssel vermengen.

## Zubereitung

Das Stärkemehl mit der gleichen Menge kalten Wassers anrühren. Beiseitestellen.
Eine Pfanne von ca. 30 cm Durchmesser auf größte Hitze bringen und die Knoblauchmischung kurz sautieren. Die restlichen Saucenzutaten einrühren und langsam zum Kochen bringen. Genügend Stärkemehl zum leichten Andicken der Sauce zufügen.
Die Spaghetti in die Sauce geben und unter Rühren etwa 3 Minuten bei starker Hitze wieder heiß werden lassen, so daß die Paprika glasig werden. Abschmecken und gegebenenfalls nachwürzen. Auf eine vorgewärmte Servierplatte oder einzelne Teller füllen und sofort auftragen.

**Für 4 Personen als Beilage zu einem herzhaften Entrée; für 6 bis 8 Personen als Teil eines exotischen Dinners.**

**Menüvorschlag für ein schnelles Essen en famille: Gegrillter Fisch, Chinesische Spaghetti »Primavera« und ein grüner Salat.**

# CURRYHUHN-WAN-TANS

**350 g Blattspinat, entstielt**
**4 Wasserkastanien, vorzugsweise frisch**
**2 Frühlingszwiebeln**
**300 g durchgelassenes Hühnerfleisch**
**2 TL feingewiegter, frischer Ingwer**
**1 Ei**
**1 EL helle Sojasauce**
**¼ TL chinesische Chilisauce**
**24 Wan-tan-Teighüllen**
**Stärkemehl zum Bestäuben**
**2 EL Erdnußöl**

*Sauce*
**60 ml ungesüßte Kokosmilch**
**60 ml Hühnerbrühe**
**2 EL trockener Sherry**
**2 TL Austernsauce**
**1 EL Curry**
**½ TL Zucker**

Diese mit frisch durchgedrehtem Hühnerfleisch gefüllten und in einer Kokosmilch-Curry-Sauce in der Pfanne gebratenen Teigtaschen geben ein vorzügliches Hors d'œuvre ab. Zweigen Sie vorsorglich immer ein paar Exemplare ab und halten diese im Tiefkühlfach für den Fall bereit, daß Sie eine unwiderstehliche Lust auf einen chinesischen Snack überkommt!

## Vorbereitung

Die Füllung vorbereiten: Die Spinatblätter in 1 Liter sprudelnd kochendes Wasser werfen und in etwa 10 Sekunden wellen. Abgießen, abschrecken und das Wasser herauspressen. Den Spinat mit der Hand hacken. Die frischen Wasserkastanien schälen. Die Frühlingszwiebeln in kleine Stücke schneiden. Wasserkastanien und Frühlingszwiebeln mit der Hand wiegen oder im Mixer zerkleinern. Spinat, Wasserkastanien, Frühlingszwiebeln, Hühnerfleisch, Ingwer, Ei, Soja-und Chilisauce gründlich miteinander vermengen.
Nicht länger als 5 Stunden vor dem Garen die Teigtaschen kreisförmig ausschneiden und wie auf Seite 185 beschrieben falten.
Die Sauce vorbereiten: Die Zutaten in einer kleinen Schüssel miteinander vermengen und gut durchrühren. Beiseitestellen.

## Zubereitung

Eine Pfanne von ca. 30 cm Durchmesser mit Antihaft-Beschichtung bei starker Hitze heiß werden lassen. Das Öl hineingeben und unverzüglich die Wan-tans hinzufügen. Etwa 2 Minuten braten, bis die Böden goldbraun sind.
Die Sauce hineingießen. Die Pfanne sofort zudecken, auf mittlere Hitze zurückschalten und die Teigtaschen etwa 2 Minuten dämpfen, bis sie sich bei Fingerdruck fest anfühlen.
Den Deckel abnehmen und so lange weiterbraten, bis die Sauce nach etwa 1 Minute vollkommen reduziert ist. Die Pfanne dabei schwenken, so daß die Sauce die Teigtaschen glasiert. Auf eine vorgewärmte Platte geben und sofort auftragen.

**Für 4 bis 8 Personen als Appetithappen.**

# NUDELN »MARCO POLO«

**Salz**
**250 g spaghettiähnliche Trockennudeln, vorzugsweise chinesische**

*Sauce*
**1 EL feingewiegter Knoblauch**
**1 EL feingewiegter, frischer Ingwer**
**2 EL Olivenöl**
**60 ml trockener Sherry**
**2 EL Austernsauce**
**2 EL Reisessig**
**1 EL Sesamöl**
**1 TL Zucker**
**½ TL chinesische Pfeffermischung (siehe Glossar)**
**½ Tasse gehackte Frühlingszwiebeln**

Olivenöl, Kräuter und italienische Kochmethoden reizen mich immer wieder dazu, mir italienisch-chinesische Rezeptkombinationen einfallen zu lassen. Hier werden chinesische Spaghetti in einer aus Olivenöl, Knoblauch, Ingwer, Austernsauce und Reisessig bereiteten Sauce gebadet, eine köstliche, leichte Ergänzung zu jeder Art von Entrée.

## Vorbereitung

Die Sauce zusammenstellen: Ingwer und Knoblauch mit dem Olivenöl verrühren und beiseitestellen. Die restlichen Zutaten in einer weiteren kleinen Schüssel vermengen. Beiseitestellen.

## Zubereitung

Mindestens 4 Liter Wasser sprudelnd aufkochen lassen, leicht salzen und die Nudeln hineingeben. Etwa 5 Minuten kochen, so daß sie nicht mehr roh schmecken, aber auch nicht zu weich sind. Sofort über einem Sieb abgießen, überschüssiges Wasser abschütteln und die Spaghetti in eine große Schüssel geben.
Während die Nudeln kochen, eine kleine Pfanne bei mittelhoher Hitze heiß werden lassen, die Knoblauch-Ingwer-Mischung einrühren und 30 Sekunden sautieren.
Sodann die restlichen Zutaten hinzufügen. Langsam zum Kochen bringen und dann vom Feuer nehmen.
Die Sauce über die Nudeln gießen und gut durchmischen. Auf eine vorgewärmte Servierplatte oder einzelne Teller umfüllen und sofort auftragen.

**Für 4 Personen als Beilage zu einem Entrée; für 6 bis 8 Personen als Teil eines exotischen Essens.**

**Menüvorschlag für 4 Personen: Scaloppine in Schiitake-Sahnesauce, Nudeln »Marco Polo« und Bunter Gartensalat mit orientalischem Dressing.**

## FEUERWERK-REIS

**4 schwarze chinesische Trockenpilze**
**1½ Tassen Langkornreis**
**¼ Tasse Pinienkerne**
**2 Knoblauchzehen, feingewiegt**
**1 EL feingewiegter, frischer Ingwer**
**3 EL Butter**
**½ Tasse dunkle Rosinen**
**⅓ Tasse gewiegte Frühlingszwiebeln**

*Sauce*
**600 ml Hühnerbrühe**
**60 ml Tomatensauce**
**2 EL trockener Sherry**
**1 EL Austernsauce**
**2 TL Sesamöl**
**½ TL Zucker**
**½ TL chinesische Chilisauce**

Zu der äußerst praktischen Methode der Chinesen, Reis zu essen, bemerkte schon der Jesuitenpater Francesco Carletti im siebzehnten Jahrhundert: »Zwei dünne Stäbchen erfassen sehr geschickt und ohne die Hände zu beflecken alles Beliebige, wie klein es auch immer sei. Aus diesem Grunde sind bei ihnen auch keine Tischdecken oder Servietten im Gebrauch, ja nicht einmal Messer, denn alles kommt minuziös zurechtgeschnitten an die Tafel. Wenn sie das Aufgetischte endlich verspeisen wollen, führen sie die Schale, in der es sich befindet, dicht an den Mund und sind sodann mit Hilfe jener beiden Stäbchen in der Lage, sich mit bewundernswerter Behendigkeit und Schnelligkeit den Mund zu füllen.«

### Vorbereitung

Die Trockenpilze 20 Minuten in heißem Wasser einweichen, die Stiele abschneiden und wegwerfen, die Hüte feinwiegen.
Den Reis in ein Sieb schütten. Etwa 2 Minuten unter kaltem Wasser waschen und dabei mit den Fingern durchmischen, bis das Wasser nicht mehr milchig wird. Gründlich abtropfen lassen.
Die Pinienkerne im 160° heißen Ofen etwa 10 Minuten goldgelb rösten. Beiseitestellen.
Die Sauce vorbereiten: Die Zutaten in einer kleinen Schüssel miteinander verrühren.
Beiseitestellen.

### Zubereitung

Eine 3-Liter-Kasserolle bei mittelhoher Hitze heiß werden lassen. Knoblauch, Ingwer und Butter hinzufügen und sautieren, bis die Butter zu schäumen beginnt, dann den Reis dazuschütten.
Den Reis etwa 5 Minuten rühren, bis er von der Butter überzogen und durcherhitzt ist.
Rosinen, Pilze und Sauce hinzufügen.
Unter Rühren langsam zum Kochen bringen, dann zudekken und auf kleinste Flamme schalten.
18 bis 24 Minuten köcheln lassen, bis die Flüssigkeit völlig absorbiert ist.
Den Deckel abnehmen. Die Frühlingszwiebeln und Pinienkerne untermischen. Sofort auftragen.

**Für 4 bis 6 Personen als Beilage zu jedem beliebigen Entrée; für 6 bis 8 Personen als Teil eines exotischen Essens.**

**Menüvorschlag für ein einfaches Essen für 4 Personen: Grillhuhn, Feuerwerk-Reis, Avocado-Tomaten-Salat und Backäpfel.**

**Anmerkungen: Dieses Gericht kann zu einem Hauptgang gemacht werden. Siehe Anmerkungen auf Seite 198.**

1 tablespoon
1 teaspoon

# SCHARFE THAI-NUDELN

**2 EL gehackte, geröstete Erdnüsse**
**⅓ Tasse gewiegte, rote Paprika**
**¼ Tasse gewiegte Frühlingszwiebeln**
**¼ Tasse gewiegter, frischer Koriander**
**2 Tassen Bohnensprossen**
**2 Eier**
**1 EL Erdnußöl**
**Salz**
**250 g spaghettiähnliche Trockennudeln, vorzugsweise chinesische**

*Sauce*
**3 Knoblauchzehen, feingewiegt**
**1 EL Erdnußöl**
**3 EL trockener Sherry**
**3 EL helle Sojasauce**
**3 EL Tomatensauce**
**2 EL Limonensaft plus 2 Limonen**
**2 EL hellbrauner Zucker**
**1 TL chinesische Chilisauce**
**1 TL geriebene oder feingewiegte Limonenschale**

Die thailändische Küche ist bekannt für dieses Nudelgericht mit Limonensaft, getrockneten Chilis, gewiegtem Koriander und gehackten Erdnüssen. Bei ihrer kurzen Vorbereitungs- und Kochzeit sind die Scharfen Thai-Nudeln eine willkommene Ergänzung zu gegrilltem Fleisch oder einem mehrgängigen ostasiatischen Menü.

## Vorbereitung
Erdnüsse, rote Paprika, Frühlingszwiebeln, Koriander und Bohnensprossen in separaten Behältnissen bereitstellen.
Die Eier gut verschlagen. Eine Pfanne aus Gußeisen oder mit Antihaft-Beschichtung von ca. 30 cm Durchmesser bei mittelhoher Hitze heiß werden lassen, sodann 1 Teelöffel Öl hineingeben und mit Küchenkrepp in der Pfanne verteilen. Die Hälfte der verschlagenen Eier hineingeben und die Pfanne behutsam so schwenken, daß ein dünner Eierkuchen entsteht. Wenn er nach etwa 30 Sekunden fest geworden ist, wenden und einige Sekunden von der anderen Seite braten. Aus der Pfanne nehmen, die Pfanne leicht einölen und einen zweiten Eierkuchen backen. Die Eierkuchen, sobald sie abgekühlt sind, aufrollen und in Streifen schneiden. Beiseitestellen.
Die Sauce vorbereiten: Knoblauch und Öl verrühren und beiseitestellen. Sherry, Sojasauce, Tomatensauce, Limonensaft, braunen Zucker, Chilisauce und Limonenschale in einer kleinen Schüssel verrühren. Beiseitestellen.
2 Limonen in Keile schneiden und beiseitestellen.

## Zubereitung
Mindestens 4 Liter Wasser sprudelnd aufkochen lassen, leicht salzen und die Nudeln hineingeben. Etwa 5 Minuten kochen, so daß sie nicht mehr roh schmecken, aber auch nicht zu weich sind. Sofort über einem Sieb abgießen, überschüssiges Wasser abschütteln und die Spaghetti in eine große Schüssel geben.
Während die Nudeln kochen, eine kleine Pfanne bei mittelhoher Hitze heiß werden lassen, die Knoblauch-Öl-Mischung etwa 30 Sekunden sautieren, die restlichen Zutaten beigeben, langsam zum Kochen bringen und dann vom Feuer nehmen.
Die Sauce zu den Nudeln gießen. Eierkuchenstreifen und Bohnensprossen untermischen. Auf eine vorgewärmte Servierplatte füllen. Mit Erdnüssen, roten Paprika, Frühlingszwiebeln und Koriander bestreuen, mit Limonenkeilen garnieren und sofort auftragen.

**Für 4 bis 6 Personen als Beilage zu gegrilltem Fleisch; für 6 bis 8 Personen als Teil eines exotischen Essens.**
**Menüvorschlag für 4 Personen: Salat »Jade« (ohne die Kammuscheln), Lammsattel in Hunan-Grillsauce, Scharfe Thai-Nudeln und Flambierte Thai-Bananen.**

# CHINESISCHE SPAGHETTI IN JADE-SAUCE

Salz
250 g spaghettiähnliche Trockennudeln, vorzugsweise chinesische
1 EL Erdnußöl
125 g Schiitake-Pilze
2 mittelgroße Karotten oder 1 rote Paprika, von Samen und Rippen befreit
½ Tasse Pinienkerne
1 EL Stärkemehl

*Sauce*
2 Knoblauchzehen, feingewiegt
450 g Blattspinat, entstielt
2 Bund Schnittlauch
16 frische Korianderstengel
12 Basilikumblätter
80 ml Hühnerbrühe
150 ml fettreiche Schlagsahne
½ TL Salz
¼ TL chinesische Chilisauce

Das herrliche Jadegrün dieser Sauce kommt durch das Pürieren von Spinat, Schnittlauch, Koriander und Basilikum mit Schlagsahne zustande. Diese chinesischen ›Spaghetti‹ machen sich besonders gut zu gegrillten Koteletts oder gegrilltem Schwertfisch.

## Vorbereitung

Mindestens 4 Liter Wasser sprudelnd aufkochen lassen, leicht salzen und die Nudeln hineingeben. Etwa 5 Minuten kochen, so daß sie nicht mehr roh schmecken, aber auch nicht zu weich sind. Sofort über einem Sieb abgießen. Überschüssiges Wasser abschütteln und die Spaghetti in eine Schüssel schütten. Das Öl untermischen.

Die Pilzhüte übereinanderlegen und schnetzeln. Die Karotten bzw. die Paprika schräg in hauchdünne Scheiben schneiden, die Scheiben übereinanderlegen und schnetzeln. Die Gemüse zu den Nudeln geben und gut durchmischen. Beiseitestellen.

Die Pinienkerne etwa 10 Minuten im 160° heißen Ofen goldgelb rösten. In eine kleine Schüssel schütten und beiseitestellen.

Die Sauce vorbereiten: Knoblauch, Spinatblätter, Schnittlauch, Koriander und Basilikum im Mixer mit Metallmesser zu einem feinen Püree verarbeiten, dann Hühnerbrühe, Sahne, Salz und Chilisauce hinzufügen. Erneut pürieren. In eine Schüssel umfüllen und beiseitestellen. (Dies kann bis zu einem Tag im voraus erledigt werden.)

## Zubereitung

Stärkemehl mit der gleichen Menge kalten Wassers anrühren. Beiseitestellen.

Eine Pfanne von ca. 30 cm Durchmesser über großer Flamme heiß werden lassen. Die Sauce hineingießen und langsam zum Kochen bringen. Genügend von der Stärkemehlflüssigkeit einrühren, um die Sauce leicht anzudicken. Die Spaghetti in die Sauce geben und etwa 2 Minuten bei starker Hitze unter Rühren heiß werden lassen, bis Karotten oder Paprika glasig geworden sind. Auf eine vorgewärmte Platte oder einzelne Teller füllen, mit Pinienkernen bestreuen und sofort auftragen.

**Für 4 Personen als Beilage; für 6 bis 8 Personen als Teil eines exotischen Essens.**

## REIS »PILAF«

**1½ Tassen Langkornreis**
**¼ Tasse weiße Sesamkörner**
**2 Knoblauchzehen, feingewiegt**
**1 Schalotte, gewiegt**
**3 EL Butter**
**½ Tasse dunkle Rosinen**
**½ Tasse gewiegte Frühlingszwiebeln**
**3 EL gewiegter, frischer Koriander**
**½ Tasse gewiegte, rote Paprika**

*Sauce*
**600 ml Hühnerbrühe**
**2 EL trockener Sherry**
**2 EL helle Sojasauce**
**1 EL Sesamöl**
**½ TL chinesische Chilisauce**
**½ TL Salz**
**2 TL geriebene oder feingewiegte Mandarinen- oder Orangenschale**

Der mit Zutaten farbenfroh durchsetzte Reis »Pilaf« ist ein ausgezeichnetes Beigericht zu allen möglichen heimischen oder fernöstlichen Entrées, und außerdem lassen sich die Quantitäten erheblich steigern, ohne daß dadurch die Qualität leidet. Vom Aroma der orientalischen Gewürze durchdrungen, klumpt dieser Reis doch nie zusammen, selbst wenn das Gericht Tage später im Mikrowellenherd wieder aufgewärmt wird. Immer wenn wir zu Einladungen ein Reisgericht zu wählen haben, steht dieses Rezept ganz oben auf unserer Liste.

### Vorbereitung

Den Reis in ein Sieb schütten. Etwa 2 Minuten unter kaltem Wasser waschen und dabei mit den Fingern durchmischen, bis das Wasser nicht mehr milchig wird. Gründlich abtropfen lassen.
Die Sesamkörner in einer kleinen, ungefetteten Pfanne bei starker Hitze etwa 2 Minuten goldgelb rösten. Sofort herausschütten und beiseitestellen.
Die Sauce vorbereiten: Die Zutaten in einer kleinen Schüssel vermengen und beiseitestellen.

### Zubereitung

Eine 3-Liter-Kasserolle bei mittelhoher Hitze heiß werden lassen. Knoblauch, Schalotte und Butter hineingeben und sautieren, bis die Butter zu schäumen beginnt. Dann den Reis dazuschütten und etwa 5 Minuten gut umrühren, bis der Reis von der Butter überzogen und gut durcherhitzt ist.
Rosinen und die Sauce hinzufügen, langsam zum Kochen bringen, dann zudecken und auf kleinste Flamme drehen. 18 bis 24 Minuten köcheln lassen, bis die Flüssigkeit völlig absorbiert ist.
Den Deckel abnehmen und Frühlingszwiebeln, Koriander, Pfeffer und Sesamkörner einrühren. Sofort auftragen.

**Für 4 bis 6 Personen als Beilage zu jeder Art von Entrée; für 6 bis 8 Personen als Teil eines exotischen Dinners. Menüvorschlag für 4 Personen: Szechuan-Kalbskoteletts mit Zitronen-Pfeffer-Sauce; Reis »Pilaf«, Spargel in Schwarzer-Bohnen-Sauce und ein frisches Frucht-Sorbet.**

**Anmerkungen: Aus diesem Gericht kann eine Hauptmahlzeit werden, indem man 350 g gekochtes Fleisch, gekochte Garnelen, Krebse oder Kammuscheln in Würfel schneidet und zusammen mit den Sesamkörnern am Ende des Garprozesses einrührt.**
**Die Kasserolle zudecken und den Reis weitere 5 Minuten köcheln lassen, um das Fleisch oder die Meeresfrüchte zu erhitzen.**

Chinesischer Chili mit Paprika; ▷
Reis »Pilaf«

# MEERESFRÜCHTE AUF GEBRATENEN NUDELN

**Salz**
**250 g spaghettiähnliche Trokkennudeln, vorzugsweise chinesische**
**250 g rohe, mittelgroße Garnelen**
**250 g Kammuscheln**
**1 Bund dicker Spargel**
**8 mittelgroße Jungpilze**
**1 rote Paprika, von Rippen und Samen befreit**
**2 Frühlingszwiebeln**
**2 EL Stärkemehl**
**120 ml Erdnußöl**
**2 Knoblauchzehen, feingewiegt**
**2 TL feingewiegter, frischer Ingwer**

*Sauce*
**150 ml Hühnerbrühe**
**2 EL Tomatensauce**
**2 EL Austernsauce**
**2 EL trockener Sherry**
**1 EL helle Sojasauce**
**1 EL Sesamöl**
**½ TL Zucker**
**¼ TL frisch gemahlener, schwarzer Pfeffer**

In der Pfanne gebratene Nudeln, deren zartes, weiches Innere von einer knusprigen Kruste umgeben ist, bilden eine herrliche Unterlage für Geschmortes, für Currys oder im Wok gebratene Gerichte mit viel Sauce. Der Schlüssel zum Gelingen dieser Mahlzeit liegt darin, die Nudeln Stunden im voraus zu kochen und dann ungekühlt auf einer Platte trocknen zu lassen. Erst kurz vor dem Essen röstet man sie in einer schweren Pfanne, in der sich die Hitze gleichmäßig verteilt. Teilen Sie die so entstehende Nudelscheibe keilförmig auf, legen Sie die Stücke auf eine vorgewärmte Platte und schöpfen Sie ein geschmortes oder im Wok gebratenes Gericht über ihre gebräunte Oberfläche. Die kontrastreiche Komposition – Nudeln, die innen weich und von außen kross sind, die schmackhafte Sauce – machen den Aufwand, sich in letzter Minute an den Herd stellen zu müssen, mehr als wett.

## Vorbereitung

Mindestens 4 Liter Wasser sprudelnd aufkochen lassen, leicht salzen und die Nudeln hineingeben. Etwa 5 Minuten kochen, so daß sie nicht mehr roh schmecken, aber auch nicht zu weich sind. Sofort über einem Sieb abgießen. Überschüssiges Wasser abschütteln. Den Boden einer runden Platte von ca. 30 cm Durchmesser leicht einölen und die Spaghetti gleichmäßig darauf verteilen. Mindestens 2 Stunden unbedeckt stehenlassen und die Nudelplatte dabei einmal wenden. (Dies kann am Vortag geschehen. Die Nudelplatte dann abgedeckt in den Kühlschrank stellen.)
Die Garnelen schälen, vom Darmstrang befreien und halbieren. Garnelen und Kammuscheln beiseitestellen. Die harten Spargelenden abschneiden und wegwerfen. Die Spargel betont schräg aufschneiden, indem man die Stangen nach jedem diagonalen Schnitt um eine Vierteldrehung wendet. Beiseitestellen.
Die Pilze in dünne Scheiben schneiden. Die Paprika in gut

1 cm große Würfel schneiden. Die Zwiebeln betont diagonal in gut 1 cm lange Stücke schneiden. Pilze, Paprika und Zwiebeln miteinander vermengen. Beiseitestellen.
Die Sauce vorbereiten: Die Zutaten in einer kleinen Schüssel miteinander verrühren und beiseitestellen.

**Zubereitung**
Das Stärkemehl mit der gleichen Menge kalten Wassers anrühren und beiseitestellen. Den Ofen auf 95° vorheizen.
Eine Pfanne aus Gußeisen von ca. 30 cm Durchmesser für 5 Minuten auf mittlere Flamme stellen. 60 ml Erdnußöl zugießen. Sobald das Öl gerade eben zu rauchen beginnt, die Nudelplatte vorsichtig in die Pfanne heben. Sofort auf mittelhohe Hitze schalten und die Nudeln etwa 6 Minuten goldbraun braten. Sodann wenden, 2 weitere Eßlöffel Erdnußöl um den Pfannenrand herum verteilen und wiederum 6 Minuten braten, bis diese Seite ebenfalls goldbraun ist. Die Nudelplatte auf eine Lage Küchenkrepp legen und vorsichtig das Öl abtupfen, sodann mit einem langen Messer tortenförmig aufschneiden. Die Stücke auf einer runden Servierplatte anordnen und in den warmen Ofen stellen.
Den Wok über größter Flamme heiß werden lassen, 1 Eßlöffel Erdnußöl zugeben und durch Schwenken des Woks über die Seitenwände verteilen. Sobald das Öl zu rauchen beginnt, die Garnelen und Kammuscheln zugeben und etwa 2 Minuten unter Rühren braten, bis sie weiß werden. Garnelen und Muscheln auf eine Platte umfüllen.
Den Wok sofort wieder auf größte Hitze bringen. Den restlichen Eßlöffel Erdnußöl in die Mitte geben, Knoblauch und Ingwer zufügen und einige Sekunden sautieren. Den Spargel und ein paar Eßlöffel Wasser beigeben, damit nichts ansetzt. Den Spargel in etwa 2 Minuten glasig werden lassen. Die restlichen Gemüse zugeben und etwa 1 Minute unter Rühren braten, bis die Paprika glasig werden.
Die Garnelen und Kammmuscheln in den Wok zurückschütten und die Sauce dazugießen. Sobald diese leicht zu kochen beginnt, etwas von der Stärkemehlflüssigkeit unterrühren, damit die Sauce die Zutaten glasiert. Abschmecken und gegebenenfalls nachwürzen. Die Mischung über die Nudeln gießen und sofort auftragen.

**Für 4 Personen als Entrée; für 6 bis 8 Personen als Teil eines exotischen Dinners.**

**Menüvorschlag für ein Familienessen für 6 Personen: Hühnercremesuppe mit Pilzen, Lachssalat mit Brunnenkresse (ohne den Lachs), Meeresfrüchte auf gebratenen Nudeln, Gedämpfter Mais mit chinesischer Kräutersauce und selbstgemachter Zitronenkuchen.**



Folgende Doppelseite:
Ananas-Curry-Reis

## ANANAS-CURRY-REIS

**1½ Tassen Langkornreis**
**⅓ Tasse Mandelsplitter**
**1 EL feingewiegter, frischer Ingwer**
**3 EL Butter**
**½ Tasse dunkle Rosinen**
**⅓ Tasse gewiegte, rote Paprika**
**½ Tasse gewiegte Frühlingszwiebeln**
**1 bis 1½ Tassen gewürfelte, frische Ananas**

*Sauce*
**525 ml Hühnerbrühe**
**60 ml ungesüßte Kokosmilch**
**2 EL helle Sojasauce**
**2 EL Limonensaft**
**1 EL Curry**
**½ TL chinesische Chilisauce**
**½ TL Salz**
**½ TL geriebene oder feingewiegte Limonenschale**

Frische Ananas, Curry, Limonen und geröstete Mandeln verleihen diesem abgewandelten Reis »Pilaf« einen Hauch von polynesischer Küche. Besonders wohl fühlt sich diese Reisspezialität in Gegenwart von Entrées aus Meeresfrüchten, deftigen Schmorgerichten und auf Holzkohle gegrilltem Fleisch.

### Vorbereitung

Den Reis in ein Sieb schütten. Etwa 2 Minuten unter kaltem Wasser waschen und dabei mit den Fingern durchmischen, bis das Wasser nicht mehr milchig wird. Gründlich abtropfen lassen.
Die Mandeln im 160° heißen Ofen goldgelb rösten. Beiseitestellen.
Die Sauce vorbereiten: Die Zutaten in einer kleinen Schüssel verrühren und beiseitestellen.

### Zubereitung

Eine 3-Liter-Kasserolle bei mittelhoher Hitze heiß werden lassen. Ingwer und Butter hinzufügen und sautieren, bis die Butter zu schäumen beginnt, dann den Reis dazuschütten. Diesen etwa 5 Minuten rühren, bis er von der Butter überzogen und gut durcherhitzt ist. Rosinen und Sauce hinzufügen, unter Rühren langsam zum Kochen bringen, dann zudecken und auf kleinste Flamme drehen. 18 bis 24 Minuten köcheln lassen, bis die Flüssigkeit völlig absorbiert ist. Den Deckel abnehmen, Mandeln, Paprika, Frühlingszwiebeln und Ananas untermischen und sofort auftragen.

**Für 4 bis 6 Personen als Beilage zu einem Entrée; für 6 bis 8 Personen als Teil eines exotischen Dinners. Menüvorschlag für ein vegetarisches Essen für 6 Personen: Chinesischer Geflügelsalat (das Geflügelfleisch weglassen), Chinesische Ratatouille, Zwiebelbrot (um es in die Ratatouille zu dippen), Ananas-Curry-Reis (6 schwarze chinesische Trockenpilze in heißem Wasser einweichen; die Hühnerbrühe durch das Pilz-Einweichwasser ersetzen und mit den gewürfelten Pilzhüten zu dem Reis geben), Grand Marnier-Mokka-Eis.**

**Anmerkungen: Dieses Gericht kann zu einem Hauptgang gemacht werden. Siehe Anmerkungen auf Seite 198.**

# CHINESISCHE ENTENFLEISCH-PIZZA

**1 TL Trockenhefe**
**1 TL Zucker**
**175 ml warmes Wasser (40 bis 45°)**
**3 EL Sesamöl**
**1 TL Salz**
**300 g Mehl**
**Stärkemehl zum Bestäuben**

*Belag*
**½ Chinesische Bratente (ca. 1,2 kg)**
**4 Frühlingszwiebeln**
**120 g frische Schiitake-Pilze**
**170 g Mozzarella, teilentrahmt**
**4 EL gewiegter, frischer Koriander**
**2 EL weiße Sesamkörner**
**3 EL Hoisin-Sauce**
**1 EL feingewiegter, frischer Ingwer**
**½ TL chinesische Chilisauce**

Mit das Beste an der fernöstlichen Küche ist ihr enormes Improvisationstalent und die Möglichkeit, nahezu unbegrenzt kulinarische Anleihen vornehmen zu können. Für diese Synthese verschiedener Nationalküchen ist die chinesische Entenfleisch-Pizza ein gutes Beispiel.

## Vorbereitung

Den Teig vorbereiten: Hefe und Zucker auf das warme Wasser streuen. Wenn nach etwa 5 Minuten Blasen an der Oberfläche erscheinen, hat sich die Hefe entwickelt. 2 Eßlöffel Sesamöl und Salz einrühren, dann die Hefemischung in das Mehl einfließen lassen. Rühren, bis die Teigmasse gebildet ist. Den Teig auf eine leicht gemehlte Platte legen, die Hände etwas mit Mehl bestäuben, den Teig zu einer Kugel formen und so lange kneten, bis sie weich und elastisch ist, etwa 8 Minuten. Gegebenenfalls mehr Mehl zugeben, bis der Teig nicht mehr klebt. Die Teigkugel in eine geölte, kleine Schüssel legen, ihn kurz in der Schüssel herumwälzen, dann mit einem Tuch abdecken und etwa 30 Minuten gehen lassen.

Den Teig erneut kurz durchkneten. Wird eine große Pizza gewünscht, den Teig zu einer gut ½ cm dicken Platte von etwa 38 cm Durchmesser ausrollen. Sollen mehrere kleinere Pizzen entstehen, den Teig in 6 gleiche Teile teilen und mit den Händen zu sehr dünnen Platten von etwa 12 cm Durchmesser auseinanderziehen. Auf ein dünnes Brett oder ein Stück feste Pappe legen, das vorher mit reichlich Maismehl bestreut worden ist. Die Oberfläche des Teiges mit dem restlichen Sesamöl einpinseln und 30 Minuten gehen lassen.

In der Zwischenzeit den Belag vorbereiten: Das Fleisch von der Ente lösen und schnitzeln. Die Frühlingszwiebeln wiegen oder schnitzeln. Die Stiele der Pilze wegwerfen; die Hüte übereinanderlegen und schnitzeln. Den Käse reiben. Den Koriander wiegen. Die Sesamkörner in einer kleinen, ungefetteten Pfanne etwa 2 Minuten bei starker Hitze goldgelb rösten. Sofort herausschütten und beiseitestellen.

Hoisin- und Chilisauce mit dem Ingwer vermengen. Über die Teigplatte(n) verstreichen, dabei am Rand gut 1 cm frei lassen. Die Zutaten für den Belag gleichmäßig in folgender Reihenfolge über der Sauce verteilen: Entenfleisch, Frühlingszwiebeln, Pilze, Koriander, etwas Käse und Sesamkörner. In diesem Stadium kann die Pizza einige Stunden in den Kühlschrank gestellt werden; sie muß vor dem Backen aber erst wieder auf Zimmertemperatur gebracht werden.

## Zubereitung

Den Ofen mit dem Pizzablech 30 Minuten auf 290° vorheizen. Das Blech mit Maismehl bestreuen. Die Pizza(portionen) auf das vorgeheizte Pizzablech legen und etwa 15 Minuten backen, bis die Kruste goldbraun ist. Die Pizza(portionen) aus dem Ofen nehmen, mit gewiegtem Koriander bestreuen und sofort auftragen.

**Für 2 bis 3 Personen als Entrée; für 6 Personen als leichter erster Gang, wenn die Pizza in individuellen Portionen gebacken wurde.**

**Anmerkung: Als Ersatz für die Ente kann auch anderes gegrilltes Fleisch, wie zum Beispiel Gegrilltes Szechuan-Wildhuhn, verwendet werden.**

■ KAPITEL **8**

Sollte Ihr Abenteuer mit der Küche des Fernen Ostens gerade erst begonnen haben, so wird sich dieses Kapitel als idealer Startpunkt für Ihre Experimente erweisen. Die knackigen Frischgemüse mit ihren leuchtenden Farben zeigen augenfällig, wie chinesische, thailändische und vietnamesische Köche mit dem »grünen Paradies« umzugehen wissen. Die folgenden Rezepte bedienen sich üblicher, überall erhältlicher Produkte und verbinden darüber hinaus unkomplizierte Gemüsezubereitungen mit schnell zu mischenden Saucen. Die kunstvolle Verflechtung von Aromen und Texturen macht diese Gemüse zu idealen Beilagen für Entrées aller Art. Jedes Rezept geht jedoch über die traditionell chinesischen Würz- und Kochkünste hinaus und kommt so zu ganz neuen geschmacklichen Aussagen: Da gibt es eine mit Butter veredelte Schwarze-Bohnen-Sauce zu gedämpftem Spargel; Zwergkarotten werden in einer Orangen-Anis-Essenz goldgelb sautiert; aus lagenweise geschichteten Zucchini, Auberginen und Pilzen, in einer kräftigen Bohnensauce geköchelt, entsteht

eine chinesische Ratatouille; und frischgepflückte, gedämpfte Maiskolben werden in geschmolzener Butter gewälzt und mit Ingwer, Szechuan-Pfeffer und Zitronen gewürzt.

**Schnell und einfach zuzubereitende Gerichte in diesem Kapitel sind: Gedämpfter Mais mit chinesischer Buttersauce, Gedämpfte Broccoli mit orientalischer Sauce Hollandaise, Spargel in Schwarzer-Bohnen-Sauce, Thailändische Kokosmilch-Erbsen, Wildpilz-Wok, Chinesische Grill-Aubergine und Chinesische Ratatouille.**

# WILDPILZ-WOK

- **6 schwarze chinesische Trockenpilze**
- **250 g frische Wildpilze**
- **3 EL Butter**
- **2 Knoblauchzehen, feingewiegt**
- **1 Schalotte, feingewiegt**
- **2 EL gehackter Schnittlauch**

*Sauce*

- **2 EL gehacktes, frisches Basilikum**
- **½ TL geriebene oder feingewiegte Orangenschale**
- **120 ml fettreiche Schlagsahne**
- **60 ml trockener Sherry**
- **1 EL helle Sojasauce**
- **1 EL Sesamöl**
- **½ TL chinesische Pfeffermischung (siehe Glossar)**

Je beliebter die ›Pilzjagd‹ wird, desto differenzierter gestaltet sich auch das entsprechende Pilzangebot auf ausgesuchten Märkten. Austernpilze, Steinpilze, Pfifferlinge, aber auch Enoki-, Schiitake- und Matsutake-Pilze kann man heute in einschlägigen Geschäften erstehen. Der erdige, moschusartige Duft der Wildpilze vermag sich in dieser aromatischen Sahnesauce ganz besonders gut zu entfalten. Die Sauce bildet eine herrliche Begleitkomponente zu holzkohlengegrilltem Fleisch oder zu frischer Pasta.

## Vorbereitung

Die Trockenpilze etwa 20 Minuten in heißem Wasser einweichen. Die Stiele abschneiden und wegwerfen, die Hüte vierteln.

Die frischen Pilze mit einem feuchten Tuch sauberreiben. Die Stielenden kappen und wegwerfen. Große Pilze halbieren oder vierteln.

In einer kleinen Schüssel die Saucenzutaten miteinander vermischen.

## Zubereitung

In einer Pfanne von ca. 30 cm Durchmesser Schalotte und Knoblauch bei mittelhoher Hitze mit der Butter andünsten. Sobald die Butter schmilzt und der Knoblauch brutzelt, die Pilze zugeben und so lange sautieren, bis sie nach etwa 1 Minute mit Butter glasiert sind.

Die Saucenmischung zugießen und leicht aufkochen lassen. Unter Rühren weiterköcheln, bis die frischen Pilze etwas weich werden und die Sauce so weit eingedickt ist, daß der Löffel beim Rühren eine Furche hinterläßt, etwa 4 Minuten.

Die Pilze mit der Sauce auf eine vorgewärmte Platte oder einzelne Teller schöpfen, mit gehacktem Schnittlauch bestreuen und sofort auftragen.

**Für 4 Personen als kleines Gemüsegericht; für 6 bis 8 Personen als Teil eines Dinners.**

**Menüvorschlag für 4 Personen: Über Holzkohle gegrillte Steaks, Wildpilz-Wok, in heißer Asche gebackene Kartoffeln, Gartensalat und Ingwer-Crème-Brûlée.**

Chinesische Ratatouille

Thailändische Kokosmilch-Erbsen

# JUNGGEMÜSE MIT CHINESISCHEN WÜRZEN

**1 Bund Zwergkarotten**
**120 g Jungpilze**
**4 sehr kleine Zucchini**
**16 sehr kleine Zuckererbsen**
**2 Frühlingszwiebeln**
**2 Knoblauchzehen, feingewiegt**
**1 EL Erdnußöl**
**2 EL Butter**
**1 EL Stärkemehl**

*Sauce*
**60 ml trockener Sherry**
**2 EL Austernsauce**
**1 EL Sesamöl**
**½ TL Zucker**
**¼ TL frisch gemahlener, schwarzer Pfeffer**

Diese würzige Saucenmischung aus Austernsauce, Sesamöl und Butter hat eine ›magische‹ Wirkung auf Gemüse, seien sie frisch im Garten geerntet oder auch einfach beim Händler erstanden. Am Ende des Rezeptes sind weitere Gemüsezusammenstellungen aufgeführt, die sich besonders gut für diese Sauce eignen.

## Vorbereitung

Die Karotten putzen, längs halbieren und in 1 Liter sprudelnd kochendes Wasser schütten.
Sobald die Karotten orangerot sind, mit einem Sieblöffel herausschöpfen und in Eiswasser abschrecken.
Abtropfen lassen und trockentupfen.
Die Pilze in dünne, die Zucchini in gut 1 cm dicke Scheiben schneiden.
Die Zuckererbsen von Stielenden befreien.
Die Frühlingszwiebeln putzen und die Stengel in ca. 2,5 cm lange Stücke teilen.
Alle vorbereiteten Gemüse beiseitestellen.
Die Saucenzutaten in einer kleinen Schüssel miteinander vermengen und beiseitestellen.

## Zubereitung

Das Stärkemehl mit der gleichen Menge kalten Wassers anrühren und beiseitestellen.
Den Wok oder eine schwere Pfanne von ca. 30 cm Durchmesser über großer Flamme erhitzen und Knoblauch, Öl sowie die Hälfte der Butter hineingeben. Sobald der Knoblauch brutzelt, die Gemüse hinzufügen und unbedeckt sautieren, bis sie nach etwa 2 Minuten glasig werden.
Dann die Sauce hinzugießen und mit etwas Stärkemehlflüssigkeit andicken.
Den Wok vom Feuer nehmen und die restliche Butter unterziehen.
In einer vorgewärmten Schüssel oder auf Teller verteilt sofort servieren.

**Für 4 Personen als Gemüsespeise bei einem kleinen Essen; für 6 bis 8 Personen als Teil einer ostasiatischen Gangfolge.**

**Menüvorschlag für 4 Personen: Schmorbraten, Junggemüse mit chinesischen Würzen, warme Brötchen mit Butter und als Dessert ein Apfelkuchen.**
**Anregungen für weitere Gemüsekombinationen:**

**(1)** 120 g frische Pilze, feingeschnitten; 2 mittelgroße Zucchini, in Scheiben geschnitten; 1 rote Paprika, geputzt und gewürfelt; 2 Frühlingszwiebeln, in 2,5 cm lange Stücke geschnitten;

**(2)** ½ Bund dünne Spargel, schräg in 2,5 cm lange Stücke geschnitten; 1 Tasse in sehr dünne Scheiben geschnittene Karotten mittlerer Größe; 1 Tasse kleine Zuckererbsen ohne Stielenden; 2 Tassen Grünkohl, in knapp ½ cm dicke Scheiben geschnitten;

**(3)** Je 1 grüne, rote und gelbe Paprika, geputzt und in Julienne-Streifen geschnitten; 8 schwarze chinesische Trockenpilze, in heißem Wasser eingeweicht, die Hütchen geschnetzelt (oder 120 g frische Schiitake-Pilze, die Hüte geschnetzelt).

# ZUCKERERBSEN AUF RÜBENBETT

**2 große, weiße Rüben**
**250 g Zuckererbsen**
**1 EL Stärkemehl**
**1½ EL Butter**
**1½ EL Erdnußöl**
**¼ TL chinesische Pfeffermischung (siehe Glossar)**
**2 Knoblauchzehen, feingewiegt**
**2 TL feingewiegter, frischer Ingwer**

*Sauce*
**1½ TL geriebene oder feingewiegte Zitronenschale**
**3 EL trockener Wermut**
**½ TL scharfer Senf**
**¼ TL Zucker**
**¼ TL Salz**
**¼ TL chinesische Pfeffermischung (siehe Glossar)**

Hier ist sie, die bescheidene weiße Rübe, diese in Nordchina wie in Europa massenhaft kultivierte Hackfrucht, deren Anblick uns meist nur an den eindringlichen Geschmack und das elastisch-weiche Gewebe denken läßt! Doch in Julienne-Streifen geschnitten und kurz in Butter sautiert, offenbart das Rübenfleisch ein überraschend liebliches Aroma und eine erfrischend knackige Konsistenz. Der hier präsentierte Gemüseteller paßt zu jedem Fisch-Entrée oder Grillhuhn-Gericht.

## Vorbereitung

Die Rüben schälen, in sehr dünne Scheiben schneiden, diese übereinanderlegen und in Streifen schneiden. Beiseitestellen.
Die Zuckererbsen von Stielenden befreien, die größeren Schoten einmal schräg durchschneiden. Beiseitestellen.
Die Saucenzutaten in einer kleinen Schüssel miteinander kombinieren und beiseitestellen.

## Zubereitung

Das Stärkemehl mit der gleichen Menge kalten Wassers anrühren und beiseitestellen. Den Wok auf höchste Hitze bringen, dann jeweils die Hälfte Butter und Öl hineingeben. Sobald die Butter zu brutzeln beginnt, die Rüben hinzufügen und unter Rühren braten, bis sie nach etwa 30 Sekunden durcherhitzt sind. Dann die Pfeffermischung einstreuen und mit den Rüben vermengen. Die Rüben auf eine große, vorgewärmte Platte füllen und zu einem ebenmäßig runden Gemüsebett arrangieren. Den Wok sofort wieder auf größter Flamme heiß werden lassen, die verbliebenen Hälften Butter und Öl, dann den Knoblauch und den Ingwer hineingeben und kurz sautieren. Nun die Zuckererbsen hinzufügen und unter Rühren braten, bis sie nach etwa 2 Minuten glasig werden. Die Sauce hinzugießen und mit etwas Stärkemehlflüssigkeit leicht andicken. Die Zuckererbsen-Mischung auf die Mitte des Rübenbetts setzen und das Ganze sofort auftragen.

**Für 4 bis 6 Personen als Gemüsegang bei einem kleineren Essen; für 6 bis 8 Personen als Teil einer exotischen Mahlzeit.**

# ARTISCHOCKEN IN EINER SAUCE AUS SCHWARZEN BOHNEN UND TOMATEN

**2 mittelgroße Artischocken**
**Saft einer Zitrone**

*Sauce*
**2 EL gepökelte schwarze Bohnen**
**4 Knoblauchzehen, gewiegt**
**⅓ Tasse gewiegte Frühlingszwiebeln**
**gut 400 g Tomatenpüree**
**225 ml Hühnerbrühe**
**60 ml trockener Sherry**
**1 EL Austernsauce**
**1 EL Sesamöl**
**1 TL Tomatenmark**
**1 TL Zucker**
**1 TL chinesische Chilisauce**

Die geviertelten Artischocken garen hier in einer reichhaltigen Sauce aus Tomaten und gepökelten schwarzen Bohnen, deren Geschmack vortrefflich mit dem natürlichen Aroma dieser edlen Distelfrucht harmoniert. Wie immer man die Artischocken verspeist – warm als ersten Gang oder kalt zum Picknick – man wird durch einen phantastischen Geschmack dafür belohnt, daß die Finger beim Essen ein wenig schmutzig werden. Wer seine Artischocken jedoch mit Messer und Gabel angehen will, sollte vorher das Gros der Blätter trimmen und dafür die Anzahl der Artischockenböden verdoppeln.

## Vorbereitung

Die Blattspitzen der Artischocken mit der Schere abschneiden und die Stiele kappen. Die Köpfe vierteln und mit einem Edelstahlmesser (um Verfärbungen zu vermeiden) das Heu herauslösen.
Die Artischockenstücke so in kaltes Wasser legen, daß sie ganz bedeckt sind, dann den Zitronensaft einrühren.
Die schwarzen Bohnen kurz unter fließendem kaltem Wasser spülen, grob hacken und dann zusammen mit den anderen Saucenzutaten in eine Schüssel geben.

## Zubereitung

2 Liter Wasser zum Kochen bringen. Die Artischocken in eine Bratpfanne von ca. 30 cm Durchmesser legen und diese auf großer Flamme heiß werden lassen. So viel kochendes Wasser hinzugießen, daß die Artischocken zu zwei Drittel bedeckt sind. 15 Minuten in offener Pfanne weiterkochen, dabei die Stücke einmal wenden.
Dann das verbliebene Wasser abgießen, die Sauce in die Pfanne geben und aufkochen lassen. Den Deckel auflegen, die Hitze reduzieren und die Artischockenstücke köcheln, bis sie zart sind. Die Garzeit – 15 bis 25 Minuten – hängt von der Größe der Stücke ab. Droht die Sauce in dieser Zeit zu verkochen, etwas kochendes Wasser nachgießen. Dennoch sollte am Ende der Garzeit kaum mehr Sauce in der Pfanne sein.
Die Artischockenstücke auf eine vorgewärmte Platte oder einzelne Teller heben. Sie können heiß oder kalt auf den Tisch kommen, für sich einen ersten Gang bilden oder auch ein Entrée begleiten.

**Für 4 Personen als Gemüsespeise bei einem kleineren Essen; für 6 bis 8 Personen im Rahmen einer Mahlzeit fernöstlichen Stils.**
**Menüvorschlag für 4 Personen: Brathuhn mit Kräutern und Zitrone, Artischocken in einer Sauce aus schwarzen Bohnen und Tomaten, Salat von Brunnenkresse und roter Paprika, als Dessert ein Erdbeercremekuchen.**

**Anmerkungen: Als geschmackliche Variante lassen sich die Artischocken auch mit der im Rezept für Thailändische Kokosmilch-Erbsen beschriebenen Sauce zubereiten; in diesem Falle gibt man der Kokosmischung 225 ml Hühnerbrühe zu.**

# GEDÄMPFTER BROCCOLI MIT INDONESISCHER SAUCE HOLLANDAISE

**1 Strunk Broccoli**
**7 EL geschmolzene Butter**
**3 große Eigelb**
**2 EL Zitronensaft**
**1 EL ungekühlte Butter**
**¼ TL Salz**
**¼ TL gemahlener Szechuan-Pfeffer**
**¼ TL weißer Pfeffer**
**1 TL feingewiegter, frischer Ingwer**
**1 TL geriebene oder feingewiegte Zitronenschale**

Smaragdgrüner Broccoli, mit einer Sauce Hollandaise überzogen, die einen Hauch von Zitrone, Szechuan-Pfeffer und Ingwer enthält, ist ein Augen- und Gaumenschmaus. Die Sauce kann lange im voraus zubereitet werden, und das endgültige Anrichten läßt sich dann in zwei Minuten bewerkstelligen. Probieren Sie auch ruhig die in den Anmerkungen auf Seite 223 aufgeführten Gemüse zu der Sauce aus!

## Vorbereitung

Die Stiele des Broccoli am Ende kappen, schälen und den Strunk in Portionen zerteilen.
Beiseitestellen.

## Zubereitung

In einem chinesischen Dampftopf Wasser sprudelnd aufkochen lassen und den Broccoli gleichmäßig in einen darübergehängten Einsatz verteilen.
Zugedeckt dämpfen, bis das Gemüse leuchtend grün und zart ist, etwa 8 Minuten.
In einem größeren Topf Wasser aufkochen und dann bei reduzierter Hitze köcheln lassen.
In einem ganz kleinen Töpfchen die Eigelb und den Zitronensaft miteinander verquirlen und 1 Eßlöffel ungekühlte Butter zugeben.
Das Töpfchen über den Topf mit dem köchelnden Wasser halten und die Eigelbmischung mit dem Schneebesen zu einer dickflüssigen Creme schlagen.
Aus dem Wasserbad herausnehmen und langsam die 7 Eßlöffel geschmolzene Butter unter die Creme heben.
Salz, Szechuan-Pfeffer, weißen Pfeffer, Ingwer, Zitronenschale und den restlichen Zitronensaft zugeben.
Die Sauce über dem heißen, nun nicht mehr köchelnden Wasser einige Minuten warmhalten, bis der Broccoli fertig ist.
Mit den angegebenen Mengen erhält man ca. 175 ml Sauce Hollandaise.
Den Broccoli auf einzelne Teller verteilen und mit der Sauce übergießen.
Sofort auftragen.

**Für 4 Personen als Gemüsespeise bei einem kleineren Essen; für 6 bis 8 Personen als Teil einer größeren Mahlzeit.**

**Menüvorschlag für ein leichtes Dinner für 4 Personen:**
**Gegrillte Seezunge,**
**Gedämpfter Broccoli mit indonesischer Sauce Hollandaise,**
**Tomaten-Basilikum-Salat.**

Gedämpfter Broccoli mit indonesischer Sauce Hollandaise

Gebratenes Szechuan-Huhn;
Gedämpfter Mais mit chinesischer Kräutersauce

Gedämpfter Broccoli mit indonesischer Sauce Hollandaise

# SPARGEL IN SCHWARZER-BOHNEN-SAUCE

**900 g grüner Spargel**
**1 EL gepökelte schwarze Bohnen**
**2 Knoblauchzehen, feingewiegt**
**1 EL weiße Sesamkörner**
**1 EL Stärkemehl**
**3 EL Butter**

*Sauce*
**120 ml Hühnerbrühe**
**2 EL trockener Sherry**
**1 EL helle Sojasauce**
**1 EL Sesamöl**
**½ TL Zucker**
**⅛ TL weißer Pfeffer**

Rührt man ein wenig Butter in die Schwarze-Bohnen-Sauce ein, kurz bevor diese über den zarten Spargel gegeben wird, so erreicht man damit eine angenehm sahnige Konsistenz und ein wahrhaft abgerundetes Aroma. Die Sauce schmeckt übrigens auch köstlich zu gedämpften Lachsfilets, sautierten Garnelen und frischem Krebsfleisch!

## Vorbereitung

Die holzigen Spargelenden kappen und wegwerfen.
Die schwarzen Bohnen in einem kleinen Sieb unter fließendem kaltem Wasser kurz spülen. Leicht trockenpressen, grob hacken, mit dem Knoblauch vermischen und beiseitestellen.
Die Sesamkörner in einer kleinen, ungefetteten Pfanne bei starker Hitze unter Rühren goldgelb rösten, etwa 2 Minuten. Sofort herausnehmen und beiseitestellen.
Die Saucenzutaten in einer kleinen Schüssel miteinander kombinieren und beiseitestellen.

## Zubereitung

Das Stärkemehl mit der gleichen Menge kalten Wassers anrühren und beiseitestellen.
In einem chinesischen Dampftopf Wasser sprudelnd aufkochen lassen und den Spargel in einen darübergehängten Einsatz gleichmäßig verteilen. Zugedeckt dämpfen, bis er nach etwa 4 bis 6 Minuten leuchtend grün und zart ist. Den Spargel auf eine vorgewärmte Platte oder einzelne Teller häufen.
Noch während der Spargel im Dampftopf ist, eine Pfanne von ca. 25 cm Durchmesser auf mittelhoher Flamme erhitzen und 2 Eßlöffel Butter hineingeben. Sobald diese zu brutzeln beginnt, die schwarzen Bohnen mit dem Knoblauch hinzufügen und sautieren, bis auch der Knoblauch brutzelt. Dann die Sauce eingießen, leicht aufkochen lassen und mit etwas Stärkemehlflüssigkeit andicken. Die Pfanne vom Feuer nehmen und den restlichen Eßlöffel Butter einrühren, bis er sich vollständig in der Sauce aufgelöst hat.
Die Sauce über den Spargel schöpfen, mit den gerösteten Sesamkörnern bestreuen und sofort servieren.

**Für 4 Personen als Gemüsegericht bei einem kleineren Essen; für 6 bis 8 Personen als Teil einer fernöstlichen Mahlzeit.**
**Menüvorschlag für 6 Personen: Selbstgemachte Ravioli, Spargel in Schwarzer-Bohnen-Sauce, Salat von Rauke und roter Paprika, Schokoladenmousse.**

# ROSENKOHL IN MANDARINEN-SAUCE

**2 EL Mandelsplitter**
**700 g Rosenkohl**
**1 EL Erdnußöl**
**2 Knoblauchzehen, feingewiegt**
**1 TL geriebene oder feingewiegte Mandarinenschale**
**2 EL Stärkemehl**
**1 EL Butter**

*Sauce*
**120 ml Mandarinensaft**
**2 EL trockener Sherry**
**1 EL helle Sojasauce**
**1 EL Sesamöl**
**¼ TL Zucker**
**¼ TL Salz**
**¼ TL chinesische Chilisauce**

Als ich vor wenigen Jahren in Oregon unterrichtete, war ich nicht wenig erstaunt, daß auf den dortigen Märkten Rosenkohl am Stiel verkauft wurde – lange, zylindrische, mit lauter grünen Köpfchen gespickte Nadelkissen. Aber selbst mit nicht ganz so frischem Gemüse werden Sie feststellen, daß der intensive Kohlgeschmack aufs angenehmste mit der Mandarinensauce und den gerösteten Mandelsplittern harmoniert. Diese Gemüsebeilage ist auf jeden Fall, ob zu Lammkeule, Ochsenrippe oder einem kräftigen Schmorbraten serviert, erfrischend ›anders‹!

## Vorbereitung

Die Mandelsplitter im 160° heißen Backofen etwa 12 Minuten goldgelb rösten. Auf Zimmertemperatur abkühlen lassen und dann in einem Mixer grob zerkleinern.
Die Stiele der Kohlknospen abschneiden und härtere Deckblätter entfernen. Beiseitestellen.
Knoblauch und Mandarinenschale mit dem Erdnußöl vermengen und beiseitestellen. Auch die Saucenzutaten in einer kleinen Schüssel miteinander kombinieren und beiseitestellen.

## Zubereitung

Das Stärkemehl mit der gleichen Menge kalten Wassers anrühren und beiseitestellen. Die Kohlknospen gleichmäßig im Einsatz eines chinesischen Dampftopfs verteilen und dann zugedeckt über sprudelnd kochendem Wasser dämpfen, bis sie nach etwa 10 bis 12 Minuten leuchtend grün werden; eine eingestochene Gabel zeigt an, ob sie innen weich sind.
Kurz bevor der Rosenkohl gar ist, einen Wok über starker Flamme erhitzen und die Knoblauch-Mandarinen-Mischung hineingeben. Wenige Sekunden sautieren und sogleich die Sauce hinzufügen. Leicht aufkochen lassen und mit etwas Stärkemehlflüssigkeit ein wenig andicken. Jetzt die Kohlknospen zugeben und gut mit der Sauce verrühren. Vom Feuer nehmen und die Butter untermengen. Mit Mandelsplittern bestreut sofort in einer vorgewärmten Schüssel oder auf einzelnen Tellern auftragen.

**Für 4 bis 6 Personen als Gemüsespeise bei einem kleineren Essen; für 6 bis 8 Personen als Teil einer größeren Mahlzeit.**

Gebratenes Szechuan-Huhn;
Gedämpfter Mais mit chinesischer Kräutersauce

# GEDÄMPFTER MAIS MIT CHINESISCHER KRÄUTERSAUCE

- **8 frische Maiskolben, geschält**
- **100 g Butter**
- **½ TL zerstoßener Szechuan-Pfeffer**
- **½ TL Salz**
- **¼ TL weißer Pfeffer**
- **1 EL feingewiegter, frischer Ingwer**
- **2 EL feingewiegter Schnittlauch**
- **Zitronenstückchen**

Ebenso unkompliziert wie schmackhaft läßt sich Gemüse zubereiten, indem man es kurz dämpft und dann mit einer orientalisch gewürzten Buttersauce beträufelt. Das gilt für pflückfrischen Mais wie auch für Spargel, Broccoli, Rosenkohl, Blumenkohl, Karotten, Kürbis und grüne Bohnen. In den übereinandergehängten Einsätzen eines chinesischen Dampftopfs lassen sich Gemüseportionen für zehn Personen auf einmal garen. Auf die Auswahl entsprechender Gemüsesorten, ihre verschiedenen Garzeiten sowie die Variationsmöglichkeiten für die Kräutersauce wird am Ende des Rezeptes eingegangen.

## Zubereitung

Die Maiskolben in den Einsatz eines chinesischen Dampftopfs legen.

Im Boden des Topfs Wasser sprudelnd aufkochen lassen.

Unterdessen eine Pfanne von ca. 30 cm Durchmesser bei mittlerer Hitze heiß werden lassen, die Butter hineingeben und, sobald diese schmilzt, Szechuan-Pfeffer, weißen Pfeffer, Salz und Ingwer hinzufügen.

Wenn der Ingwer nach etwa 30 Sekunden zu brutzeln beginnt, die Pfanne vom Feuer nehmen und den Schnittlauch einrühren.

Den Einsatz mit den Maiskolben in den Dampftopf einhängen und dämpfen, bis sie (nach 1 bis 2 Minuten, sofern der Mais am gleichen Tag gepflückt wurde) zart sind.

Den Mais aus dem Dampftopf nehmen und, Kolben für Kolben, kurz in der Butterwürze rollen.

Dann auf einer vorgewärmten Servierplatte oder auf einzelnen Tellern mit den Zitronenstückchen unverzüglich auftragen.

**Für 4 bis 6 Personen als Gemüsegang bei einem kleineren Essen; für 6 bis 8 Personen als Teil einer größeren Mahlzeit. Menüvorschlag für ein vegetarisches Dinner für 4 Personen: Selbstgemachte Tomatencremesuppe, Gedämpfter Mais mit chinesischer Kräutersauce und grüner Salat. Anmerkungen: Die chinesische Kräutersauce läßt sich auf vielerlei Weise modifizieren. Kosten Sie die Sauce und stellen Sie sie auf das gewünschte Geschmacksbild ein, während Sie ihr eine oder mehrere der folgenden Zutaten beigeben: einen Spritzer Limonensaft, einige Tropfen Sesamöl, 1 Teelöffel Austernsauce, eine kleine Gabe gewiegten, frischen Korianders oder Gartenkräuter. Noch andere, hier nicht aufgeführte Gemüse gart man generell so lange, bis sie eine leuchtende Eigenfarbe zeigen und innen zart sind, um sie dann mit Sauce zu überziehen. Für 4-Personen-Gerichte sind folgende Mengen und Garzeiten angezeigt: 2 Bund mittelgroße Spargel, ohne holzige Partien – 4 Minuten; 1 Strunk Broccoli, in kleine Röschen zerlegt, die Stiele geschält – 8 Minuten; 24 kleine Rosenkohlknospen – 12 Minuten; 2 kleine Blumenkohlköpfe, in Röschen zerlegt – 12 Minuten; 2 Bund mittelgroße Karotten – 8 Minuten; 450 g grüne Bohnen – 8 Minuten; 450 g Kürbis, halbiert oder geviertelt, oder Zucchini – 4 Minuten.**

# ZWERGKAROTTEN IN ORANGEN-KARAMEL-SAUCE

**3 Bund Zwergkarotten oder 1½ Bund mittelgroße Karotten**
**1 EL weiße Sesamkörner**

*Sauce*
**2 Knoblauchzehen, feingewiegt**
**2 TL feingewiegter, frischer Ingwer**
**½ TL geriebene oder feingewiegte Orangenschale**
**225 ml frischer Orangensaft**
**225 ml Hühnerbrühe**
**80 ml Rotweinessig**
**60 g Zucker**
**2 EL trockener Sherry**
**1½ TL helle Sojasauce**
**¼ TL Salz**
**⅛ TL gemahlener Szechuan-Pfeffer**
**⅛ TL weißer Pfeffer**
**¼ Sternanis**

Die natürliche Süße der Zwergkarotten kommt in dieser Orangen-Karamel-Sauce in vollendeter Weise zur Geltung. Die Sauce läßt sich im voraus zubereiten, so daß man schließlich für das Dämpfen und Glasieren der Karotten nur noch wenige Minuten benötigt.

## Vorbereitung

Die Karotten putzen, größere Exemplare der Länge nach und sodann noch einmal quer halbieren. Beiseitestellen.
Die Sesamkörner in einer kleinen, ungefetteten Pfanne bei starker Hitze unter Rühren rösten, bis sie nach etwa 2 Minuten goldgelb sind. Sofort herausnehmen und beiseitestellen.
Knoblauch, Ingwer und Orangenschale in eine Pfanne von ca. 30 cm Durchmesser geben, dann die übrigen Saucenzutaten hinzufügen. Die Sauce bei starker Hitze aufkochen lassen und dann unbedeckt weiterkochen, bis sie nach etwa 15 Minuten einzudicken beginnt. (Danach kann die Pfanne zugedeckt bei Zimmertemperatur mehrere Stunden stehenbleiben, bis es an der Zeit ist, die Karotten zu dämpfen.)

## Zubereitung

In einem chinesischen Dampftopf Wasser sprudelnd aufkochen lassen. Die Karotten auf einem darübergehängten Einsatz gleichmäßig verteilen und zugedeckt dämpfen, bis sie nach etwa 6 bis 8 Minuten ein leuchtendes Orange zeigen und zart geworden sind.
Den Anis aus der Sauce nehmen und diese bei starker Hitze kochen lassen, bis sie sämig und karamelfarben geworden ist; die Sauce hat dann die richtige Konsistenz, wenn ein eingetunkter Löffel eine Spur hinterläßt. Jetzt die Karotten in die Pfanne geben und mit der Sauce glasieren. Auf einen vorgewärmten Servierteller oder auf einzelne Teller umfüllen und, mit Sesamkörnern bestreut, sofort servieren.

**Für 4 Personen als Gemüsespeise bei einem kleineren, für 6 bis 8 Personen bei einem ausgedehnteren Essen.**

**Menüvorschlag für 4 Personen: Kalifornische Wan-tan-Suppe, gegrillter Fisch, Zwergkarotten in Orangen-Karamel-Sauce, Tropische Obsttorte.**

# GEWELLTES GEMÜSE MIT KNOBLAUCH

**450 g Blattspinat, entstielt**
**1 Bund Raukenblätter**
**1 Kopfsalat**
**3 Knoblauchzehen, feingewiegt**
**2 TL feingewiegter, frischer Ingwer**
**2 EL Erdnußöl**

*Sauce*
**2 EL trockener Sherry**
**1½ TL Sesamöl**
**1 TL geriebene oder feingewiegte Zitronenschale**
**½ TL Salz**
**¼ TL chinesische Pfeffermischung (siehe Glossar)**
**¼ TL Zucker**

Mit einer Würzsauce benetzte Blattgemüse wie Spinat, Rauke und Kopfsalat werden hier im glühendheißen Wok angebraten, um dann als ein bunter »gewellter Salat« auf dem Teller zu landen – ein reizvoller Kontrast zu gegrilltem Fisch und Röstkartoffeln.

## Vorbereitung

Große Spinatblätter in der Mitte durchreißen, Raukenstiele entfernen und wegwerfen, die Salatblätter in kleinere Stücke zupfen. Alles zusammen in einer großen Mischschüssel beiseitestellen.
Knoblauch und Ingwer mit dem Erdnußöl vermischen und beiseitestellen. In einer kleinen Schüssel die Saucenzutaten miteinander kombinieren. Beiseitestellen.

## Zubereitung

Die Gemüse locker mit der Sauce vermischen, so daß alle Blätter benetzt sind.
Den Wok auf höchste Hitze bringen und die Knoblauch-Ingwer-Mischung hineingeben. Den Wok schwenken, damit sich das Öl über die Wände verteilt. Sogleich die Gemüse einfüllen und unter behutsamem Wenden braten, bis sich der Spinat nach etwa 1 Minute zu wellen beginnt. (Schwitzt der Spinat Saft aus, dann waren die Blätter schon zu lange im Wok.)
Die Gemüse sofort auf eine vorgewärmte Servierplatte oder auf einzelne Teller füllen und auftragen.

**Für 2 Personen als Gemüsegang bei einem kleineren Essen; für 4 bis 6 Personen als Teil einer größeren Mahlzeit.**

## CHINESISCHE GRILL-AUBERGINE

**4 lange, fernöstliche Auberginen**
**Saft einer Zitrone**
**1 EL weiße Sesamkörner**
**60 ml helle Sojasauce**
**60 ml trockener Sherry**
**2 EL Sesamöl**
**¼ TL frisch gemahlener, schwarzer Pfeffer**
**3 Knoblauchzehen, feingewiegt**
**2 EL Butter**

Schmalgeformte, purpurfarbene oder weiße Auberginen, wie man sie in Südostasien kennt, sind den hierzulande gebräuchlichen bauchigen Sorten auf alle Fälle vorzuziehen. Sie müssen nicht geschält werden, enthalten kaum Samenkörner, haben keinen bitteren Beigeschmack und saugen sich beim Sautieren nicht so mit Öl voll. Halbiert, mit chinesischen Würzen mariniert und dann gegrillt, bilden diese Eierfrüchte eine begehrte Begleitspeise zu deftigem Schmorbraten oder über Holzkohle gegrilltem Fleisch.

### Vorbereitung

Die Auberginen (mit Stielansätzen) der Länge nach halbieren, mit Zitronensaft einreiben und beiseitestellen.

Die Sesamkörner in einer kleinen, ungefetteten Pfanne bei starker Hitze unter Rühren rösten, bis sie nach etwa 2 Minuten goldgelb sind. Dann sogleich aus der Pfanne nehmen und beiseitestellen.

Sojasauce, Sherry, Sesamöl und den Pfeffer in einer Schüssel gründlich zusammenmischen.

Eine kleine Pfanne auf mittlerer Flamme erhitzen und Knoblauch und Butter hineingeben.

Sobald die Butter schäumt, die Sojamischung dazugießen und gut verrühren.

Den Pfanneninhalt auf einen großen, flachen Teller schöpfen.

Die Auberginenhälften mit der Schnittfläche nach unten in die Marinade legen und mindestens 30 Minuten ziehen lassen. (Im Kühlschrank kann man sie einen ganzen Tag in der Marinade lassen.)

### Zubereitung

Die Auberginenhälften mit der Schnittseite nach oben auf ein Backblech legen und ca. 15 cm unter der Hitzequelle im Backofen grillen, etwa 5 Minuten. Dabei wiederholt mit der Marinade einpinseln. Wird im Ofen gleichzeitig Fleisch gegrillt, dann die Auberginen mit der Schnittfläche nach unten auf den Rost legen, 3 Minuten grillen, wenden und weitere 3 Minuten grillen; währenddessen mit Marinade oder etwas geschmolzener Butter bestreichen.

Die Auberginenhälften, mit Sesamkörnern bestreut, auf einer vorgewärmten Platte oder einzelnen Tellern sofort auf den Tisch bringen.

**Für 4 Personen als Gemüsespeise bei einem kleineren Essen; für 6 bis 8 Personen als Teil einer größeren Mahlzeit.**

**Menüvorschlag für 4 Personen: Über Holzkohle gegrilltes Huhn, Chinesische Grill-Aubergine, Tomaten-Spinat-Salat und eine Pfirsichcreme.**

# CHILI-KNOBLAUCH-AUBERGINE

**700 g vorzugsweise fernöstliche Auberginen**
**120 g Schweine- oder Lamm-Hack**
**2 TL dunkle Sojasauce**
**1 Zwiebel**
**8 Knoblauchzehen, feingewiegt**
**2 TL feingewiegter, frischer Ingwer**
**2 EL Erdnußöl**

*Sauce*
**60 ml trockener Sherry**
**3 EL Austernsauce**
**1 EL dunkle Sojasauce**
**1 EL Sesamöl**
**½ TL chinesische Chilisauce**
**1 TL Zucker**

In Szechuan übertreffen sich die Küchenchefs gegenseitig mit diesen Chili-Knoblauch-Auberginen. Ob die scharfgewürzten Eierfrüchte zu Grillfleisch gereicht, für Picknicks eingepackt oder kalt verspeist werden – man bekommt nie genug davon!

## Vorbereitung

Nur die bauchigen, europäischen Sorten schälen. Auberginen in gut 1 cm große Würfel schneiden und beiseitestellen.
Das Hackfleisch mit der Sojasauce gut verrühren und beiseitestellen. Die geschälte Zwiebel grob hacken und zusammen mit Knoblauch und Ingwer in einer kleinen Schüssel beiseitestellen.
Die Saucenzutaten in einer anderen kleinen Schüssel miteinander kombinieren und ebenfalls beiseitestellen.

## Zubereitung

Den Wok auf starker Flamme sehr heiß werden lassen, Erdnußöl hinzugeben und schwenken, damit sich das Öl auch über die Seitenwände verteilt. Das Fleisch in den Wok geben, unter Rühren braten und dabei gegen die Wände pressen, bis es nach etwa 3 Minuten durchgegart und in kleine Krümel zerfallen ist.
Überschüssiges Fett aus dem Wok abgießen, dann Knoblauch, Ingwer, Zwiebel und Auberginenwürfel einfüllen, durch Rühren gut vermengen und schließlich die Sauce dazugeben. Etwas mehr Sherry oder Wasser zusetzen, damit die Bratflüssigkeit die Auberginen etwa bis zur Hälfte bedeckt. Zugedeckt bei starker Hitze unter gelegentlichem Umrühren weiterbraten, bis die Auberginenstücke nach etwa 5 Minuten weich werden.
Nun die Auberginen im offenen Wok so lange weiterbraten, bis die Sauce beinahe vollständig reduziert ist. Abschmecken und gegebenenfalls nachwürzen. In eine vorgewärmte Schüssel oder auf einzelne Teller umfüllen und sofort servieren.

**Für 4 Personen als Gemüsegericht bei einem kleineren Essen; für 6 bis 8 Personen als Teil eines Menüs.**

**Menüvorschlag für 4 Personen: Geschmorte Ochsenrippe, Chili-Knoblauch-Aubergine, Grüner-Bohnen-Salat und selbstgemachtes Pfirsicheis.**

**Anmerkungen: Das Hackfleisch bereichert das Gericht natürlich geschmacklich, aber es ist keineswegs unentbehrlich.**

# JULIENNE-KARTOFFELN »SUSCHOU«

**3 große, rotbraune Kartoffeln**
**½ rote Paprika, von Rippen und Samen befreit**
**6 EL Erdnußöl**
**4 Knoblauchzehen, feingewiegt**
**½ Tasse gewiegte Frühlingszwiebeln**
**2 EL gewiegter, frischer Koriander**

*Sauce*
**60 ml trockener Sherry**
**1 EL Sesamöl**
**1 EL Curry**
**½ TL chinesische Pfeffermischung (siehe Glossar)**
**½ TL Salz**
**¼ TL chinesische Chilisauce**
**¼ TL Zucker**

Auf einer ausgedehnten Gourmet-Tour durch China stießen wir beim Lunch im Nanlin-Hotel in Suschou auf diese scharfgepfefferten ›pommes frites‹ – völlig ›unchinesisch‹ und dabei für uns Ausländer höchst willkommen! Diese in Julienne-Streifen geschnittenen Kartoffeln werden in einer pikanten Sauce gebraten, auf Zimmertemperatur abgekühlt und dann ein zweites Mal gebraten. Zusammen mit einer hausgemachten Gemüsesuppe und einem Gartensalat lassen sie sich zu einer schmackhaften vegetarischen Mahlzeit aufrunden.

## Vorbereitung

Die Kartoffeln waschen, abtrocknen, jedoch nicht schälen. In knapp ½ cm dicke Scheiben und diese wiederum in knapp ½ cm breite Streifen schneiden; die vorbereitete Menge sollte dem Inhalt von 4 Tassen entsprechen. In eine große Schüssel füllen und so lange mit kaltem Wasser spülen, bis dieses nicht mehr eintrübt. Die Kartoffeln bis zu ihrer Zubereitung mit Wasser bedeckt halten.
Die Saucenzutaten in einer kleinen Schüssel zusammenmischen und beiseitestellen.
Die rote Paprika schnitzeln und beiseitestellen.

## Zubereitung (einen Tag im voraus)

Die Kartoffeln abtropfen lassen und mit Küchenkrepp sorgfältig trockentupfen. Den Wok auf stärkste Flamme hochheizen, dann 3 Eßlöffel Erdnußöl und den Knoblauch hineingeben. Kurz sautieren und, bevor der Knoblauch richtig braun werden kann, die Kartoffeln zugeben. Weiterhin bei äußerster Hitze 4 Minuten unter Rühren braten.
Die Sauce hinzugießen und weitere 2 Minuten unter Rühren braten. Schließlich die Frühlingszwiebeln und den Koriander hineingeben und wiederum 2 Minuten unter Rühren braten. Dann den Wokinhalt auf eine Platte füllen und auf Zimmertemperatur abkühlen lassen.
(Dieser Arbeitsgang kann einen Tag im voraus erfolgen; das Bratgut läßt sich im Kühlschrank aufbewahren.)

## Zubereitung (direkt vor dem Servieren)

Den Wok auf höchste Hitze bringen, dann das restliche Erdnußöl hineingeben und durch Schwenken des Woks über die Seitenwände verteilen. Sobald das Öl zu rauchen beginnt, die Kartoffeln einschütten und alle 30 Sekunden durch Rühren gegen die heißen Seitenwände drücken, um sie zu bräunen. Sobald nach etwa 8 Minuten die Hälfte der Kartoffeln eine goldbraune Farbe zeigt, die rote Paprika einrühren und weitere 2 Minuten mit dem Braten fortfahren. Dann auf eine vorgewärmte Platte oder auf einzelne Teller füllen und sofort auftragen.

**Für 4 Personen als Beilage zu einem kleineren Essen; für 6 bis 8 Personen als Teil eines fernöstlichen Menüs.**

■ KAPITEL 9

A*m Anfang war das Dessert,* und erst danach – so die kulinarische Schöpfungsgeschichte – kamen die vorgelagerten Gänge hinzu. Wer sich dieses Credo einmal zu eigen gemacht hat, wird die übliche Speisenfolge geduldig als etwas hinnehmen, das erst mit dem Dessert seinen würdigen Abschluß findet! Im Idealfall sollte das große Finale auf die edleren Ressourcen des täglichen Lebens rekurrieren: Butter, cremige Schlagsahne, aromatischen Kaffee, Edelbitterschokolade und Grand Marnier. Wie jeder China- und Thailand-Reisende bestätigen kann, fehlen den dortigen Küchenchefs allerdings diese ›unentbehrlichen‹ Zutaten, was die eher traurigen Abschlüsse der ansonsten exquisiten Menüs erklären mag. Da es jedoch meine Überzeugung ist, daß ein erinnerungswürdiges Essen von einer vollendeten Nachspeise gekrönt werden muß, offeriert dieses Kapitel eine Dessertauswahl, die von einfachen (und suchterzeugenden) Schoko-Mandel-Makronen bis zu kunstvollen Obsttorten und innovativen Eisspezialitäten reicht. Aber womit Sie auch immer aufzuwarten gedenken – mit einem duftigen Nachtisch zum Ausklang eines gehaltvollen Menüs oder mit einer raffinierten Schokoladenkomposition als phantasievollem Schlußakkord nach einem gepflegten Entrée – lassen Sie einem einfallsreichen Dessert auch die entsprechende Präsentation zukommen: Ihre Gäste werden es Ihnen zu danken wissen!

**Schnell und einfach nachzustellende Rezepte in diesem Kapitel sind: Schoko-Mandel-Makronen, Gefüllte Knallbonbons, Obstkaltschale mit Mandelgelee, Ingwer-Crème-Brûlée und Mango-Sorbet.**

Javanisches Mokka-Eis; Chinesische Ingwer-Plätzchen

# JAVANISCHES MOKKA-EIS MIT GRAND MARNIER

**¼ Tasse javanische Mokkabohnen, feingemahlen**
**300 g Halbbitterschokolade**
**6 große Eigelb**
**230 g Zucker**
**450 ml Altbier**
**450 ml fettreiche Schlagsahne**
**120 ml Grand Marnier**

Diese Eiscreme-Spezialität habe ich vor einigen Jahren für eine Gruppe von Freunden kreiert, die sich auf der ›Jagd‹ nach ausgesuchten chinesischen Speisen, erlesenen Weinen und anregender Konversation oft in meiner Küche trafen. Mit diesem Dessert möchten wir uns von unseren Lesern verabschieben, so wie wir Sie im Eingangskapitel zu diesem Buch mit unserer Lieblingsvorspeise, dem Gegrillten Rippenspeer, willkommen geheißen haben. Genießen Sie beides nur mit ganz speziellen Gästen!

**Vorbereitung**
Das in einen Kaffeefilter gefüllte, feingemahlene Mokkapulver über einem kleinen Gefäß langsam mit 225 ml kochendem Wasser überbrühen. Die so erhaltene Flüssigkeit erneut über das Mokkapulver gießen, so daß ein extra starker Sud entsteht. 2 Eßlöffel von dem Kaffeesatz mit 120 ml der Mokkabrühe vermischen.

Die Schokolade in kleine Stücke brechen und zusammen mit dem Mokkaextrakt im Wasserbad langsam zum Schmelzen bringen; dabei kurz mit dem Schneebesen umrühren. Die Hitze abschalten und die Schoko-Mokka-Mischung über dem heißen Wasser ruhen lassen.
Die Eiercreme gemäß den Anleitungen auf Seite 234 herstellen.
Die Schokoladenmasse langsam und unter ständigem Rühren mit dem Schneebesen in die noch heiße Eiercreme einlaufen lassen, so daß eine gleichförmige Paste entsteht. 2 Stunden in den Kühlschrank stellen.
Dann Schlagsahne und Grand Marnier unter die Paste heben und diese in der Eismaschine gemäß Gebrauchsanweisung zu Eis verarbeiten.

**Für 10 Personen (knapp 2 Liter).**

# CHINESISCHE INGWERPLÄTZCHEN

**230 g Butter**
**450 g Zucker**
**5 EL feingewiegter, frischer Ingwer**
**2 Eier, gut verschlagen**
**120 ml Zuckersirup**
**1 EL weißer Pfeffer**
**2 TL heller Weinessig**
**1½ TL Backnatron**
**½ TL gemahlener Zimt**
**¼ TL gemahlene Nelken**
**gut 500 g Mehl**

Gourmetfreund und Küchenchef Grant Showley folgt, wenn er in seinem Restaurant in Newport Beach Ingwerplätzchen backt, nach wie vor dem Rezept seiner Großmutter, nur hat er die Ingwermengen großzügig erhöht. Diese Ingwergabe und die beinahe astronomische Menge an weißem Pfeffer machen seine ›feurigen‹ Plätzchen zu etwas ganz Besonderem. Aus dem dünngerollten Teig kann man auch gut lustige Formen und Figuren ausstechen, bevor sie gebacken werden. Ingwerplätzchen lassen sich ohne Probleme einfrieren – und ein solcher Vorrat empfiehlt sich auch für den Fall, daß das gierige Krümelmonster wieder einmal zuschlägt!

## Vorbereitung

Butter und Zucker in einem Mixer mit Metallmessern cremig schlagen und erst, wenn die Masse vollkommen homogen ist, Ingwer, Eier, Zuckersirup, weißen Pfeffer und Essig zugeben. Erneut gleichmäßig durchmixen, dann Natron, Zimt und Nelken hinzufügen und das Ganze noch einmal gut miteinander vermengen.
In eine Schüssel gießen, das Mehl partieweise (jeweils ca. 100 g) einarbeiten und gleichmäßig verkneten. Aus dem Teig 3 Kugeln formen, diese getrennt in Plastikfolie einschlagen und mindestens 3 Stunden im Kühlschrank ruhen lassen.

## Backen

Den Backofen auf 160° vorheizen. Den komplett durchgekühlten Teig auf einer leicht bemehlten Arbeitsfläche zu einer knapp ½ cm dicken Platte ausrollen und aus dieser die gewünschten Muster ausstechen.
Ein Ofenblech mit Backpapier auslegen und die Teigplätzchen mit 1 cm Abstand darauf verteilen. Etwa 15 Minuten backen, bis sie krisp, aber nicht ausgetrocknet sind. Auf Zimmertemperatur servieren. Nicht zum baldigen Verzehr bestimmte Plätzchen halten sich unbegrenzt im Tiefkühlfach.

**Die angegebene Rezeptmenge ergibt, je nach Größe, etwa 50 bis 70 Ingwerplätzchen.**

# INGWER-EIS IN PAPAYA-SAUCE

**60 ml frisches Ingwerpüree (siehe Anmerkungen)**
**6 große Eigelb**
**225 g Zucker**
**450 ml Altbier**
**450 ml fettreiche Schlagsahne**
**10 frische Erdbeeren und**
**3 Kiwis, zum Garnieren (nach Wunsch)**

*Papaya-Sauce*
**1 Papaya**
**2 EL Limonensaft**
**2 EL Curaçao**

*Dekoration*
**½ Tasse Puderzucker**
**⅓ Eiweiß**
**⅛ TL Zitronensaft**

Geriebener, frischer Ingwer besitzt ein unverwechselbares Aroma, das von kandiertem oder in Sirup eingelegtem Ingwer einfach nicht erreicht wird. In den Anmerkungen zu diesem Rezept sind drei Methoden zur Herstellung eines faserlosen Ingwerpürees erläutert. Das Rezept selbst zeigt zwei elegante Möglichkeiten der Dekoration auf: entweder wird die Papaya-Sauce ›bemalt‹ oder mit Erdbeer- und Kiwischeiben verziert, letzteres eine Idee des talentierten Küchenchefs Osa Sommermeyer.

## Vorbereitung

Das Ingwerpüree zubereiten (siehe Anmerkungen).
Die Eiercreme zubereiten: In einem Kupfer- oder Edelstahlgefäß die Eigelb so lange mit dem Zucker verquirlen, bis die Masse blaßgelb und der Zucker völlig aufgelöst ist, das dauert etwa 3 Minuten.
Eine sehr große Schüssel oder das Spülbecken mit kaltem Wasser und einer ordentlichen Menge Eis füllen.
Das Altbier in einem 3-Liter-Topf erwärmen, bis die ersten Blasen am Rand aufsteigen.
Langsam und unter Rühren mit einem Besen in die süße Eimasse einfließen lassen. Kurz schlagen, dann in den Topf zurückgeben.
Den leeren Behälter als Auffanggefäß in das Eiswasser stellen.
Die Eimischung bei starker Hitze und unter raschem Schlagen mit einem Schneebesen in etwa 3 Minuten ungefähr zum doppelten Volumen aufkochen; einen eingetauchten und wieder herausgezogenen Löffel überzieht die Creme dann mit einem dünnen Film.
Die Eiercreme nun sofort in die eisgekühlte Schüssel gießen und langsam etwa 2 Minuten mit dem Schneebesen durchschlagen.
Das Ingwerpüree einrühren und die Masse 2 Stunden in den Kühlschrank stellen. Zum Schluß die Schlagsahne zugeben und die Creme in der Eismaschine gemäß Gebrauchsanweisung zu Eis verarbeiten.

## Anrichten

Die Papaya-Sauce zubereiten: Die Papaya schälen und entkernen. Zusammen mit Curaçao und Limonensaft im Mixer pürieren.
Abschmecken und bis zur Weiterverwendung in den Kühlschrank stellen.
Die Kiwis schälen und zusammen mit den Erdbeeren in Scheiben schneiden. Kaltstellen.
Zur Herstellung der Dekoration den Puderzucker mit Eiweiß und Zitronensaft vermischen und cremig schlagen, dann in eine kleine Spritztüte mit ½ cm breiter Metalltülle füllen.
8 gefrostete Dessertteller mit einer dünnen Schicht Papaya-Sauce bedecken.
Jeweils 1 große oder 3 kleine Eiskugeln in die Mitte setzen.
Soll die Papaya-Sauce verziert werden, ein schmales Band Zuckerguß auf die Oberfläche spritzen und mit Hilfe eines Grillspießes zu kleinen Strudeln verwirbeln.
Wird eine Verzierung mit frischen Früchten bevorzugt, das Eis abwechselnd mit Erdbeer- und Kiwischeiben umlegen.

**Sogleich servieren.**
**Für 10 Personen**
**(knapp 2 Liter).**

**Anmerkungen: Ingwerpüree kann man nach drei verschiedenen Methoden herstellen, die hier in der Reihenfolge ihrer Bevorzugung wiedergegeben sind. Als Ausgangsprodukt dient in jedem Falle ganz frischer, geschälter Ingwer.**

Ingwer-Eis in Papaya-Sauce; Schoko-Mandel-Makronen

**(1) 60 ml Wasser und 60 g Zucker aufkochen lassen. Sobald der Zucker komplett aufgelöst ist, beiseitestellen. 2 Eßlöffel dünngeschnittenen Ingwer in einen kleinen Mixer geben und fein pürieren, dann 3 Eßlöffel Sirup nachfüllen und erneut pürieren. Den Vorgang wiederholen, bis 60 ml Ingwerpüree gewonnen sind. (Bei dieser zeitsparenden Methode ist das Püree absolut frei von Gewebefasern.)**
**(2) Den Ingwer in hauchdünne Scheiben schneiden, hochkant in eine Knoblauchpresse stellen und so partieweise durch die perforierte Fläche drücken. Faserrückstände aussondern. Den Vorgang wiederholen, bis 60 ml Püree gewonnen sind.**
**(3) Die Ingwerstücke auf einer Gemüsereibe mit mittelgroßen Löchern zerkleinern, bis 3 bis 4 Eßlöffel Püree zur Verfügung stehen.**
**Wird anstelle des frischen Ingwers Konservenware eingesetzt, dann verwende man die doppelte Menge und füge noch etwas von dem Sirup aus der Dose hinzu, um ein zartes Püree zu erhalten.**

# SCHOKO-MANDEL-MAKRONEN

**75 g Mandelsplitter**
**225 g Zucker**
**1 Tasse Schmalz, in kleine Stücke geschnitten**
**2 Eier**
**1 EL Mandelextrakt**
**1 TL Backpulver**
**½ Tasse Schokoladensplitter (halbbitter)**
**300 g Mehl**
**48 ganze, geschälte Mandeln**

Dieses knusprig-zarte Schmalzgebäck aus Schokoladensplittern und gerösteten Mandelstückchen ist den traditionell chinesischen Mandelplätzchen weit überlegen. Einer meiner Kochschüler behauptet allerdings, die Ausbeute dieses Rezepts, immerhin 48 Makronen, reiche kaum für zwei Personen!

## Vorbereitung

Die Mandelsplitter auf einem Backblech im 160° heißen Backofen rösten, bis sie nach etwa 12 Minuten goldgelb sind. Abkühlen lassen und dann in einem Mixer gut zerkleinern. Beiseitestellen.

Zucker und Schmalz in einem Mixer mit Metallmesser ausgiebig vermengen. 1 Ei, Mandelextrakt und Backpulver hinzugeben, kurz mixen, um alle Zutaten gut zu vermengen, und anschließend alles in eine Schüssel füllen. Die Schokoladensplitter und die Mandelstückchen einrühren, das Mehl in zwei Partien einarbeiten und alles gut miteinander verkneten.

Den Teig in zwei Hälften teilen und daraus 2 weiche Kugeln formen. Auf einer leicht bemehlten Arbeitsfläche jede Kugel zu einem etwa 2,5 cm dicken, 30 cm langen Zylinder ausrollen, in Plastikfolie hüllen und mindestens 2 Stunden im Kühlschrank ruhen lassen. (Gekühlt hält sich der Teig bis zu 2 Wochen, tiefgefroren unbegrenzt.)

## Backen

Den Backofen auf 190° vorheizen. Ist der Teig tiefgefroren, 20 Minuten vor der Weiterverarbeitung aus dem Eisfach nehmen.

Ein Ofenblech mit Backpapier auslegen. Die Teigwurst mit einem scharfen Messer in gut 1 cm breite Scheiben schneiden und diese in 2 cm Abstand auf das Blech legen. In die Mitte jeder Scheibe behutsam eine Mandel eindrücken.

Das verbliebene Ei gut schlagen und die Teigscheiben damit überpinseln. Dann im Ofen 15 bis 18 Minuten goldgelb backen. Vor dem Umfüllen auf ein Tablett auf dem Blech abkühlen lassen. Auf Zimmertemperatur servieren. (In einem luftdicht abgeschlossenen Behälter bleiben die Makronen 1 Woche lang frisch.) Mit Eis oder frischem Obst servieren.

Mit der angegebenen Rezeptmenge erhält man ca. 50 Schoko-Mandel-Makronen.

**Anmerkungen: Das Schmalz verleiht diesem Gebäck seine knusprig-zarte Konsistenz; es ist durch nichts zu ersetzen. Pflanzliche Fette würden diesem Teig einen unangenehmen Beigeschmack geben, und mit Butter zubereitet kämen nur papierdünne Waffeln aus dem Ofen!**
**Eine Variante besteht darin, die Teigwürste in gerösteten Mandelstückchen zu wälzen, die sich dann bei den fertigen Makronen an den Rändern wiederfinden.**
**Wird das Rezept ohne die Schokoladensplitter gemacht, dann muß die Mehlmenge um 75 g erhöht werden.**

# FLAMBIERTE THAI-BANANEN

**1 EL weiße Sesamkörner**
**3 EL Kokosraspeln**
**2 große, feste, noch nicht ganz reife Bananen**
**2 EL Butter**
**1 EL feingewiegter, frischer Ingwer**
**2 TL geriebene oder feingewiegte Orangenschale**
**2 EL Zucker**
**Saft einer Limone**
**6 EL Cognac**
**1 Limone, in Keile geschnitten, zum Garnieren**

Flambierte Bananen, nur zwei Minuten lang in Limonensaft, Orangenschale, frischem Ingwer und gerösteten Kokosraspeln sautiert, stellen ein außerordentlich einfach zuzubereitendes Dessert dar. Mit Schokoladentrüffeln oder Ingwer-Eis gereicht, verleihen sie einem festlichen Abend seinen glanzvollen Abschluß.

## Vorbereitung

Die Sesamkörner in einer kleinen, ungefetteten Pfanne bei starker Hitze unter Rühren rösten, bis sie nach etwa 2 Minuten goldgelb sind. Sofort umfüllen und beiseitestellen. Die Pfanne erneut stark erhitzen, die Kokosraspeln hineingeben und unter ständigem Wenden goldgelb rösten, ungefähr 1 Minute. Sofort aus der Pfanne heben und beiseitestellen.

## Zubereitung

Die Bananen schälen und der Länge nach halbieren.
Eine Pfanne von ca. 30 cm Durchmesser auf mittelhoher Flamme erhitzen und Butter, Ingwer und Orangenschale hineingeben. Sobald die Butter zu schäumen beginnt, die Bananenhälften mit der Schnittfläche nach unten einlegen, mit Zucker bestreuen und den Limonensaft dazugießen. 1 Minute sautieren, die Bananen vorsichtig wenden und weitersautieren, bis die Sauce nach etwa einer weiteren Minute zu karamelisieren beginnt. Die Bananen auf warme Dessertteller verteilen und mit Sesamkörnern und Kokosraspeln bestreuen.
Die Pfanne wieder auf mittelhohe Hitze bringen und den Cognac hineingeben. Sobald er heiß ist, mit einem Streichholz anzünden. Die flammende Sauce sofort über die Bananen gießen. Mit Limonenstückchen verziert auftragen.

**Für 2 Personen als sättigender Nachtisch; für 4 Personen, wenn noch Eis dazu gereicht wird.**

Ingwer-Weincreme

Mango-Sorbet; Gefüllte Knallbonbons

# INGWER-WEINCREME

**2 EL Ingwer aus der Dose, plus etwas Sirup**
**1 EL Gelatine**
**450 ml Milch**
**6 große Eier**
**150 g Zucker**
**1½ TL Vanilleextrakt**
**⅛ TL Weinstein**
**120 ml fettreiche Schlagsahne**

*Dekoration*
**(1) 120 ml fettreiche Schlagsahne und Minzstengel**
**oder**
**(2) Himbeersauce (Seite 250)**
**oder**
**(3) 230 g Halbbitterschokolade, 120 ml fettreiche Schlagsahne und 2 EL Grand Marnier**

Diese in Weingläsern servierte, mit Schlagsahnerosetten und Minzblättern dekorierte Schaumcreme setzt einen unvergeßlichen Schlußakzent auf ein exotisches Essen. Man kann sie auch in kleinen Formen im Kühlschrank steif werden lassen und dann, auf Dessertteller gestürzt, mit einer Himbeer-oder Grand-Marnier-Schokoladensauce auf den Tisch bringen. Ihr zartes Ingweraroma bezieht die Weinschaumcreme von den im Elektromixer ganz fein pürierten, bernsteinfarbenen Knollen des in Sirup eingelegten Doseningwers. Geriebener frischer Ingwer wäre in diesem Falle wenig geeignet, denn der hohe Säuregehalt würde die Weinschaumcreme am Steifwerden hindern.

## Vorbereitung

Den Ingwer im Mixer fein pürieren, bis keine Gewebefasern mehr erkennbar sind. Erweist sich die Ingwermasse dabei als nicht geschmeidig genug, einige Eßlöffel Sirup zugeben. Beiseitestellen.
Die Gelatine in 120 ml kalte Milch einrühren, bis sie sich komplett aufgelöst hat. Beiseitestellen.
Die Eigelb vom Eiweiß trennen und in eine Kupferschüssel geben, die Eiweiß in einer 3-Liter-Schüssel bereithalten. Den Zucker in die Eigelb rühren und mit dem Schneebesen schlagen, bis die Mischung nach etwa 3 Minuten blaßgelb wird und der Zucker sich völlig aufgelöst hat.
Die restliche Milch in einen 3-Liter-Topf füllen und über großer Flamme erhitzen, bis an den Rändern Blasen aufsteigen, etwa 4 Minuten. Unter ständigem Schlagen die gesamte Milch langsam in die Eigelbmischung einfließen lassen. Noch einmal kurz schlagen, dann die angewärmte Mischung in den Topf, aus dem die Milch kam, zurückgießen. Unterdessen die nun leere Kupferschüssel in eine größere, mit Eiswasser gefüllte Schüssel stellen. Den Topf

wieder sehr heiß werden lassen und die Eigelbmischung mit dem Besen rasch durchschlagen, bis sie nach etwa 4 Minuten ungefähr zum doppelten Volumen aufgequollen ist; ein eingetauchter und wieder herausgezogener Löffel sollte sich mit einem dünnen Film überziehen. (Die Masse muß vor allem heftig geschlagen werden und darf nicht zu sehr aufkochen, sonst gerinnt das Eigelb.) Sofort in die eiskalte Kupferschüssel gießen und die Milch-Gelatine-Mischung, den pürierten Ingwer und die Vanille einrühren. Das Eiweiß im Mixer schlagen, bis es zum doppelten Volumen aufgeschäumt ist, dann den Weinstein hineingeben. Das Eiweiß weiter schlagen, bis es sehr steif ist. Dann mit dem Spatel überaus behutsam (und immer nur ein Viertel der Gesamtmenge) unter die warme Eiercreme heben. Auf Zimmertemperatur abkühlen lassen. (Um auf Zimmertemperatur abzukühlen, benötigt die Creme in der geeisten Kupferschüssel ungefähr 5 Minuten.)
Wenn sie sich zu setzen beginnt, die Schlagsahne im Mixer steifschlagen und vorsichtig in die Creme einrühren. 10 kleine, dekorative Formen oder 10 Weingläser damit füllen und im Kühlschrank mindestens 4 Stunden (oder über Nacht) ruhen lassen.
Wollen Sie das Dessert aus den Formen stürzen, sollten Sie die Himbeer- oder die Schokoladensauce einsetzen. Im letzteren Falle die Schokolade in kleine Stücke brechen, zusammen mit der Schlagsahne in einem schweren Töpfchen auf kleinster Flamme erwärmen und zu einer gleichmäßigen Masse verrühren. Den Grand Marnier untermischen, dann in dem Töpfchen beiseitestellen. (Das kann Stunden im voraus geschehen.)

**Anrichten**
Die Garnierungen herrichten: Wird die Creme in Weingläsern gereicht, so bedient man sich der ersten Garnierung. Dazu unmittelbar vor dem Servieren die Schlagsahne steifschlagen und mittels einer Spritztüte auf der Weinschaumcreme zu kleinen Rosetten formen. Mit den Minzstengeln dekorieren und mit chinesischem Gebäck oder Schokoladentäfelchen reichen.
Wird das Dessert auf Tellern serviert, so läßt man zunächst einen großen Behälter voll heißes Leitungswasser laufen, taucht jede Form 3 Sekunden lang in das Wasser und stürzt dann den Inhalt auf einen Dessertteller. Garniert man mit Himbeersauce, dann wird diese kalt um die Cremespeise geschöpft. Nimmt man die Schokoladensauce, so erhitzt man diese zunächst über einem größeren Topf mit köchelndem Wasser und gießt sie dann in gleicher Weise um das Dessert herum. Sofort servieren.

**Für 10 Personen.**



Folgende Doppelseite:
Schoko-Nußtorte

## GEFÜLLTE KNALLBONBONS

**3 EL weiße Sesamkörner**
**75 g geschälte Walnüsse**
**75 g Mandelsplitter**
**230 g Datteln ohne Kerne**
**1½ TL geriebene oder feingewiegte Orangenschale**
**1½ TL geriebene oder feingewiegte Zitronenschale**
**⅓ Tasse Kokosraspeln**
**36 quadratische Wan-tan-Teighüllen**
**ca. 1 l Erdnußöl**
**1 Tasse Puderzucker**

Dieses ›explosive‹ Dessert verdankt seinen Namen der Tatsache, daß die mit Puderzucker bestäubten und mit Kokosnuß und Datteln gefüllten Wan-tans wie Knallbonbons eingedreht werden.

### Vorbereitung

Die Sesamkörner in einer kleinen, ungefetteten Pfanne bei starker Hitze unter Rühren rösten, bis sie nach etwa 2 Minuten goldgelb sind. Sofort herausnehmen und beiseitestellen.
Walnüsse und Mandelsplitter in einen Mixer mit Metallmesser füllen und, während er die Nüsse zerkleinert, die Datteln nachschieben. Sobald das Ganze nach etwa 30 Sekunden feingemahlen ist, Orangen- und Zitronenschale, Kokosraspeln und Sesamkörner zugeben. Den Mixer erneut kurz laufen lassen, um die Komponenten gleichmäßig zu vermengen.
Die Masse aus dem Mixer nehmen und mit den Händen zu einer festen Kugel formen. Nun eine Wan-tan-Teighülle so hinlegen, daß eine Spitze auf den Arbeitenden zeigt.
2 Teelöffel der Füllmasse zu einem kleinen Zylinder ausformen und diesen quer über die vordere Teigspitze legen. Die gegenüberliegende Spitze leicht mit Wasser befeuchten. Dann den Zylinder vom Arbeitenden weg in die Teighülle einrollen. Die beiden seitlichen Spitzen auf den Innenseiten leicht anfeuchten und dann schraubenförmig zusammendrehen, so daß das Ganze wie ein Knallbonbon aussieht. Die anderen Teighüllen auf gleiche Weise füllen.

### Zubereitung

Das Erdnußöl in einer Pfanne von ca. 30 cm Durchmesser bei mittelhoher Hitze heiß werden lassen. Es hat die richtige Temperatur, wenn ein kleiner, hineingeworfener Wan-tan-Streifen über die Oberfläche springt. Jeweils etwa 12 Wan-tans in dem Öl fritieren, bis sie nach etwa 1 Minute ganz eben goldgelb sind.
Die herausgehobenen Wantans auf einem Drahtrost abtropfen lassen und mit Puderzucker bestreuen. Nach dem Abkühlen in einem luftdicht verschlossenen Behälter aufbewahren, in dem sie sich ungefähr 3 Tage lang knusprig halten. Auf einem hübschen Tablett zusammen mit einem Dessert servieren.

**Ausbeute: 36 Knallfrösche.**

## SCHOKO-NUSSTORTE

**1 Tasse Haselnüsse**
**2 EL Ingwer aus der Dose**
**150 g Halbbitterschokolade**
**10 EL Butter**
**225 g Zucker**
**4 Eier**
**⅓ Tasse Brotkrumen oder Paniermehl**
**1 EL geriebene oder feingewiegte Orangenschale**

*Zuckersirup*
**3 EL Zucker**
**3 EL Grand Marnier**

*Schokoladenglasur*
**60 g Bitterschokolade**
**60 g Halbbitterschokolade**
**50 g Butter**

*Dekoration*
**(1) ½ Tasse Puderzucker, ⅓ Eiweiß und ⅛ TL Zitronensaft**
**oder**
**(2) frische Himbeeren und 120 ml fettreiche Schlagsahne**

Diese überaus sättigende, ganz ohne Mehl gebackene Torte bildet mit frischem Obst oder selbstgemachtem Sorbet einen himmlischen Abschluß nach jedem pikanten ostasiatischen Menü.
Das hier leicht modifizierte Rezept stammt von Anne Otterson, der bekannten Leiterin eines Kochseminars in San Diego. Die Torte kann einen Tag im voraus zubereitet und ungekühlt aufbewahrt werden.

## Vorbereitung

Die Nüsse im 160° heißen Ofen rösten, bis sie nach etwa 15 Minuten goldgelb sind. Auf Zimmertemperatur abkühlen lassen und in einem Mixer mit Metallmesser so weit zerkleinern, daß sie die Konsistenz von grobem Mehl haben. Beiseitestellen.
Boden und Seitenwände einer runden Kuchenform von 20 bis 25 cm Durchmesser buttern, mit Backpapier auslegen, dann auch die Papieroberfläche buttern und leicht bemehlen. Den Backofen auf 190° vorheizen.
In einem kleinen Mixer den Ingwer pürieren, bis keine Gewebefasern mehr zu erkennen sind. 2 Eßlöffel des Pürees reserviert halten.
Die 150 g Halbbitterschokolade kleinbrechen und in einer kleinen Metallschüssel über köchelndem Wasser schmilzen lassen.
Butter und Zucker im Mixer zu einer homogenen Masse vermengen, Eier und Ingwerpüree dazugeben, erneut vermischen, dann die geschmolzene Schokolade einfüllen und nochmals kurz mixen.
Die Masse in eine Schüssel geben, Brotkrumen, gemahlene Nüsse und Orangenschale einrühren. Die fertige Masse in die Kuchenform geben und im Ofen backen, bis nach etwa 25 bis 30 Minuten die eingestochene Schneide eines Messers ohne Teigspuren wieder herauskommt.
Die Torte 30 Minuten abkühlen lassen. Eine Springform gleicher Größe umgekehrt auf die Torte legen und diese durch Umstülpen vom Boden ihrer eigenen Form lösen. (So kann die Torte nach der Glasur bewegt werden, ohne daß sie Risse bekommt.) Behutsam das Backpapier abziehen. Die Torte weiter auf Zimmertemperatur abkühlen lassen.
Den Zuckersirup zubereiten: 3 Eßlöffel Wasser mit dem Zucker in einem sehr kleinen Töpfchen aufkochen lassen und verrühren, bis er sich vollständig aufgelöst hat. Die Zuckermasse in ein Schüsselchen gießen, auf Zimmertemperatur abkühlen lassen und den Grand Marnier einrühren. Die Tortenoberfläche damit bestreichen, bis der ganze Sirup eingezogen ist.
Die Zutaten für die Glasur in eine kleine Metallschüssel geben und über köchelndem Wasser zu einer Schmelze verrühren. Die Metallschüssel in einen Behälter mit Eiswasser stellen, bis die Schokolade sich nach etwa 1 Minute wieder zu festigen beginnt. Die Glasur auf die Mitte der Torte gießen und durch vorsichtiges Bewegen der Torte so über die Oberfläche verteilen, daß ein wenig Glasur auch über die Seitenwände rinnt; mit dem Spatel rundum verstreichen. (Die bisherigen Arbeitsschritte lassen sich einen Tag im voraus erledigen. Die Torte kann in diesem Zustand ungekühlt stehenbleiben.)

## Tortendekoration

Soll die Torte ›bemalt‹ werden, dann Zucker, Eiweiß und Zitronensaft in einer kleinen Schüssel zu einer Creme verrühren und diese in eine Spritztüte mit ½ cm breiter Metalltülle füllen. Die Torte mit parallellaufenden Cremestreifen im Abstand von 3 cm überziehen und diese mit Hilfe eines langen Messers oder eines straff gespannten Fadens auffiedern.
Oder einfach die Torte mit frischen Himbeeren umlegen und die Zwischenräume mit Schlagsahnerosetten aus der Spritztüte ausfüllen.

**Für 10 Personen.**

**Anmerkungen: Die Haselnüsse lassen sich auch durch Mandeln ersetzen.**
**In unglasiertem Zustand kann die Torte tiefgefroren werden. Vor dem Glasieren und Dekorieren temperiert man sie wieder auf Zimmerwärme.**

Folgende Doppelseite:
Obstkaltschale mit Mandelgelee

# OBSTKALTSCHALE MIT MANDELGELEE

**1 Päckchen Gelatine**
**175 g plus 2 TL Zucker**
**175 ml Milch**
**1 TL Mandelextrakt**
**2 Tassen gemischtes Frischobst (Erdbeeren, Kiwi, Ananas)**
**8 kleine, frische Minzstengel**

Solche Kaltschalen, die meine chinesischen Führer gerne »süße Gewässer« nannten, sind in den hiesigen China-Restaurants kaum zu finden. Dabei eignen sich gerade solche Nachspeisen aus pürierten, geeisten Früchten oder Nüssen wegen ihres dezenten, süßen Aromas und ihrer leichten Bekömmlichkeit hervorragend als letzter Gang eines ausgedehnten Menüs. Wie erfrischend wirkt diese Fruchtkaltschale mit Mandelgeleewürfeln, kühlen Obststückchen und Minzblättern, wenn sie im Verein mit chinesischem Gebäck, Pfefferminzschokolade und geeistem Tee an einem heißen Sommerabend auf den Verandatisch kommt!

## Vorbereitung

In einer 1-Liter-Schüssel die Gelatine in 60 ml kaltem Wasser einweichen und unter Rühren auflösen. 2 Teelöffel Zucker zugeben, gut verrühren, dann 5 Minuten stehenlassen.
175 ml Wasser zum Kochen bringen, über die Gelatinelösung gießen und rühren, bis die Flüssigkeit klar ist. Die Milch und den Mandelextrakt untermischen und das Ganze in eine ca. 15 × 20 cm große, viereckige, flache Schale gießen. Diese in Eiswasser setzen und kühlen, bis der Inhalt nach etwa 2 Stunden geliert ist. In mundgerechte kleine Würfel schneiden.
Die restlichen 175 g Zucker mit 700 ml Wasser in einen kleinen Topf geben und zu Sirup verkochen. In eine Schüssel füllen und auf Zimmertemperatur abkühlen lassen. Die Minzstengel beigeben und mindestens 1 Stunde im Kühlschrank lassen.

## Servieren

Sirup und Minzstengel in eine dekorative Glasschüssel schöpfen, die Geleewürfel und frisches Obst hinzufügen und auftragen.

**Für 4 Personen als leichtes Dessert, begleitet von Chinesischen Knallbonbons und einem aromatischen, chinesischen Tee.**

**Anmerkungen: Vorteilhaft variieren läßt sich die Speise, indem man 10 dünne Scheiben frischen Ingwers 5 Minuten im Sirup köchelt und bis kurz vor dem Servieren darin ziehen läßt.**

# INGWER-CRÈME-BRÛLÉE

**4 große Eigelb**
**5½ EL Zucker**
**450 ml fettreiche Schlagsahne**
**1¼ TL Vanilleextrakt**
**3 EL sehr fein geschnittener, kandierter Ingwer**
**2 EL Himbeerkonfitüre**

Diese reichhaltige, sahnige Crème Brûlée bildet den krönenden Abschluß eines jeden orientalischen Festmahls. Bei der hier wiedergegebenen Version verbergen sich winzige Stückchen von kandiertem Ingwer und Himbeerkonfitüre auf dem Boden der Creme. Die Rezeptanweisung sieht zwar vor, die zuoberst liegende Zuckerschicht unter dem Ofengrill zu karamelisieren – ein wirklich perfektes Resultat erzielt man jedoch nur mit einer kleinen Lötlampe, wie man sie in Eisenwarenhandlungen bekommt. Ihre Gäste werden von dieser Technik gewiß beeindruckt sein!

## Vorbereitung

Den Backofen auf 175° vorheizen.
Die Eigelb mit 3½ Teelöffel Zucker in einer 2-Liter-Schüssel verschlagen, bis der Zukker sich ganz aufgelöst hat und die Masse blaßgelb ist; schlagen Sie dafür etwa 3 Minuten intensiv mit dem Schneebesen durch. Die Schlagsahne und den Vanilleextrakt hinzugeben und wiederum gut verschlagen.
In 4 Auflaufförmchen von je 175 ml Inhalt einige Ingwerscheibchen legen und auf die Bodenmitte einen Klacks Himbeerkonfitüre setzen. Behutsam die geschlagene Creme darüberschöpfen, die gefüllten Förmchen in eine kleine, feuerfeste Kasserolle setzen und diese so weit mit warmem Wasser füllen, daß die untere Hälfte der Förmchen bedeckt ist.
Die Kasserolle in den Ofen stellen und die Creme 50 Minuten backen; ihre Oberfläche wird dann goldbraun sein. Die Förmchen herausnehmen und mindestens 3 Stunden kühlen. (Die bisherigen Arbeiten können einen Tag im voraus erfolgen.)

## Zubereitung

Wird zum Karamelisieren der Grill benutzt, diesen 15 Minuten vorher einschalten.
Die Creme in jedem Förmchen mit etwa 1 Eßlöffel Zukker bestreuen und diesen durch Hin- und Herrollen der Förmchen gleichmäßig auf der Oberfläche verteilen. Überflüssigen Zucker abtragen.
Die Förmchen in eine flache, mit kaltem Wasser und Eiswürfeln gefüllte Pfanne setzen und diese so dicht unter den Grill plazieren, daß der Abstand zur Zuckerschicht nur 5 cm beträgt; sie wird in ca. 30 Sekunden karamelisieren. Ein noch besseres Resultat erzielt man, wenn man den Zucker mit der kleingestellten Stichflamme eines Lötbrenners karamelisiert. Anschließend sofort auftragen.

**Für 4 Personen als sättigendes Dessert. Obst und vielleicht chinesisches Gebäck dazu reichen.**

**Anmerkungen: Das Karamelisieren sollte erst im letzten Moment erfolgen; anderenfalls wird die gebräunte Zukkerkruste (auch im Kühlschrank) wieder weich.**

# KOKOSNUSS-EIS

**1 Tasse gesüßte Kokosraspeln**
**6 große Eigelb**
**225 g Zucker**
**450 ml Altbier**
**1 TL Kokosnußextrakt**
**450 ml fettreiche Schlagsahne**
**Minzblätter, zum Garnieren**

*Teigkelche*
**120 g geschälte Mandeln**
**175 g Zucker**
**1 EL geriebene oder feingewiegte Orangenschale**
**2 EL Mehl**
**6 EL geschmolzene Butter**
**2 EL Milch**

*Himbeersauce*
**350 g tiefgefrorene Himbeeren, auf Zimmerwärme temperiert**
**2 EL sehr feiner Zucker**
**3 EL Cognac**

Diese selbstgemachte Eisspezialität in einem filigranen Kelch aus Plätzchenteig, von Himbeersauce gerahmt, bildet eine kunstvolle Sinfonie aus verschiedenartigen Aromen, Texturen und Farben. Die nach einem Backrezept von Jacques Pépin hergestellten Teigkelche können Wochen im voraus zubereitet und tiefgefroren werden. Das letztendliche Anrichten dieses eleganten Desserts erfordert dann nur noch wenige Minuten Zeit.

## Vorbereitung

In einer ungefetteten Pfanne von ca. 25 cm Durchmesser die Kokosraspeln bei mittelhoher Hitze goldgelb rösten, ungefähr 2 Minuten. Beiseitestellen.
Die Eiercreme gemäß den Anleitungen auf Seite 234 herstellen, den Kokosnußextrakt zugeben und die Creme mindestens 2 Stunden kaltstellen.
Danach Schlagsahne und die Hälfte der gerösteten Kokosraspeln untermischen und die Creme in der Eismaschine gemäß Gebrauchsanweisung zu Eis verarbeiten. Die Ausbeute wird knapp 2 Liter betragen.
Die Teigbecher herstellen: Den Backofen auf 160° vorheizen und die Mandeln darin etwa 15 Minuten goldgelb rösten.
Dann vollständig abkühlen lassen und in einem Mixer fein mahlen; die Ausbeute sollte etwa 225 ml betragen.
Das Mandelpulver in eine 1-Liter-Schüssel füllen, Zucker, Orangenschale und Mehl hinzufügen und dann die geschmolzene Butter und die Milch einrühren.
Den Backofen auf 190° vorheizen. Backpapier in zwölf Quadrate von 15 cm Seitenlänge schneiden.
Eines dieser Quadrate auf das Backblech legen und 1½ Eßlöffel von dem Plätzchenteig in seine Mitte setzen.
In etwa 8 bis 12 Minuten goldgelb backen; dabei sollte der Teig zu einer sehr dünnen, etwa 10 cm breiten Scheibe aufgehen.
Die Backprobe aus dem Ofen nehmen, etwa 45 Sekunden abwarten, dann den noch heißen Teig zu einem Kelch formen, indem man den Teig um den Boden eines umgestülpten Wasserglases oder einer gewellten Form drückt.
Erweist sich dabei das Probestück als zu dünn für die Umformung, so knetet man zusätzlich Mehl in den Plätzchenteig ein. Ist der Teig hingegen beim Backen zu fest geworden, als daß man ihn bequem formen könnte, so muß der Plätzchenteig mit mehr Milch geschmeidiger gemacht werden.
Man backt Partien von jeweils 3 oder 4 Teigbechern.
(Sie halten sich in einer Keksdose mehrere Tage, tiefgefroren unbegrenzt.)
Die angeführten Rezeptmengen ergeben 12 Teigbecher.
Die Sauce zubereiten: Die Himbeeren in einem Mixer pürieren und dann durch ein feines Sieb passieren, um die Körner auszusondern. Zucker und Cognac einrühren.
In den Kühlschrank stellen. Ausbeute: 225 ml.

## Anrichten

8 Dessertteller mit Sauce bedecken.
In die Mitte eines jeden Tellers einen Teigbecher setzen, diesen mit einer großen Kugel Kokosnußeis krönen, mit den restlichen Kokosraspeln bestreuen und mit einem Minzblatt garnieren.
Sofort auftragen.

**Für 8 Personen.**

Kokosnußeis

# TROPISCHE OBSTTORTE

*Tortenteig*
**190 g Mehl**
**½ TL Salz**
**100 g Butter, in kleinen Flöckchen**
**2 bis 6 EL Eiswasser**

*Tortencreme*
**3 Eigelb**
**80 g Zucker**
**½ TL Vanilleextrakt**
**1 EL Mehl**
**1 EL Stärkemehl**
**225 ml Milch**
**1 gehäufter EL pürierter, frischer Ingwer (siehe Anmerkungen Seite 235)**

*Karamelsirup*
**120 g Zucker**
**60 ml Wasser**

*Frisches Obst und Glasur*
**frisches Obst zum Dekorieren der Torte**
**½ Tasse Aprikosenkonfitüre**
**1 EL Cognac**

Alle Schichten dieser köstlichen Torte kommen bei jedem einzelnen Bissen zur Geltung: die Lage aus frischen Früchten, die leichte, nach Ingwer duftende Konditorcreme und der körnige, karamelisierte Zucker auf dem lockeren Blätterteig. Konfektionieren Sie diese Torte ruhig Stunden im voraus und lassen Sie sie außerhalb des Kühlschranks stehen, damit der Teig nicht schwammig wird. Die Technik für die Karamelisierung des Blätterteigs stammt übrigens von Jacques Pépin.

**Vorbereitung**

Den Teig zubereiten: Mehl, Salz und Butter in das Mischgefäß eines Mixers mit Metallmesser füllen und 45 Minuten lang in das Tiefkühlfach stellen. Die eiskalte Mischung im Mixer zu grobmehliger Konsistenz schlagen. Ein wenig kaltes Wasser zugießen und das Gerät erneut laufen lassen, bis der Teig, wenn man ihn zwischen den Fingern preßt, zusammenhält. Auf eine Plastikfolie legen, zu einer Scheibe kneten, in die Folie einschlagen und 1 Stunde im Kühlschrank lassen.

Die Konditorcreme zubereiten: Die Eigelb mit dem Zukker verschlagen, bis sie blaßgelb sind. Sodann das Mehl, das Stärkemehl und die Vanille mit verschlagen. Die Milch in einem Topf erhitzen, bis an den Rändern Blasen aufsteigen. Die heiße Milch in die Eigelbmischung einrühren, diese in den Topf zurückgießen und etwa 2 Minuten unter ständigem Schlagen mit dem Schneebesen bei mittelhoher Hitze sehr dick werden lassen. Die Creme in eine Schüssel umfüllen und die Hälfte des Ingwerpürees einrühren. Mindestens 1 Stunde im Kühlschrank aufbewahren.

Den Backofen auf 190° vorheizen. Den Teig auf einer leicht bemehlten Arbeitsfläche zu einer ½ cm dünnen, rechteckigen Platte von ca. 15 × 45 cm ausrollen. (Wenn Sie das Nudelholz dabei über zwei schmale und lange, etwa ½ cm dicke, rechts und links angelegte Holzleisten laufen lassen, wird der Teig leichter formbar und am Ende gleichmäßig hoch sein.)

Die Teigplatte auf ein mit Backpapier belegtes Ofenblech ohne hochstehende Kanten legen. Die Teigränder zurechtstutzen. Von allen vier Seiten der Teigplatte einen gut 1 cm breiten Streifen sauber abtrennen. Die Randpartien der Teigplatte mit Wasser benetzen und die Streifen, an den Enden auf das richtige Maß verkürzt, wie eine ›Begrenzungsmauer‹ auf die Plattenränder setzen (sie werden später die aufgestrichene Creme zu halten haben). Die Teigstreifen leicht mit den Fingern an die Platte andrücken und die Fugen verkneten.

Den Boden mit einer Gabel einstechen. Die Teigplatte mit Alufolie abdecken und diese mit Backgewichten oder Bohnen beschweren. Im Ofen backen, bis die Ränder nach etwa 15 Minuten goldgelb werden. Die Folie entfernen und weitere 15 Minuten (oder länger) backen, bis der Teig rundum goldbraun geworden ist.

Sobald der Tortenboden auf Zimmertemperatur abgekühlt ist, den Sirup zubereiten. Dazu Zucker und Wasser in einem kleinen Töpfchen über mittelhoher Flamme unter Rühren zu einer dunkel goldgelben Melasse verkochen, etwa 5 Minuten. Sofort auf die Teigplatte gießen und mit einem geölten Spatel zu einer dünnen Karamelschicht verstreichen. Sobald die Streichmasse abgekühlt ist, den Tortenboden auf eine rechteckige Tortenplatte setzen.

*Belegen der Torte*
Die Konditorcreme innerhalb der Randeinfassung gleichmäßig verstreichen. Mit frischem Obst belegen. Die Aprikosenkonfitüre leicht aufkochen lassen, dann durch ein Sieb passieren. Den Cognac und das restliche Ingwerpüree hinzufügen. Das Obst ausgiebig mit der Aromamasse überziehen. (Dieses Dessert läßt sich bereits am Morgen des Verzehrtages fertigstellen; man hebe es jedoch nicht im Kühlschrank auf, dort würde der Teig schwammig.)

**Für 8 Personen.**

## MANGO-SORBET

**225 g Zucker**
**3 reife Mangos**
**60 ml Zitronensaft**
**1 EL Grand Marnier**

Ein Geschmackstrio aus Mango-Sorbet, chinesischem Gebäck und Cappuccino läßt jede Art von Mahlzeit harmonisch ausklingen! Besonders elegant macht sich das Sorbet in filigranen Kelchen aus Plätzchenteig, die auf einer lockeren Eiercreme serviert werden (siehe Rezept Kokosnußeis).

### Vorbereitung

450 ml Wasser und den Zucker in einem kleinen Topf bei mittelhoher Hitze so lange kochen lassen, bis sich der Zucker komplett aufgelöst hat. In eine Schüssel umfüllen und wenigstens 2 Stunden kaltstellen.
Die Mangos schälen, das Fleisch vom Kern lösen und im Mixer pürieren. Ca. 450 ml Püree entnehmen, Zitronensaft und Grand Marnier zugeben und kaltstellen.
Sobald der Zuckersirup ordentlich durchgekühlt ist, das Mangopüree einrühren. Die Masse in der Eismaschine gemäß Gebrauchsanweisung zu Eis verarbeiten. Man erhält ca. 1,4 l Sorbet.

**Für 8 Personen als erfrischendes Dessert, begleitet von Plätzchen oder Schokoladentäfelchen.**

# CHINESISCHE KÜCHENGERÄTE UND KOCHTECHNIKEN

## DAMPFTÖPFE

Nur wenige Garmethoden sind so leicht in den Griff zu bekommen wie das Dämpfen. Man legt die rohen Speisen auf einen Teller und diesen wiederum auf einen Metall- oder Bambuseinsatz, der über sprudelnd kochendes Wasser in den Dampftopf eingehängt wird. Der hochsteigende Dampf gart dann die Speisen. Plaziert man mehrere Einsätze übereinander, so beachte man, daß die Speisen im obersten Einsatz genauso rasch gar werden wie die im untersten, vorausgesetzt der Dampf kann im ganzen Topf gleichmäßig zirkulieren.

Preiswerte Dampftöpfe aus Aluminium oder Bambus kann man in allen China- oder Asien-Shops erstehen. Aluminium-Dampftöpfe haben Durchmesser von 25 bis 34 cm und bestehen aus einem Bodengefäß für das kochende Wasser, zwei perforierten Einsätzen und einem Deckel. Wir empfehlen Aluminium als Material, weil es leichter zu reinigen ist.

Dampftöpfe aus Bambus sind zwar hübsch anzusehen, doch übertreffen ihre praktischen Nachteile die ästhetischen Vorzüge bei weitem: Sie sind schwer zu säubern, und die Gerüche übertragen sich von einer Speise auf die nächste.

Außerdem benötigt man in diesem Falle einen gesonderten Behälter für das Kochwasser. Unseren eigenen Bambus-Dampftopf benutzen wir nur, wenn wir Teigtaschen am Tisch servieren.

Für einen beschränkten Gebrauch kann man sich aus der ohnehin vorhandenen Küchenausrüstung selbst eine Dämpfeinrichtung zusammenbauen.

Dazu wählt man ein geräumiges, tiefes Gefäß (etwa einen Bräter, eine elektrische Bratpfanne oder einen Wok), füllt es einige Zentimeter hoch mit Wasser und läßt dieses sprudelnd aufkochen. Unterdessen legt man die Speisen auf einen Teller aus feuerfestem Glas und stellt diesen auf einen Untersatz, der aus einem umgekehrt ins Wasser gesetzten, ebenfalls feuerfesten Teller oder beispielsweise einer perforierten Büchse besteht. (Dieser Untersatz verhindert, daß die Speisen mit dem Wasser in Berührung kommen.) Dann stülpt man einen Topfdeckel oder Alufolie über den improvisierten Apparat und dämpft nach Vorschrift.

## DER WOK

Der Wok ist ein überaus vielseitig verwendbares, konkav geformtes Kochgerät, in dem sich die köstlichsten Gerichte zubereiten lassen: Beim Fritieren gleiten die Frühlingsrollen über die schrägen Seitenwände in das heiße Öl, ohne daß ein Spritzer entsteht; Fisch läßt sich auf einem in den Wok einzuhängenden Rost perfekt dämpfen, wobei der gewölbte Deckel geschlossen sein sollte; Schmorfleisch köchelt auf kleiner Flamme vor sich hin, ohne anzubrennen. Die sanft abfallenden Wände des Woks benötigen weniger Öl als herkömmliche Pfannen. Ein kurzes Schütteln, und die unter Rühren gebratenen Zutaten fallen von selbst wieder auf die heißeste Stelle, den Boden, zurück, wo die Speisen am raschesten und gleichmäßigsten garen. Chinesische Gerichte – besonders unter Rühren gebratene – schmecken auf Grund der Form des Woks einfach *besser,* als wenn man sie in einer normalen Pfanne zubereitet.

Das Sortiment der angebotenen Woks reicht von der preiswerten, traditionellen Ausführung in Gußeisen oder schwerem Stahl, wie man sie in den Asien-Shops findet, bis zu Deluxe-Versionen aus Edelstahl oder Kupfer, die in gehobeneren und dem Zeitgeist verpflichteten Fachgeschäften zu erstehen sind. Ich selbst ziehe die schwere, traditionelle Variante vor, weil sich hier die Hitze gleichmäßiger verteilt. Bei häufigem Gebrauch überziehen sie sich alsbald mit einer eindrucksvollen schwarzen Patina, die das Anbrennen verhindert und dem Bratgut seinen typischen ›Wok-Geschmack‹ verleiht. Neue Woks aus Eisen oder gewöhnlichem Stahl müssen jedoch erst ›eingebraten‹, auch weiterhin häufig benutzt und jedesmal ohne Spülmittel gesäubert werden. Wem das zu umständlich erscheint, der kaufe einen Edelstahl- oder Kupferwok oder einen mit Antihaft-Beschichtung, auf alle Fälle aber keinen Elektrowok, denn der kann nicht die erforderliche starke Hitze entwickeln, so daß die Speisen in ihrem eigenen Saft vor sich hinkochen.

Kaufen Sie einen Wok von etwa 35 bis 40 cm Durchmesser, der einen langen Holzgriff besitzt. Zum Braten auf einem Gasherd wähle man einen Wok mit rundem Boden, entferne den Stellrost vom Herd und plaziere

die Bodenrundung des Woks direkt auf den Brenner, so daß die Flammen kranzförmig an der Außenwand hochschlagen können. (Die so zubereiteten Gerichte garen rasch und schmecken viel saftiger, als wenn der Wok auf dem Rost oder im sogenannten »Wok-Ring«, einem überaus nutzlosen Gerät, über den Flammen steht.)
Besitzt man einen Elektroherd, dann ersteht man einen Wok mit flachem Boden, der auf die größte Herdplatte paßt, so daß die Hitze vollständig durch das Gerät weitergeleitet werden kann. Mit einem solchen Wok lassen sich auf dem Elektroherd ebenso befriedigende Resultate erzielen wie mit dem Rundboden-Wok auf dem Gasherd.
Viele in China- oder Asien-Shops angebotene Woks bedürfen einer besonderen Behandlung, sofern sie an der Oberfläche eine dünne Ölschicht aufweisen. Man entfernt sie dadurch, daß man Innen- und Außenwände mit Seifenwasser spült und mit einem Scheuerschwamm sorgfältig abreibt. Das Gefäß ist sauber, wenn sich beim Spülen kein grauer Belag mehr auf den Händen zeigt. Man trocknet den Wok sodann und setzt ihn auf eine starke Flamme. Sobald er sich heiß anfaßt, wird er mit Öl ›gebeizt‹. Man gibt 60 ml Erdnußöl in die Mitte und verteilt es mit dem Löffel und einem Papierhandtuch über die Seitenwände, bis es leicht zu rauchen beginnt. Nun nimmt man den Wok vom Feuer, läßt ihn vollständig abkühlen und reibt ihn dann von dem Öl frei.
Durch wiederholten Gebrauch wird diese ›Beize‹ allmählich schwarz und sorgt dann für eine nichthaftende Oberfläche. Scheuermittel oder kochendes Wasser würden die Patina beseitigen, bei normalem Gebrauch jedoch benötigt Ihr Wok im Laufe seines weiteren Lebens keine spezielle Ölbehandlung mehr!
Ansonsten empfiehlt es sich, den Wok nach jedem Gebrauch so zu reinigen wie eine gute Omelettpfanne: Man stelle ihn also ins Spülbecken und weiche ihn in heißem Wasser ein, um ihn dann nach einiger Zeit mit Hilfe eines Schwämmchens von anhaftenden Speisepartikeln zu befreien und mit klarem, heißem Wasser auszuspülen.
(Keine Seife oder Scheuermittel verwenden, denn dann würde die Schutzschicht zerstört!)
Den gesäuberten Wok trocknet man schließlich über mittlerer Flamme. Bitte nach Gebrauch kein Öl mehr in dem Topf lassen, da so möglicherweise eine unangenehme, ranzige Fettschicht entstehen könnte!

## GRUNDREGELN DES BRATENS UNTER RÜHREN

Wenn Sie mit dieser Zubereitungsmethode noch nicht vertraut sind, sollten Sie sich die nachfolgenden Regeln zu eigen machen:
1. Schneiden Sie das Bratgut in kleinere Stücke, als Sie es normalerweise für angemessen halten. Je kleiner die Teile, desto kürzer der Garprozeß und umso besser auch der Geschmack.
2. Schneiden Sie alle Zutaten in derselben Form und Größe zurecht. Das verbürgt ein gleichmäßiges Durchgaren und damit auch ein besseres Geschmacksbild.
3. Braten Sie auf diese Weise niemals mehr als 500 g Fleisch, Fisch oder Meeresfrüchte auf einmal. Sollten Sie eine größere Menge benötigen, so sollten zusätzliche Woks und Helfer zum Einsatz gelangen!
4. Bringen Sie den Wok immer auf die höchste Hitzestufe und reduzieren Sie die Temperatur nie! Das gilt sogar für das Arbeiten an einem professionellen Herd.
5. Legen Sie die vorbereiteten Zutaten gleich neben dem Wok in der Reihenfolge ihrer Verwendung bereit.
6. Gehen Sie, sobald eine Partie Zutaten beim Braten die Farbe wechselt, sofort zum nächsten Verarbeitungsschritt über. Also: Verliert das unter Rühren gebratene Fleisch sein rohes Aussehen, so nehmen Sie es aus dem Wok; werden Ingwer und Knoblauch weiß, geben Sie die Gemüse zu; bekommen die Gemüse ein glasiges Aussehen, gießen Sie die Sauce hinzu!
7. Unterschreiten Sie bei allen Zutaten die Garzeiten! Sollten Sie sich bei dem Ausspruch »Ich werde das noch ein ganz klein wenig länger drinlassen« ertappen, dann hat das Bratgut seinen besten Zustand wahrscheinlich schon hinter sich.
8. Geben Sie, sobald die Sauce aufkocht, nur *ein wenig* von dem angerührten Stärkemehl dazu. Die Sauce soll nur so weit angedickt werden, daß sie die Speise glasiert.
9. Servieren Sie das fertige Gericht *unverzüglich!*

## DIE WÜRZEN DES FERNEN OSTENS

Die Rezepte in diesem Buch kommen mit einer begrenzten Anzahl von Kräutern, Saucen und Gewürzen aus dem ostasiatischen Raum aus. In China- und Asien-Shops, die mittlerweile in jeder größeren Stadt existieren, in Feinkostläden und teilweise auch schon in den Spezialitätenabteilungen großer Kaufhäuser werden Sie alle Zutaten problemlos erstehen können.
Wenn Sie noch am Anfang Ihres Abenteuers mit der fernöstlichen Küche stehen, beginnen Sie Ihre Vorratshaltung am besten mit den folgenden Produkten, die auch die Rezeptbasis für nahezu alle im Buch empfohlenen Gerichte darstellen. Sie kosten nicht viel und halten sich beinahe unbegrenzt lange.

**Chinesische Chilisauce**
**ungesüßte Kokosmilch**
**Hoisin-Sauce**
**helle und dunkle Sojasauce**
**Austernsauce**
**Pflaumensauce**
**roter, süßer Ingwer**
**Reis-Stabnudeln**
**gepökelte schwarze Bohnen**
**Sesamöl**

Noch ein praktischer Tip: Das Hohlmaß der *Tasse,* das Sie in den meisten Rezepten finden werden, entspricht eher einem Kakao- oder Kaffee-*Becher* (ca. 230 ml).

## GLOSSAR

**Auberginen** (fernöstliche Sorte): Diese länglichen, purpurfarbenen Eierfrüchte von zehn bis zwanzig Zentimeter Länge sind den bauchigen, großen Auberginen aus Europa geschmacklich weit überlegen. Die zarte Schale macht das Schälen überflüssig; das Fruchtfleisch, so gut wie ohne Samenkörner, besitzt keinen bitteren Beigeschmack und saugt beim Sautieren nicht allzuviel Öl in sich auf. Diese Auberginen sind in China- oder Asien-Shops durchgehend von Frühling bis Herbst zu haben. Am besten sind die kleinen Früchte mit glänzender Schale und festem Fleisch. *Aufbewahrung:* In gekühltem Zustand zwei Wochen haltbar. *Ersatz:* Auberginen europäischen Ursprungs (nur falls man die fernöstlichen wirklich nicht bekommt).

**Austernsauce:** Dickflüssige, braune Sauce von herrlich vollem, aber mit nichts an ihren ›maritimen‹ Ursprung erinnernden Geschmack. Die Sauce wird aus Austern, Sojasauce und Lake hergestellt. Gerichten, die mit Austernsauce gewürzt werden, gibt man gewöhnlich eine Prise Zucker bei, um den leicht salzigen Geschmack etwas abzutönen. *Aufbewahrung:* Im Kühlschrank unbegrenzt haltbar. *Ersatz:* Keiner.

**Bohnensprossen:** Die drei Tage alten Sojabohnenkeime werden wegen ihres knackigen Bisses von den Chinesen »Gemüse für die Zähne« genannt. Sie sind sehr leicht verderblich; man sollte sie daher nur kaufen, solange sie noch perlweiß aussehen. Ganz frische Bohnensprossen verleihen Salaten oder unter Rühren gebratenen Gerichten (denen man sie erst im allerletzten Moment beigibt) einen erfrischend knackigen Akzent. *Aufbewahrung:* In einem mit Küchenkrepp ausgeschlagenen Plastikbeutel halten sich Bohnensprossen im Kühlschrank zwei Tage. *Ersatz:* In Julienne-Streifen geschnittene Treibhausgurken oder Jicama.

**Bok choy:** Das auch als »chinesischer Mangold« bezeichnete Gewächs wird, seiner langen, weißen, fleischigen Stengel wegen von den Chinesen selbst »weißes Gemüse« genannt. Die zarten, großen Blätter sind leuchtend grün. Er verleiht Suppen und im Wok gebratenen Gerichten ein feines Gemüsearoma. *Aufbewahrung:* Im Kühlschrank hält sich gebündelter bok choy eine Woche. *Ersatz:* Mangold, zarte Bleichsellerie-Spitzen oder andere schnellgarende Blattgemüse.

**Braune-Bohnen-Sauce:** Eine scharfe, aus fermentierten gelben Bohnen, Mehl, Salz und Wasser hergestellte Paste, die als Ingredienz für komplexe Saucen (wie die Peking-Fleischsauce) dient. Man sollte die Braune-Bohnen-Sauce nicht in feinpürierter, sondern in einer gröberen Form kaufen, die noch kleine Bohnenstückchen enthält; das gewährleistet die Verwendung erstklassiger Bohnen. Der ungewöhnliche Geschmack der Sauce spricht nicht jeden sofort an, weshalb in den entsprechenden Rezepten stets ein wenig Zucker enthalten ist, um das leicht salzige Aroma zu kompensieren. *Aufbewahrung:* In Büchsen gekaufte Braune-Bohnen-Sauce (es gibt sie auch in Gläsern) in ein Glasgefäß umfüllen, dieses fest verschließen und im Kühlschrank aufbewahren; die Sauce ist dann nahezu unbegrenzt haltbar. *Ersatz:* Keiner (allenfalls nehme man ein wenig mehr Salz).

**Ceviche (Cebiche):** Ursprünglich peruanisches Gericht aus rohem Fisch oder Meeresfrüchten, gebeizt in pikantem Limonensaft.

**Chilisauce, chinesische:** Diese in Szechuan, Hunan, Singapur und Thailand gebräuchliche, sehr scharfe Würze besteht vorwiegend aus Chilis, Knoblauch, Salz und Öl. Ein halber Teelöffel genügt, um eine leicht pikante Speise in ein feurig-scharfes Gericht zu verwandeln. Es gibt wohl ein Dutzend importierter Marken, die die verschiedensten Bezeichnungen führen (»chili sauce«, »chili paste with garlic«, usw.), aber alle dasselbe meinen. Chinesische Chilisauce ist der scharfen, aus Sojabohnen hergestellten »hot bean sauce« geschmacklich auf jeden Fall überlegen. *Aufbewahrung:* Im Kühlschrank unbegrenzt haltbar. *Ersatz:* Keiner.

**Chinakohl:** Auch hierzulande ist Chinakohl mittlerweile in jedem Supermarkt erhältlich. Die stark gekrausten, hellgrünen Blätter besitzen ein mildes Aroma, dem der aufdringliche ›Kohlgeschmack‹ weitgehend fehlt. *Aufbewahrung:* In Folie eingewickelter Chinakohl hält sich im Kühlschrank bis zu zwei Wochen. Welke Deckblätter vor dem Gebrauch entfernen! *Ersatz:* Blattreiche Selleriestengel, bok choy oder andere zarte, grüne Gemüse.

**Chinesische Pfeffermischung:** Viele Rezepte in diesem Buch bedienen sich der Mischung, die folgendermaßen hergestellt wird: Man gibt zu gleichen Teilen schwarze, weiße und Szechuan-Pfefferkörner in eine kleine, ungefettete Pfanne und röstet sie unter Rühren auf großer Flamme, bis sie leicht zu rauchen beginnen. (Dieser Röstvorgang dient der Aromasteigerung.) Sofort danach nimmt man sie heraus, läßt sie abkühlen und mahlt sie in einer Pfeffermühle. Ich benutze diese Mischung zum Würzen von frischer Pasta, Rührei oder überhaupt allen Speisen, denen ich ein komplexeres Aroma abgewinnen will. Übrigens gibt diese Mischung, in eine kleine Pfeffermühle gefüllt, ein originelles Geschenk für Ihre Gourmet-Freunde ab. *Aufbewahrung:* Unbegrenzt haltbar. *Ersatz:* Keiner.

**Currypaste:** Es handelt sich hierbei um eine mit Öl sämig gemachte Mischung verschiedener Würzen. Sie besitzt gegenüber dem Currypulver zahlreiche Vorteile, zu denen auch das komplexere Aroma und die längere Haltbarkeit gehören. *Aufbewahrung:* Geöffnete Gefäße können bei Zimmertemperatur unbegrenzt lagern. *Ersatz:* Die jeweils doppelte Menge Currypulver; allerdings wird das Geschmacksbild weniger differenziert sein.

**Currypulver:** Curry in Pulverform wird Ihren Speisen, ähnlich wie fertig gekaufter, gemahlener Pfeffer, nie ein besonders gutes Aroma verschaffen. *Aufbewahrung:* Im Dunkeln und vor Wärme geschützt, um den unvermeidlichen Aromaverlust wenigstens hinauszuzögern.

**Dim sum:** Gedämpfte Teigtaschen, die mit Hackfleisch, Fisch, Meeresfrüchten, Gemüsen, eingemachtem Obst oder süßen Cremes gefüllt sind. Sie werden aus Wan-tan-Teighüllen geformt, übrigens in jeder Region Chinas auf eine andere, typische Weise, und sind heute in der westlichen Welt auch als Cocktailbissen beliebt.

**Eiszapfenrettich:** Weißer, 15 bis 20 cm langer, schlanker, weißer Rettich. Die auch unter dem Namen »Daikon« bekannte Erdfrucht findet wegen ihres milden, lieblichen Aromas in der chinesischen Küche vielseitige Verwendung: als Gemüseanteil eines im Wok gebratenen Gerichtes, gewürfelt als Beilage zu Schmorfleisch oder in Julienne-Streifen geschnitten als Salatkomponente. *Aufbewahrung:* In einem Plastikbeutel hält sich der Eiszapfenrettich im Kühlschrank bis zu zwei Wochen. *Ersatz:* Andere schärfere Rettichsorten, daher mit Einschränkungen.

**Erdnußöl:** Das verhaltene Aroma und vor allem die Eigenschaft, selbst bei größter Hitze nicht zu rauchen, begründen den bevorzugten Einsatz von Erdnußöl beim Sautieren, Fritieren und Braten im Wok. *Aufbewahrung:* Auf Zimmertemperatur hält sich Erdnußöl mindestens ein Jahr, ohne ranzig zu werden. *Ersatz:* Maisöl, Distelöl, Traubenkernöl, Sojabohnenöl.

**Fischsauce:** In der thailändischen und vietnamesischen Küche spielt Fischsauce als Kondiment etwa die gleiche Rolle wie die

Sojasauce in China. Fischsauce gewinnt man, indem gesalzene Anchovis oder Tintenfische in Holzfässern eingelegt werden; bei dem monatelangen Fermentierungsprozeß entsteht eine wässrige, jedoch sehr schmackhafte Flüssigkeit. Beim Kauf von Fischsauce ist den aus Thailand oder Vietnam kommenden Produkten wegen ihrer hohen Qualität unbedingt der Vorzug zu geben. Man nehme auch lieber die helleren, bernsteinfarbenen Saucen als die stärkeren dunklen, welche ein Gericht leicht geschmacklich übertönen können. *Aufbewahrung:* Einmal geöffnete Behälter können bei Zimmertemperatur unbegrenzt lagern. *Ersatz:* Keiner.

**Glasnudeln:** Auch als »chinesische Vermicelli« bezeichnete, fast durchsichtige, dünne Nudeln, die aus gemahlenen grünen Sojabohnen (oder Reis) hergestellt werden und, zu Strängen gewickelt, in getrockneter Form paketweise zum Verkauf kommen. Man weicht sie in heißem Wasser ein, schneidet sie in kürzere Stücke und gibt sie Suppen und Frühlingsrollenfüllungen bei. Uneingeweicht in heißes Öl getauchte Glasnudeln blähen sich, ähnlich wie Reis-Stabnudeln, stark auf. (Benötigt man größere Mengen leichter, fritierter Nudeln für Salate, dann sind Reis-Stabnudeln vorzuziehen; Glasnudeln, die nicht unmittelbar verzehrt werden, nehmen einen faden Geschmack an.) *Aufbewahrung:* Bei Zimmertemperatur unbegrenzt haltbar. *Ersatz:* Reis-Stabnudeln.

**Hoisin-Sauce:** Eine zähflüssige, scharf-süße, dunkelbraune Würzsauce, die gewöhnlich auf die zu Peking-Ente und Mu-Shu-Schweinefleisch gereichten Peking-Pfannkuchen gestrichen wird. Darüber hinaus dient sie zum Aromatisieren im Wok gebratener Gerichte und als Grundlage für viele schmackhafte chinesische Grillsaucen. Hoisin-Sauce wird aus Sojabohnenmehl, Zucker, Knoblauch, Chilis, Ingwer und anderen Gewürzen gemacht und erfreut sich auch außerhalb Asiens großer Beliebtheit. Sie kommt in Dosen und Schraubgläsern zum Verkauf und unterliegt außerordentlichen Qualitätsunterschieden. *Aufbewahrung:* Nach dem Öffnen hält sich Hoisin-Sauce bei Zimmertemperatur unbegrenzt, Dosenware sollte man jedoch in ein Glasbehältnis umfüllen. *Ersatz:* Keiner.

**Hühnerbrühe:** Für die in diesem Buch aufgeführten Rezepte empfiehlt sich immer ein selbst hergestellter, ungesalzener Fond. Notfalls kann man aber auch auf Extrakte zurückgreifen.

**Ingwer, frischer:** Knorrige, hellbraune, scharf und würzig schmeckende Wurzeln – unentbehrlich bei allen fernöstlichen Gerichten. Beim Kauf achte man darauf, daß die Stücke fest sind und eine glatte Schale besitzen. Frischer Ingwer wird niemals geschält! Man kappt das Wurzelende und wirft es weg, schneidet die Knolle in hauchdünne Scheiben und wiegt diese mit der Hand fein oder zerkleinert sie im Mixer. *Aufbewahrung:* In einem dunklen Schrank hält sich Ingwer bis zu einem Monat frisch. (Sobald die Haut faltig und das Fleisch gummiartig zu werden beginnen, wegwerfen.) Wegen der Feuchtigkeit ist es nicht ratsam, frischen Ingwer im Kühlschrank aufzubewahren (zumindest sollte er dann fest in Küchenkrepp gewickelt sein) oder einzufrieren, was sein Aroma beeinträchtigt. Zur Vorratshaltung sollte man die Wurzeln in Glasgefäße einlegen, mit trockenem Sherry bedecken und in den Kühlschrank stellen; solcherart konservierter Ingwer hält sich theoretisch unbegrenzt, verliert jedoch nach und nach sein beißendwürziges Aroma und wird sanfter im Geschmack. *Ersatz:* Keiner; Ingwer in Pulverform schmeckt vollkommen anders und kandierter sowie in Sirup eingelegter Ingwer ist viel süßer und milder.

**Ingwer, kandierter:** Meist scheibenförmiger, in frischem Zustand kandierter Ingwer mit einem Zuckerüberzug. Kleingehackt zu Eis oder als Desserthäppchen zu frischem Obst ist er wegen seines scharf-süßen Aromas ideal. *Aufbewahrung:* In einem geschlossenen Behälter bei Zimmertemperatur unbegrenzt haltbar. *Ersatz:* Keiner.

**Ingwer, konservierte Knollen:** In dickem Sirup eingelegte, kleine, bernsteinfarbene Ingwerknollen. Mit ihrem mildwürzigen Aroma und dem delikaten Saft stellen sie eine geschmackliche Bereicherung für Kuchen und Torten, Mousses, selbstgemachtes Eis und Salatsaucen dar. *Aufbewahrung:* In geöffneten Behältern bei Zimmertemperatur praktisch unbegrenzt haltbar, solange die Knollen noch vom Sirup bedeckt sind. *Ersatz:* Roter, süßer Ingwer.

**Ingwer, roter, süßer:** Diese gewöhnlich in Glasgefäßen verkauften, leuchtend roten Ingwerstückchen in zähflüssigem Sirup sollte man nicht mit dem japanischen, ›gebeizten‹ roten Ingwer verwechseln. *Aufbewahrung:* Im geöffneten Glas bei Zimmertemperatur praktisch unbegrenzt haltbar, solange die Stücke vom Sirup bedeckt sind. *Ersatz:* Konservierte Ingwerknollen.

**Jicama:** Ein in Mexiko beheimatetes Wurzelgemüse mit brauner Schale und lieblich schmeckendem, knackig weißem Fleisch – eine willkommene Komponente für viele Salate. Die Größe schwankt zwischen der einer Orange und der einer Beulenmelone. Vor ihrer Verwendung wird die Jicama – am besten mit einem Julienne-Messer – geschält. *Aufbewahrung:* Die Jicama hält sich, wenn die Schnittfläche mit einer Plastikfolie abgedeckt wird, im Kühlschrank bis zu zwei Wochen. *Ersatz:* In Salaten bilden frische Wasserkastanien eine gute Alternative zu Jicama; jedoch kann die Hackfrucht, die beim Kochen mehlig wird, in warmen Gerichten nicht umgekehrt die Wasserkastanien ersetzen.

**Kantonesische Gewürzmischung (5-Gewürze-Pulver):** Diese in der kantonesischen Küche so beliebte Würze ist aus gemahlenem Anissamen, Fenchel, Zimt, Nelken und Szechuan-Pfeffer zusammengestellt und wird vor allem für Marinaden, Fisch und Geflügel eingesetzt. Sie wird in vielen China-und Asien-Shops auch unter der Bezeichnung »Wu-chian-fen« angeboten. *Aufbewahrung:* In einem fest verschlossenen Behältnis ist das Gewürzpulver bei Zimmertemperatur unbegrenzt haltbar.
*Ersatz:* Keiner.

**Kokosmilch:** Sie kommt ungesüßt, in Dosen abgefüllt und in ausgezeichneter Qualität auf den Markt. Empfohlen sei die thailändische Kokosmilch, die nur aus dem Saft des Kokosfleisches (Copra), Wasser und einem Konservierungsmittel besteht. Gelegentlich ist diese Dosenkokosmilch so dick, daß man sie mit etwas Wasser verdünnen muß. *Aufbewahrung:* In geöffnetem Zustand eine Woche im Kühlschrank haltbar. *Ersatz:* Selbst ausgepreßte, frische Kokosmilch (siehe S. 107).

**Kokosnuß, geraspelte:** Die mit dieser Zutat arbeitenden Rezepte des Buches beziehen sich auf die in allen größeren Lebensmittelgeschäften fertig abgepackten, gesüßten Kokosflocken.

**Koriander, frischer:** Von den Chinesen selbst treffend »Duftkraut« genannt, kommt diese Gewürzpflanze bei uns häufig auch unter der Bezeichnung »Cilantro« oder »chinesische Petersilie« auf den Markt. Man erhält dieses blattreiche, petersilienartige kleine Kraut das ganze Jahr über, beispielsweise auch in italienischen und spanischen Spezialitätenläden. Sein köstliches, sehr eigenes Aroma jedoch lernt manch einer erst mit der Zeit schätzen! *Aufbewahrung:* Frischer Koriander hält sich nur sehr kurz (daher wäscht man ihn auch erst kurz vor dem Gebrauch). Die Wurzeln in ein feuchtes Papiertuch wickeln, bevor der Korianderstrauß in einem Plastikbeutel in den Kühlschrank gelegt wird; dort bleibt er etwa fünf Tage relativ frisch. *Ersatz:* Frischer Koriander schmeckt völlig anders als gemahlene Korianderkörner. Wenn man ihn nicht frisch bekommt, ist für alle, denen eine kleine Geschmacksveränderung nichts ausmacht, frische Minze oder auch glattblättrige Petersilie ein guter Ersatz.

**Peking-Pfannkuchen (Mandarin-Pfannkuchen):** Diese ›chinesischen Tortillas‹ dienen zum Einwickeln von Bratgut aus dem Wok, von Grillfleisch, Salaten, vor allem aber auch der knusprigen Haut der Peking-Ente samt Zutaten – daher der Name. Die vor allem in Nordchina beliebten Pfannkuchen kommen tiefgefroren auf die ausländischen Spezialitätenmärkte, manche Chinarestaurants werden sie Ihnen jedoch auch frisch verkaufen. Am besten schmecken sie selbstgemacht.
*Rezept:* In die Mulde eines Mehlhaufens (ca. 300 g) 14 Eßlöffel kochendes Wasser gießen, zu einem weichen Teig verrühren und diesen etwa 10 Minuten kneten. Mit einem feuchten Tuch bedeckt 15 Minuten ruhen lassen. Auf einer leicht bemehlten Arbeitsfläche zu einer

½ cm dicken Scheibe ausrollen. Aus dieser möglichst viele Teigteller von ca. 7 cm Durchmesser mittels einer Backform oder eines umgedrehten Glases ausstechen. Die Arbeitsfläche von allem Mehl befreien und leicht mit Sesamöl bestreichen. Auch die Hälfte der Teigscheiben dünn mit dem Öl einpinseln, dann jeweils einen trockenen Teigteller daraufsetzen. Die Doppelscheiben auf der geölten Arbeitsfläche zu hauchdünnen, runden Platten von 15 cm Durchmesser von der Mitte her ausrollen, dabei den Teig nicht umdrehen. Nacheinander in einer schweren, ungefetteten Pfanne über mittelhoher Flamme 45 Sekunden auf der einen und 15 Sekunden auf der anderen Seite backen; sie sind dann etwas blasig und goldgelb gesprenkelt. Während sie noch warm sind, die Pfannkuchenpaare behutsam voneinander lösen und einzeln übereinanderstapeln. In Plastikfolie eingewickelt halten sie sich im Kühlschrank 5 Tage, in tiefgefrorenem Zustand unbegrenzt. Die Rezeptmenge ergibt 12 bis 16 Peking-Pfannkuchen. Zum Aufwärmen faltet man die Pfannkuchen einzeln auf ein Viertel zusammen und dämpft sie 2 Minuten im Dampftopf. Sofort servieren.

**Monosodium-Glutamat:** Ein weißes, kristallines Pulver, das unter den verschiedensten Handelsnamen – »Aji – no – moto« ist nur einer davon – auf den Markt kommt. Selbst ohne Eigengeschmack, wertet die in Japan erfundene Chemikalie das fade Geschmacksbild schlechten Essens auf und wird von entsprechend phantasielosen Küchenchefs eingesetzt. Glutamat wird heute leider in vielen Asien-Shops in großen Plastikbeuteln verkauft und geistert auch durch die Küchen vieler chinesischer Restaurants, wovon der Gast übrigens heftige Kopfschmerzen bekommen kann. Jeder chinesische Koch, der etwas auf sich hält, lehnt die ›Geschmackskrücke‹ Glutamat unbedingt ab. Aus diesen Gründen kommt das Produkt in diesem Buch auch nicht vor.

**Pflaumensauce:** Diese rötlich-braune Würze wird aus Pflaumen, Aprikosen, Knoblauch, roten Chilis, Zucker, Essig, Salz und Wasser hergestellt und besitzt einen scharfsüßen, fruchtigen Geschmack. Sie unterscheidet sich von der nur an der Ostküste Chinas zu findenden »Entensauce« vor allem dadurch, daß letztere auch Äpfel enthält. Die dickflüssige, chutney-ähnliche Pflaumensauce eignet sich hervorragend zum Aromatisieren von Grillsaucen und als Dip für knusprige, fritierte Wan-tans oder eisgekühlte Garnelen. *Aufbewahrung:* Dosenware füllt man nach dem Öffnen in dichtschließende Glasbehälter um; so hält sich die Sauce bei Zimmertemperatur unbegrenzt. *Ersatz:* Keiner.

**Pilze, Enoki-:** Kleine, weiße Pilzköpfe auf langen, fadenförmigen Stielen, die büschelweise an der Wurzelbasis miteinander verbunden sind. Enoki-Pilze wachsen vorwiegend in Bergregionen; sie entwickeln einen lieblichen Duft und ein beinahe parfümartiges Aroma und eignen sich überdies durch ihr dekoratives Aussehen zur Veredelung von Salaten und als Garnierung. Vor dem Gebrauch schneide man die Wurzelbasis ab und trenne die Stengelchen voneinander, wasche die Pilze aber nicht. *Aufbewahrung:* Die gewöhnlich in kleinen Plastikbeuteln zum Verkauf kommenden Enoki-Pilze halten sich im Kühlschrank etwa vier Tage frisch. *Ersatz:* Keiner.

**Pilze, Schiitake-:** Frische japanische Waldpilze, die in zunehmendem Maße in ausländischen Spezialitätengeschäften auftauchen, zeichnen sich durch ihr unvergleichliches Aroma aus. In Butter sautiert stellen sie eine delikate Ergänzung zu gegrilltem Fleisch oder zu im Wok gebratenen Gerichten dar; Sie können sie auch vorzüglich in Sahnesaucen köcheln oder als feingeschnittene Scheiben Ihren Salaten zugeben. Zum Farcieren von Teigtaschen sind sie jedoch ungeeignet; dazu fehlt ihnen der intensive Geschmack und die Festigkeit der Trockenpilze. Schiitake-Pilze kommen absolut sauber in den Handel und sollten vor ihrer Verwendung niemals gewaschen werden. Man entfernt lediglich die harten Stiele, verarbeitet werden nur die Hüte. *Aufbewahrung:* In einem Papierbeutel halten sich die frischen Pilze im Kühlschrank bis zu zwei Wochen. *Ersatz:* Chinesische Trockenpilze, obwohl aromatisch ein wenig verschieden.

**Pilze, Trocken-, schwarze, chinesische:** In allen China-Läden findet man ein breitgefächertes Angebot von Trockenpilzen. In heißem Wasser eingeweicht, tragen sie mit ihrem typisch ›fleischigen‹ Aroma zum Gelingen von Suppen, Schmorgerichten und im Wok gebratenen Speisen bei. Je größer der Hut des Pilzes, desto besser seine Qualität und desto höher auch der Preis. Zur Vorbereitung der Pilze trennt man nach dem Einweichen in heißem Wasser die Stiele ab und passiert das Pilzwasser (das sich anstelle von Hühnerbrühe verwenden läßt) durch ein feinmaschiges Sieb. Eine diesen Pilzen verwandte japanische Sorte, sogenannte »getrocknete Waldpilze«, wird heute in Spezialitätengeschäften angeboten, ist jedoch deutlich teurer als die chinesische Variante. *Aufbewahrung:* In fest verschlossenen Behältern sind sie in ungekühltem Zustand unbegrenzt haltbar. *Ersatz:* Für unter Rühren gebratene Gerichte, Suppen und Schmorfleisch lassen sich auch frische Pilze einsetzen, wenngleich sie nicht die Aromatiefe der Trockenpilze erreichen. Für Frühlingsrollen und Teigtaschenfüllungen sind Frischpilze wegen ihrer mangelnden Festigkeit ungeeignet.

**Rauke:** Eine kleine, in Frankreich auch unter der Bezeichnung »roquette« bekannte Blattpflanze, die wegen ihres frischen, nußartigen Geschmacks gerne exotischen Salaten beigegeben oder, kurz vor dem Servieren, in Suppen eingerührt wird. Während der warmen Sommermonate kann man Rauken selbst im Garten ziehen. *Aufbewahrung:* Wie andere Salate, vorzugsweise an einem kühlen Ort und in Zeitungspapier gewickelt. *Ersatz:* Brunnenkresse.

**Reis, langkörniger:** Die Chinesen essen weißen, langkörnigen Reis, während die Japaner den kurzkörnigen, stärkehaltigeren (und klebrigeren) Reis bevorzugen. Man kann den weißen Langkornreis (Patna-Reis), wie er in China verwendet wird, auch hierzulande überall bekommen. *Aufbewahrung:* Bei Zimmertemperatur und trockener Lagerung unbegrenzt haltbar. *Ersatz:* Keiner.

**Reisessig:** Klarflüssiger japanischer Reisessig besitzt ein mildes Aroma und eignet sich daher besonders zum Beizen und Marinieren, zum Anrichten von Salaten und zum Aromatisieren von Saucen, die aus Meeresfrüchten zubereitet sind. Man vermeide die Verwendung minderwertiger Reisessigsorten, die sich gerne mit verkaufsfördernden Attributen wie »gewürzt« oder »Gourmet« schmücken, was meist bedeutet, daß sie Zucker oder auch Monosodium-Glutamat enthalten! Auch verwechsle man nicht den japanischen Reisessig mit dem chinesischen; Letzterer besitzt einen zu milden Geschmack für die in diesem Buch enthaltenen Rezepte. *Aufbewahrung:* Bei Zimmertemperatur unbegrenzt haltbar. *Ersatz:* Champagneressig, obwohl dieser etwas schärfer schmeckt.

**Reispapier:** Ein äußerst fragiles, hauchdünnes Vlies, hergestellt aus Reis und Wasser und dann getrocknet. Reispapier kommt rund oder in Keilform geschnitten zum Verkauf. Vor dem Gebrauch muß das steife Vlies durch Eintauchen in warmes Wasser oder Bier oder durch das Einpinseln der Oberfläche mit geschlagenem Ei geschmeidig gemacht werden. Etwa eine oder zwei Minuten nach der Behandlung ist das Reispapier verwendungsbereit. Es dient zum Umwickeln von Hackfleisch oder Meeresfrüchte-Zubereitungen, bevor es dann mit der Füllung fritiert wird. *Aufbewahrung:* Bei Zimmertemperatur unbegrenzt haltbar. *Ersatz:* Keiner.

**Reis-Stabnudeln:** Lange, dünne und brüchige Nudeln, die an Vermicelli erinnern, aber aus Reismehl gemacht sind und als getrocknete Stränge verpackt werden. In diesem Zustand direkt in heißes Öl gegeben, blähen sie sich zu einer weißen, ihren ursprünglichen Umfang um ein Mehrfaches übersteigenden Masse auf. Für viele chinesische Salate bilden Reis-Stabnudeln eine unentbehrliche Zutat, häufig auch dienen sie als Bett für im Wok gebratene Gerichte (Kochanweisungen auf Seite 69). *Aufbewahrung:* Bei Zimmertemperatur und trockener Lagerung unbegrenzt haltbar. *Ersatz:* Keiner.

**Schwarze Bohnen, gepökelte:** Kleine, runzlige, mit Salz konservierte schwarze Bohnen, die insbesondere als Saucenzutat geschätzt sind. Sie werden stets gewässert, grob gehackt und zusammen mit Ingwer und Knoblauch unter Rühren gebratenen Gerichten beigegeben oder zum Einreiben von Fischfilets benutzt. *Aufbewahrung:* Bei Zimmertemperatur unbegrenzt haltbar.

*Ersatz:* Keiner. (Man kaufe vorzugsweise die in gelben Pappdosen vertriebene Ware. Sie wird auch von den Küchenchefs in Hongkong verwandt und ist den in Plastikbeuteln angebotenen schwarzen Bohnen qualitativ weit überlegen.)

**Schwarze-Bohnen-Sauce, scharfe:** Die aus Chilis, gepökelten schwarzen Bohnen, Sojasauce, Knoblauch und Orangenschale hergestellte Würze verleiht anderen Saucen einen ausgesprochen komplexen und pikanten Geschmack. Deshalb sei auch eine vorsichtige Dosierung in kleinen Mengen (jeweils ein halber Teelöffel) empfohlen; anderenfalls ›erschlägt‹ diese Würze jegliches Aroma. *Aufbewahrung:* Wird in Glasgefäßen verkauft. Im Kühlschrank unbegrenzt haltbar. *Ersatz:* Im Bedarfsfalle stellt man sich aus gewässerten und gehackten schwarzen Pökelbohnen mit Knoblauch, geriebener Orangenschale, chinesischer Chilisauce und Erdnußöl seine eigene ›Hausmarke‹ her.

**Sesamkörner, weiße:** Die flachen, hellen Samenkörner der Sesampflanze erhält man in Gewürzläden (oder, womöglich preiswerter, in Vogelhandlungen). Das Kondiment, in einer ungefetteten Pfanne goldgelb geröstet, geht in viele orientalische Rezepte ein. *Aufbewahrung:* Sowohl rohe als auch geröstete weiße Sesamkörner werden schnell ranzig. Man lagert sie daher am besten im Tiefkühlfach.

**Sesamöl:** Das in kleinen Fläschchen zum Verkauf kommende goldbraune Öl wird aus gerösteten Sesamkörnern gewonnen und besitzt einen kräftigen, nußartigen Geschmack. Es wird ausschließlich zum Würzen, niemals zum Braten verwendet, da es schon bei niedrigen Temperaturen zu rauchen beginnt und sich vergleichsweise leicht entzündet. Wie die Hoisin-Sauce kommt auch das Sesamöl in fundamental verschiedenen Qualitäten auf den Markt. Es lohnt sich, in Asien-Shops (und Apotheken!) Umschau zu halten, denn die in den Großmärkten angebotene Ware hat oft einen herben Nebengeschmack. *Aufbewahrung:* Bei Zimmertemperatur hält sich das Öl mindestens ein Jahr, bevor es ranzig wird, im Kühlschrank nahezu unbegrenzt. *Ersatz:* Keiner.

**Sherry, trockener:** Die chinesischen Küchenchefs verwenden in ihrer Heimat einen trockenen Reiswein, der trockenem Sherry im Geschmack nicht unähnlich ist. Ich selbst bediene mich eines preiswerten Sherrys lokaler Provenienz.

**Sojasauce, dunkle:** Die in Flaschen verschiedener Größe verkaufte dunkle oder »schwarze« Sojasauce besteht aus heller Sojasauce, der Melasse oder Karamel beigemengt wurde. Dunkle Sojasauce verwenden die Küchenchefs gerne zur Aromasteigerung und zur farblichen Abdunklung. Auf keinen Fall sollte man diese Sojasauce mit der in Kruggefäßen vertriebenen sogenannten »dicken« Sojasauce verwechseln, die Zuckersirup ähnelt und jedes Gericht dieses Buches ruinieren würde! Dunkle und helle Sojasauce lassen sich schon optisch leicht voneinander unterscheiden: man schüttle kurz die Flasche; dunkle Sojasauce wird das Glas mit einem braunen Film überziehen, die helle, wässrigere Sauce läuft dagegen schnell ab. *Aufbewahrung:* Nach dem Öffnen bei Zimmertemperatur unbegrenzt haltbar. *Ersatz:* Keiner.

**Sojasauce, helle:** Die helle oder »dünne« Sojasauce ist die in der chinesischen Küche am häufigsten zum Einsatz kommende Sojawürze. Sie wird aus fermentierten Sojabohnen, geröstetem Weizen, Hefe und Salz hergestellt und ist in guter Qualität beinahe überall erhältlich. Verwendet wird sie vor allem bei im Wok gebratenen Gerichten, zum Aromatisieren von leichten, delikaten Suppen und als Tafelwürze. Wenn Ihnen der Natriumanteil der recht salzigen Sauce bedenklich erscheint, reduzieren Sie lieber die vorgesehene Dosis, als auf eine natriumärmere (»lowsodium«) Marke auszuweichen; sie ist nicht nur teurer, sondern besitzt auch weniger Aroma. *Aufbewahrung:* Nach dem Öffnen bei Zimmertemperatur unbegrenzt haltbar. *Ersatz:* Keiner.

**Stärkemehl:** Viele Rezepte sehen das Andicken der Sauce mit in Wasser angerührter Speisestärke (Mondamin) vor. Das geschieht, damit die Sauce die Zutaten glasiert und verhindert, daß aus dem Kochgut austretende Flüssigkeiten sich auf dem Boden des Serviertellers sammeln. Befürchtet man, die

Sauce könne klumpen oder nach Stärke schmecken, dann gebe man ein paar Tropfen Erdnußöl in die Stärkemischung. Rühren Sie nie die gesamte Menge der Mixtur in die Sauce ein! Versuchen Sie es zunächst mit einer ganz kleinen Menge, lassen dann die Sauce leicht aufkochen und machen die Löffelprobe: die Sauce sollte den eingetauchten und wieder herausgezogenen Löffel leicht glasieren. Bei Bedarf schrittweise mehr Stärkemischung zugeben. *Ersatz:* Man darf getrost alle Stärkemehlarten benutzen, seien sie nun aus Kartoffeln, Mais, Reis oder Tapioka hergestellt.

**Sternanis:** Die achtstrahligen, daumennagelgroßen ›Sterne‹ mit ihrem lakritzähnlichen Geschmack verleihen jedem Gericht eine ganz besondere Note. Man sollte sie jedoch nur sehr behutsam einsetzen, damit man die anderen Aromen auch noch herausschmekken kann! Erhältlich ist der meist in kleine Plastikbeutel verpackte Sternanis in allen einschlägigen Geschäften. *Aufbewahrung:* Den Sternanis in einem fest verschlossenen Glasbehälter aufheben; auf diese Weise hält er sich unbegrenzt – und sein unbezwingbarer Duft wird sich nicht in alle anderen Küchenvorräte schleichen! *Ersatz:* Fenchelsamen (sein Aroma ist aber weniger intensiv).

**Szechuan-Pfeffer:** Die rötlich-braun gesprenkelten Samenkörner des Gelbholzbaumes, die auch unter den Bezeichnungen »Wilder Pfeffer«, »Fagara« oder »Fa-Tsiu« in den Handel kommen, besitzen ein köstliches Aroma, jedoch weniger von der beißenden Schärfe des schwarzen oder weißen Pfeffers. Vor Gebrauch röstet man die Körner in einer ungefetteten Pfanne, bis sie leicht zu rauchen beginnen. Anschließend werden sie in der Pfeffermühle gemahlen und in einem Sieb mit mittelgroßen Maschen durchgeschüttelt, so daß die hellbraunen Schalenreste zurückbleiben; sie haben keinen Eigengeschmack und können weggeworfen werden. *Aufbewahrung:* Gemahlenen Szechuan-Pfeffer verwahrt man in fest verschließbaren, kleinen Gewürzgläsern, dann bleibt das Aroma etwa sechs Monate erhalten. *Ersatz:* Keiner.

**Trockennudeln, chinesische, spaghettiähnliche:** Diese in allen einschlägigen Geschäften zu erstehenden chinesischen Teigwaren sind preiswert, garen rasch und haben einen angenehm festen Biß. *Aufbewahrung:* Bei Zimmertemperatur und trockener Lagerung unbegrenzt haltbar. *Ersatz:* Alle spaghettiähnlichen Trockennudeln.

**Wan-tan-Teighüllen:** Die etwa 10 × 10 cm großen Teigplatten sind aus Eiernudeln gemacht und dienen als Umhüllung für die unterschiedlichsten Füllungen. Wan-tan-Teighüllen sollen möglichst dünn sein. Man bekommt sie in den China-Shops, am besten frisch und nicht tiefgefroren. Letztere trocknen durch den Kühlprozeß aus, werden brüchig und reißen leicht, wenn sie zu Teigtaschen geformt werden. *Aufbewahrung:* Luftdicht verpackt halten sich die rohen Teighüllen im Kühlschrank zwei Wochen. *Ersatz:* Keiner.

**Wasserkastanie:** In morastigen Gewässern gezogene, eßbare Knolle, die mit der Baumkastanie botanisch nicht verwandt ist. Die in Südchina wegen ihrer eigenwilligen Form »Ma-ti« (Pferdehuf) genannte Frucht ist walnußgroß, besitzt weißes, knackiges Fleisch und ist von einer schwarzbraunen Schale umgeben. Angebaut wird die Wasserkastanie in Süd- und Ostchina, heute aber auch schon in den Vereinigten Staaten (Florida). Die Knollen sind häufig von einer dünnen Schlammschicht bedeckt, um sie am Austrocknen zu hindern. Das Aroma der Wasserkastanie ist lieblich und süß, aber die frischen Früchte unterscheiden sich von der (hierzulande fast nur erhältlichen) Konservenware geschmacklich nicht weniger als frischer Spargel von solchem aus der Büchse! Frische Wasserkastanien prüft man vor ihrer Verwendung einzeln mit der Hand, preßt sie und sondert die weichen aus, denn sie sind innen faul. Dann löst man mit Hilfe eines Messers unter fließendem kaltem Wasser die Schale ab. In rohem Zustand finden die Früchte Verwendung in Salaten, sie passen zu Suppen oder Wok-Gerichten, gewiegt kommen sie in Teigtaschenfüllungen – man kann sie aber auch einfach in Schokolade dippen. Werden sie gegart, dann können auch lange Kochzeiten ihrem angenehmen Geschmack und ihrer knackigen Konsistenz nichts anhaben. *Aufbewahrung:* In ungeschältem Zustand halten sich in Plastikfolie verpackte Wasserkastanien im Kühlschrank zwei Wochen. *Ersatz:* Wenn Sie allgemein keine Konservenfrüchte mögen, sollten Sie auch keine Wasserkastanien in Dosen kaufen! Verwenden Sie statt dessen für Teigtaschenfüllungen lieber kleingehackte Karotten, für exotische Salate Jicama und für Zubereitungen im Wok andere, frische Gemüse.

**Wolkenohr:** Dieser von den Chinesen auch »Baumohr« genannte Pilz kommt gewöhnlich als »chinesische Morchel« oder »Mu-err« in den Handel. Das Wolkenohr ist nur wenig mehr als daumennagelgroß, schwarz und runzlig und muß, da getrocknet, in heißem Wasser eingeweicht werden, um wieder seine ursprüngliche Form zu erlangen. Eigentlich ist der Pilz ohne Eigengeschmack, er wird von den Chinesen jedoch wegen seiner medizinischen Eigenschaften und wegen seiner zartfleischigen Textur geschätzt. Eine ähnliche Pilzart namens »Waldohr« ist dagegen zäh und knorpelig und sollte deshalb nicht gekauft werden. Wolkenohren weicht man zwanzig Minuten in heißem Wasser ein (das man dann wegschüttet), spült und trocknet sie. Man kann sie im Wok gebratenen Gerichten, Suppen oder auch Salaten beigeben. *Aufbewahrung:* In getrocknetem Zustand bei Zimmertemperatur unbegrenzt haltbar. *Ersatz:* Keiner.

**Zuckererbsen:** Flache, hellgrüne Schoten, die meist das ganze Jahr über frisch angeboten werden. Sind die Schoten beim Kauf weich, so erhalten sie ihre knackige Konsistenz zurück, wenn man sie dreißig Minuten lang in kaltes Wasser legt. Vor ihrer Verwendung kappt man den Stielansatz und zieht mit ihm zugleich den Faden ab. Zuckererbsen werden, ob unter Rühren gebraten, für Salate blanchiert oder Suppen beigegeben, immer nur so lange gegart, bis sie ein leuchtendes Grün zeigen. *Aufbewahrung:* In einem Plastikbeutel im Kühlschrank mindestens eine Woche haltbar. *Ersatz:* Andere schnellgarende Gemüse.

# STICHWORTVERZEICHNIS

**Fettgedruckte** Ziffern beziehen sich auf Abbildungen.